Katja Wolff

# Salomos Kunst

## Astralreisen
## außerhalb des Körpers

Knaur®

# Esoterik

Herausgegeben von Gerhard Riemann

Im derzeitigen materialistischen Zeitalter identifizieren sich die meisten Menschen beinahe ausschließlich mit ihrem grobstofflichen Körper. Deshalb braucht es auch nicht zu verwundern, daß der Tod als etwas Schreckliches angesehen und tabuisiert wird. Trotz der Lippenbekenntnisse für ein wie auch immer gestaltetes Paradies überwiegt der Glaube an die Macht der Materie.

Demgegenüber existierte in allen Kulturen und Zeiten die Vorstellung bzw. das Wissen von einem Geistkörper, der sich von unserem materiellen Körper lösen kann. Dieser Geist- oder Astralkörper enthält das, was unseren Charakter ausmacht – unsere positiven wie negativen Eigenschaften, unsere Wünsche und Ängste.

In »Salomos Kunst« geht es darum, schon zu Lebzeiten zu unterscheiden zwischen »Körper und Bekleidung«, zwischen dem, was den Kern unseres Seins bildet und seiner materiellen Ausformung.

Katja Wolff wendet sich nicht an weltfremde Phantasten, sondern an aufgeschlossene Zeitgenossen mit gesundem Menschenverstand. Wir lernen, unsere übersinnlichen Fähigkeiten zu lokalisieren, zu erkennen und konstruktiv nutzbar zu machen. Last, not least skizziert die Autorin Trainingsprogramme für ernsthaft Interessierte, die selbst gerne Astralreisen unternehmen wollen.

*Katja Wolff,* geboren 1961, studierte Philosophie, Mediävistik und Linguistik in Hamburg. Sie beschäftigt sich mit den divinatorischen Aspekten der Kabbala: dem Tarot und der Numerologie.

Von Katja Wolff sind außerdem erschienen:

*»Der kabbalistische Spiegel«* (Band 4217)
*»Der kabbalistische Baum«* (Band 4223)

Originalausgabe September 1990
© 1990 Droemersche Verlagsanstalt Th. Knaur Nachf., München
Umschlaggestaltung Peter F. Strauss
Satz MPM, Wasserburg
Druck und Bindung Ebner Ulm
Printed in Germany   5   4   3   2   1
ISBN 3-426-04233-9

# INHALT

## Kapitel 6

## Kapitel 7

## Anhang

## Die Flaschenpost

Es war einmal ein Mann, der hatte drei große Leidenschaften: Er liebte Gott, er liebte die Philosophie, und er liebte das Leben. Dieser Mann ist berühmt geworden. Er war nicht nur unermeßlich reich; überdies war er auch ein genialer Politiker, ein großer Feldherr, ein hervorragender Jurist und ein brillanter Schriftsteller. Jeder kennt seinen Namen. Fast jeder kennt seine Schriften — oder hat sie doch zumindest im Haus. Wer sein spannendstes Buch aufmerksam liest, der wird sich fragen: Wie kann es nur sein, daß dieses Buch nicht längst schon verboten und verbrannt worden ist? Wir müssen wohl davon ausgehen, daß die meisten seiner Leser schlichtweg übersehen haben, worum es in diesem Buch wirklich geht. Vermutlich lag es in der Absicht des Autors, lange Zeit hindurch mißverstanden zu werden. Er war ein schlauer Fuchs, das ist bekannt. Er dürfte genau gewußt haben: Nur ein Buch, dessen Bedeutung sträflich unterschätzt und dessen Inhalt von potentiellen Zensoren mißverstanden werden kann, hat eine faire Chance, die Jahrhunderte zu überdauern. Man muß seine Weitsicht bewundern! Tatsächlich ist es ihm gelungen, sein kunstvoll verschlüsseltes Buch wie eine Flaschenpost durch die Jahrhunderte zu schmuggeln. Das Buch ist heute noch so aktuell und aufregend wie am ersten Tag der Niederschrift. Wir müssen es nur entschlüsseln. Und genau das werden wir jetzt versuchen.

Der Mann, von dem hier die Rede ist, verstand sich nach eigenem Bekunden auf die schöne und nützliche Kunst, nach Belieben seinen physischen Körper zu verlassen und (als unsichtbarer »Astral-Tourist«) alle Orte dieser Welt zu besuchen.

Obendrein konnte er, wenn er wollte, sowohl die Zukunft als auch die Vergangenheit bereisen. Sein lakonischer Kommentar zum Thema »Zeit«: »Was geschieht, das ist schon längst gewesen, und was sein wird, ist auch schon längst gewesen.« Souverän, wie es seine Art war, setzte er sich über die Grenzen von Raum, Zeit und Materie hinweg. Von den Erfahrungen, die er auf seinen zahlreichen außerkörperlichen Exkursionen sammelte, berichtet er in seinem Buch.

Er sah Geburt und Tod: Während Neugeborene ihren ersten Schrei taten, hauchten Sterbende mit dem letzten Seufzer ihr Leben aus — all dies geschah im selben Augenblick, in unbegreiflicher, das Fassungsvermögen des menschlichen Verstandes übersteigender Gleichzeitigkeit. Er beobachtete die Bauern aller Herren Länder bei der Saat und bei der Ernte. Er sah Menschen, die durch harte Arbeit reich geworden waren und am Ende ihres Lebens doch wieder als arme Schlucker mit leeren Händen dastanden. Er wurde unsichtbarer Zeuge heimtückischer Mordanschläge, aber auch Taten der Barmherzigkeit und der aufrichtigen Nächstenliebe sah er. Er sah, wie Dörfer gebrandschatzt und dem Erdboden gleichgemacht wurden, wie feindliche Heere friedliche Städte verwüsteten und die Einwohner niedermetzelten, während im selben Augenblick an einem anderen Ort umherziehende Sippen seßhaft wurden, Siedlungen gründeten und Ackerboden urbar machten. Er sah, wie verzweifelte Menschen unter der Last ihrer Not weinend zusammenbrachen, und er sah, daß exakt im selben Augenblick, in dem die einen unmenschliches Leid erdulden mußten, andere lachten, tranken und fröhlich waren. Liebe und Haß sah er, Frieden und Krieg. Und es brachte ihn fast um den Verstand, daß hinter dieser großen Gleichzeitigkeit der gegensätzlichen Ereignisse kein tieferer Sinn zu erkennen war. Er suchte die eine Antwort auf alle seine Fragen. Er fand sie nicht. »Darum«, so kommentiert er im Rückblick diese Phase seiner Desorientierung und Melancholie, »verdroß es mich zu leben, denn es war mir zuwider, was unter der Sonne geschieht.«

Und er sagte sich: Das habe ich nun von meiner Neugier! Ich

wollte alles über die Menschen und das Leben wissen. Jetzt weiß ich's. Mein Wissen hat mich nicht froh gemacht. Je mehr man erfährt, desto weniger begreift man. Nach Weisheit habe ich gesucht, aber was ich fand, das waren nicht Antworten, sondern tausend neue quälende Fragen.

Er gab das Astralwandern eine Zeitlang auf. Er hatte es statt, bis oben hin hatte er es satt. Um auf andere Gedanken zu kommen, veranstaltete er Zechgelage mit reichlich Wein, Weibern und Gesang. Doch diese Vergnügungen wurden ihm nach kurzer Zeit langweilig. Erneut packte ihn der alte Forscherdrang, und er machte sich auf zu weiteren Astralreisen. Wieder unternahm er Forschungsexpeditionen außerhalb seines physischen Körpers. Es muß doch, so meinte er, einen verborgenen Sinn geben, auch wenn ich ihn noch nicht erkennen kann. Diesen tieferen Sinn, der allen menschlichen Schicksalen auf der Welt gemeinsam zugrunde liegt, wollte er jetzt finden. Doch wieder sah unser Astral-Tourist nichts als Dummheit, Heuchelei, Mord, Betrug, Arglist und Korruption. Er sah die hundsgemeine Niedertracht der Menschen, die sich unbeobachtet fühlen und sich bestechen lassen, Intrigen spinnen, Verbrechen planen und hinter dem Rücken argloser Menschen üble Nachrede betreiben.

Er reiste in die Vergangenheit und sah seinen Vater als Knaben. Er reiste in die Zukunft und sah das Schicksal seiner eigenen Nachkommen. Was er sah und erfuhr, stimmte ihn nicht besonders fröhlich. Erneut begann er zu grübeln, und nach einer Weile begriff er die Gesetze des Karmas. Seine Erkenntnis ließ ihn demütig werden — so demütig, daß er nicht einmal mehr zornig wurde, wenn er auf seinen Astralreisen erfuhr, was die Leute hinter seinem Rücken so alles über ihn redeten. Denn jetzt war er überzeugt: Nur Unwissenheit macht die Menschen so böse und gemein, wie sie es leider Gottes nun einmal sind. Daraus schloß er (wie viele Philosophen und Intellektuelle nach ihm): Weisheit müsse das höchste Gut auf Erden sein. Deshalb studierte er die alten Schriften und sprach mit zahlreichen Gelehrten. Er las, lernte und ließ sich belehren. Am Ende seiner Studien war er felsenfest davon überzeugt, der Sinn des Lebens bestünde darin, möglichst viel Wissen anzusammeln. Doch schon kurz darauf lachte er über diesen Irrtum, denn er begriff: Weisheit allein ist keinen Pfifferling wert. Auf einer seiner Astralreisen nämlich war ihm folgendes begegnet:

Da war eine kleine Stadt, die von einer feindlichen Armee belagert wurde. Die Mächtigen der Stadt wurden kopfscheu, das Volk geriet in Panik. Es lebte ein kluger Mann in der belagerten Stadt. Er arbeitete einen Plan aus, wie man die Stadt vor den Feinden retten könne. Der Plan war genial. Er hatte nur einen Haken: Niemand nahm ihn zur Kenntnis. Denn der Mann, der den Plan entwickelt hatte, war arm, und in der belagerten Stadt galt das Wort eines armen Mannes nichts. Man hörte ihn nicht an. So kam es, wie es kommen mußte: Die Stadt wurde erobert, die Einwohner getötet.

Weisheit, Kraft und Liebe (oder, in anderen Worten: Intelligenz, Macht und Humanität), diese drei müssen in gleicher Dosierung zusammen auftreten. Wo ein Element fehlt, da sind die beiden übrigen wertlos. Intelligenz und Macht (ohne Liebe) führen zu Terror. Macht und Liebe (ohne Intelligenz) produzieren »nützliche Idioten«, die sich bequem manipulieren, ausbeuten und nasführen lassen. Liebe und Intelligenz allein bringen vielleicht die besten Absichten hervor. Aber es fehlt die Kraft, sie zu verwirklichen.

Folgendermaßen könnte man die Quintessenz dessen beschreiben, was unser Astral-Tourist am Ende seiner Exkursionen herausfand: Der Mensch soll, solange er auf der Erde inkarniert ist, fröhlich sein, die Geschenke des Lebens annehmen und dabei anständig bleiben. Diese Einsicht mag zunächst simpel klingen; aber wer sagt denn, daß die Wahrheit immer kompliziert sein müsse? Unser Astral-Tourist hat zahlreiche verschlüsselte Tips für andere Astral-Touristen in seinem Buch untergebracht. Sein Buch ist eine üppige Fundgrube für alle, die zwischen den Zeilen zu lesen verstehen.

Der Mann, von dem wir reden, heißt Salomo. Sein Buch trägt den Titel: »Prediger Salomo«. Nun gilt ja König Salomo weder als Science-fiction-Autor, noch stuft man die Bibel, in der seine Berichte nachzulesen sind, als eine kuriose Anthologie von Texten geisteskranker Exzentriker aus verschiedenen Jahrhunderten ein. Dennoch — oder: Gerade deshalb wirft Salomos Buch viele problematische Fragen auf. Man vergegenwärtige sich noch einmal: Da ist ein Mann, ein Multimillionär, als Militärstratege ebenso erfolgreich wie als Diplomat, obendrein umfassend gebildet und belesen. Er ist alles andere als ein spinnerter Habenichts, dem das Leben so übel mitgespielt hat, daß er sich in heile Traumwelten und Omnipotenz-Phantasien flüchten müßte. Salomo ist ein gestandener Mann. Sein Ruhm ist so groß, daß sogar die Königin von Saba, begleitet von einer Karawane mit erlesenen Geschenken, zu ihm pilgert, mit ihm philosophiert und sich ganz nebenbei von ihm schwängern läßt, weil sie einen erstklassigen Erzeuger für ihren künftigen Thronerben sucht. Dieser gestandene Mann Salomo, in keiner Hinsicht ein Kostverächter, er verfügt nun obendrein über die bemerkenswerte Fähigkeit, willentlich und bewußt unter Anwendung bestimmter Techniken seinen physischen Körper zu verlassen und seine Seele bzw. sein Bewußtsein auf Reisen zu schicken. Niemand wird glauben, daß Salomo sich durch die Berichte von seinen Astralreisen nur interessant machen wollte — denn weiß Gott: Diese historische Persönlichkeit ist auch ohnedies schon faszinierend genug.

Salomo also hatte, wie wir es heute nennen, zahlreiche »AKE« (Außerkörperliche Erlebnisse) bzw. »OOBE« (out-of-the-body-experiences). Salomo, nebenbei bemerkt, ein großer Kabbalist, konnte sich, zumindest zeitweilig, aus den einschränkenden Begrenzungen des physischen Daseins befreien. Raum und Zeit bildeten für ihn keine Hindernisse. Er konnte sie überwinden. Und er konnte, was einerseits nur folgerichtig, andererseits aber noch sensationeller ist, sogar zu einem Schwätzchen mit den »Toten« auf die »andere Seite der Wirklichkeit« hinübergehen.

Wie ist das möglich, wie kann das sein?

Mit dieser Frage wollen wir uns in diesem Buch beschäftigen.

# Mann und Hirsch

EINE WAHRE GESCHICHTE: Im Spätsommer des Jahres 1986, es war schon weit nach Mitternacht, fuhr ein junger Mann, der Freunde in einem entfernten Stadtteil besucht hatte, mit seinem Auto nach Hause. Da er mit dem Auto unterwegs war, hatte er keinen Alkohol getrunken. Als er in die Straße einbog, in der er wohnte (er lebte in einem Vorort Hamburgs, in der Nähe eines Waldgebietes), sah er einen majestätischen Hirsch würdevoll den Bürgersteig entlangstolzieren.

»Sagenhaft«, dachte er junge Mann, »ein Hirsch! Ich habe noch nie einen echten, leibhaftigen Hirsch gesehen. Na ja, im Fernsehen vielleicht oder im Zoo, früher, als ich noch klein war. Das kann schon sein. Aber ein echter, lebendiger, freier Hirsch — das ist schon etwas ganz Besonderes!«

In seiner Begeisterung beging der junge Mann einen Fehler. Am nächsten Tag nämlich berichtete er seinen Freunden, daß er mit eigenen Augen gesehen hätte, wie zwischen Mitternacht und Morgengrauen ein Hirsch durch die Vorortstraßen Hamburgs gewandert sei — auf dem Bürgersteig! Der junge Mann hatte natürlich erwartet, daß seine Freunde ebenso erstaunt und begeistert reagieren würden wie er selbst. Er hatte sich getäuscht. Man lachte ihn aus. Man machte sich über ihn lustig. Seine aufrichtige Beteuerung »Aber ich habe ihn doch gesehen — ein richtiger Hirsch, mit eigenen Augen habe ich ihn gesehen!« löste Tränen des Gelächters aus. Manche hielten die Geschichte für einen verfrühten oder verspäteten Aprilscherz. Manche empfahlen dem jungen Mann mehr Schlaf und Ruhe, dann werde er auch in Zukunft keine Hirsche mehr auf den Bürgersteigen Hamburgs sehen. Manche erinnerten an die sprichwörtlichen weißen Mäuse, die angeblich von Betrunkenen gesehen werden.

Wir wissen nicht, ob der junge Mann jemals wieder beobachtet hat, wie in der Nähe des Waldrandes ein Hirsch durch die Vorortstraßen trottete. Aber man darf wohl vermuten: Falls er je-

14

mals wieder einen Hirsch, ein Wildschwein, einen Dachs oder Marder in seinem Stadtteil sehen sollte — er wird sich bestimmt hüten, darüber zu sprechen. Und dabei weiß doch jedes Kind, daß es in den mitteleuropäischen Wäldern freilebende Hirsche gibt — nachweislich! Einen von diesen Hirschen hat der junge Mann gesehen. Er hat seine Beobachtung anderen mitgeteilt. Nun stellen wir uns einmal vor, der junge Mann hätte statt des Hirschen in dieser Spätsommernacht in Hamburg — sagen wir: ein Ufo oder den Erzengel Gabriel gesehen. Jeder von uns wird genügend Phantasie haben, um sich vorzustellen, wie die Freunde und Bekannten des jungen Mannes reagiert hätten, wenn er ihnen ein solches Erlebnis anvertraut hätte.

So etwas wie dieser junge Mann hat jeder von uns schon einmal erlebt: Man sagt in treuherzigster Aufrichtigkeit die reine Wahrheit und wird ausgelacht oder für verrückt erklärt. — Oder es wird einem, in günstigeren Fällen, mit sanfter Gewalt von allen Seiten eingeredet, man müsse sich doch wohl geirrt haben, und Irren sei schließlich menschlich. Man ist verunsichert und gekränkt. Man bringt weitere Details, um die anderen Menschen zu überzeugen — vergeblich. Am Ende verstummt man resigniert und faßt den festen Vorsatz: »So etwas passiert mir nie wieder! Niemals werde ich wieder so dumm sein und anderen Leuten irgend etwas erzählen, was irgendwie aufregend oder erstaunlich ist. Noch einmal lasse ich mich nicht zum Gespött machen. Wer bin ich denn, daß ich unfreiwillig den Hanswurst für die anderen spiele?! Wenn mir eh niemand glaubt — bitte, dann halte ich in Zukunft eben den Mund! Wenn Reden nicht einmal Silber ist, dann ist Schweigen allemal Gold!«

Je öfter man das Opfer der Lach- und Spottlust anderer Leute geworden ist, und je häufiger man spitze Bemerkungen über sich ergehen oder sich wie ein »armer Irrer« behandeln lassen mußte, desto größer wird leider auch die Wahrscheinlichkeit, daß man selbst irgendwann einmal in den Chor der besserwisserischen Lacher einstimmt, wenn irgend jemand anderes von seinen nicht ganz alltäglichen Erfahrungen berichtet. Zu den widerwärtigsten angelernten Primitiv-Reaktionen des Menschen zählt diese: Die Neigung des Besiegten, die eigene Individualität aufzugeben und sich voll und ganz mit dem Sieger zu identifizieren. Bei Hegel lesen wir: Der Sklave will nicht frei sein, sondern auch einmal als Sklaventreiber die Peitsche schwingen dürfen. Ähnliche Gelüste verspüren alle Menschen, deren Seele gewaltsam verstümmelt worden ist. Der Verprügelte will nicht die Gewaltlosigkeit, sondern er will auch einmal seine aufgestauten Aggressionen an einem Schwächeren austoben. Analog gilt: Der Verspottete, der Verlachte — er will auch einmal zu den Lachern und Spöttern zählen dürfen. Und dies, obwohl er selbst am eignen Leib gespürt hat, wie kränkend es ist, dem allgemeinen Gelächter schutzlos preisgegeben zu werden. Es ist ekelhaft! Aber es ist so. Man ist ausgelacht worden, und man hat begriffen: Die Lacher und Spötter sind in der Überzahl. Man ist kein masochistischer Märtyrer und schlägt sich deshalb auf die Seite der vermeintlich Stärkeren. Dann ist man auch ein »Sieger«. Der Ausgelachte von heute wird morgen unter denjenigen zu finden sein, die am lautesten über ein neues Opfer lachen, das naiv genug war, eine derzeit unpopuläre Wahrheit zu sagen.

Es stimmt schon: Lächerlichkeit tötet. Sie tötet etwas in uns ab, etwas sehr Kostbares, nämlich das gesunde Urvertrauen in die eigene Wahrnehmung und das Vertrauen zu anderen Menschen. Die Folge: Man installiert im eigenen Hirn einen Großinquisitor, einen Zensor, eine hocheffiziente Filteranlage, die streng darüber wacht, daß man über gewisse Tabu-Themen nicht spricht.


## Das Oval

Wir betreten jetzt ein behagliches Wohnzimmer. Der gemütliche Teil des Tages beginnt. Stellen Sie sich vor: Nach einem ausgezeichneten Abendessen sitzen Sie mit einer alten Freundin bei einer guten Flasche Wein. Sie hatten diese Frau einige

Jahre lang aus den Augen verloren. Durch »Zufall« begegneten Sie ihr wieder. Sie mußten nur wenige Worte mit ihr wechseln, um zu spüren: Das gegenseitige Vertrauen ist noch immer da. Nach wie vor »senden« und »empfangen« Sie beide noch auf derselben »Funkfrequenz«. Die vergangenen Jahre haben Sie nicht einander entfremdet. In entspannter Atmosphäre plaudern Sie über Gott und die Welt. Ihre Freundin hat Sie, soweit Sie wissen, noch nie belogen. Allem Anschein nach erfreut sie sich bester geistiger Gesundheit. Und nun erzählt sie Ihnen folgende Geschichte:

»Also, über *diese Sache* habe ich bisher noch mit niemandem offen geredet. Warum nicht? Aus Feigheit, Angst, Vorsicht — nenn es, wie du willst. Die ersten Tage nach *dieser Sache* war ich völlig desorientiert. Ich konnte mir beim besten Willen keinen Reim auf *diese Sache* machen. Im nachhinein begreife ich eigentlich gar nicht, weshalb ich in den Wochen *danach* so entsetzlich begriffsstutzig gewesen bin. Im Grunde hätte mir doch sofort klar sein müssen, was da geschehen war. Aber so war es nicht. Ich verstand gar nichts. Nur eines war mir bewußt: *diese Sache* war ganz anders als alles, was ich zuvor erlebt hatte. Am Tag *danach* habe ich mir ein paar einschlägige Bücher zum Thema ›psychische Erkrankungen‹ besorgt. Ich wollte wissen, ob vielleicht irgend etwas mit mir nicht stimmt. Es war ziemlich beruhigend, diese Bücher zu lesen. Dort wurden nämlich die Symptome beginnender Geisteskrankheiten beschrieben. Und diese Symptome konnte ich bei mir nicht feststellen. Ich hatte also offenbar keinen Grund, an meinem Verstand zu zweifeln.
Rückblickend erscheint es mir seltsam, daß ich erst zwei Wochen *danach* wirklich verstand, was da mit mir geschehen war. Weißt du, ich hatte zwar schon früher einmal von *solchen Dingen* gehört, aber ich hatte gedacht: Kann sein, daß es *so etwas* gibt, kann auch nicht sein. Was geht's mich an? Wenn überhaupt, dann gibt es *so etwas* wohl nur bei indischen Heiligen oder bei ganz besonderen Menschen, die eine

spezielle Ausbildung absolvieren durften oder die als fromme Asketen in einem abgelegenen Kloster irgendwo im Himalaya leben. In Tibet vielleicht, jedenfalls: weit, weit weg. Oder im alten Ägypten, vor dreitausend Jahren, in grauer Vorzeit. Ich hatte also eine räumliche und eine zeitliche Grenze zwischen uns und *diese Sache* gezogen, einen undurchlässigen ›eisernen Vorhang‹. Daß *so etwas* einem ganz durchschnittlichen Menschen hier und jetzt passieren könnte, hielt ich für vollkommen ausgeschlossen.

Ich merke schon: Aus lauter Feigheit rede ich noch immer um den heißen Brei herum. Also, Klartext: Es war an einem 10. März. Dieses Datum werde ich wohl nie vergessen. Normalerweise gehe ich nachts nicht vor zwei Uhr ins Bett. Folglich komme ich morgens selten vor neun Uhr aus den Federn. An diesem 10. März hatte ich schon morgens um sechs Uhr aufstehen müssen. Mir fehlten also einige Stunden Schlaf. Gegen zehn Uhr vormittags war ich so gerädert, daß ich mich aufs Bett legen mußte.

Mitte Februar hatte ich mit gewissen Experimenten begonnen. Mich interessierte, ob es möglich ist, körperlich zu schlafen und geistig wach zu bleiben. Das ist eine wirklich schwere Übung. Im Regelfall versagt man kläglich. Man schläft ein. Dann ist das Experiment gescheitert.

Am Vormittag dieses 10. März machte ich meine Übungen mit einer gewissen Gleichgültigkeit. Ich hatte diesmal nicht den geringsten Funken Ehrgeiz im Leib. Ich sagte mir: Wenn das Experiment heute klappt — prima. Wenn nicht: auch gut. Schließlich hatte ich ja noch ein paar Stunden Schlaf nachzuholen.

Vollständig bekleidet, legte ich mich aufs Bett und wickelte mich in meine blaue Meditationsdecke ein — nach der bewährten Hans-Castorp-Methode, wie sie im ›Zauberberg‹ beschrieben ist. Zunächst lief alles wie gewohnt: Nach einer Weile spürte ich meinen Körper nicht mehr. Es war kein einziger Gedanke mehr in meinem Kopf, und ich war hellwach.

Jetzt wird die Geschichte ein bißchen delikat. Wäre ich ein Inder, dann fiele es mir bedeutend leichter, darüber zu reden. Ich könnte bequem auf eine überlieferte, allgemein bekannte Vorstellung zurückgreifen und vielleicht sagen: Die Kundalini begann sich zu regen. Dann wüßte jeder Inder Bescheid, und niemand würde anzüglich grinsen. Kein halbgebildeter Hobby-Psychologe käme daher, um als selbsternannter Freud-Adept dummerhaftige Thesen über die Ursachen dieser plötzlichen Erregung aufzustellen. Kein körperfeindlicher, sauertöpfischer Moralapostel könnte den Jauchekübel seiner eigenen schmutzigen Gedanken über meinem Kopf ausleeren. Kein verklemmtes Pfarrerstöchterlein müßte errötend kichern. Aber wir sind nicht in Indien, und wir verfügen über keine so reiche Tradition. Sonst könnte ich jetzt einfach sagen: Das Wurzel-Chakra geriet in einen Zustand bemerkenswerter Aktivität. Ein mittelalterlicher Mystiker hätte sich in diesem Zusammenhang vielleicht folgendermaßen ausgedrückt: Ich wurde in Versuchung geführt und mußte die wollüstigen Begierden des Fleisches niederringen.

Ich versuchte jedenfalls, diese sonderbare Eigenwilligkeit meines Körpers zu ignorieren. Sie paßte mir momentan nicht ins Konzept. Es war nicht ganz einfach, so zu tun, als wäre nichts. Aber es gelang. Kurz darauf war mir, als würde irgend etwas in mir umgeschaltet. Dieser Vorgang dauerte nur Sekundenbruchteile, und er ist ebenso schwer zu beschreiben wie zu erklären. Vielleicht hilft ein Vergleich: Es war beinahe so, als würde man mit der Fernbedienung von ARD auf ZDF umschalten, als würde man aus einem Programm hinaus- und in das andere hineingehen. Ein anderer Vergleich: Es war so, als habe man nur einen einzigen Schritt getan und befände sich nun nicht mehr auf deutschem, sondern vielleicht auf niederländischem Territorium, wo andere Gesetze gelten, wo eine andere Sprache gesprochen wird, wo die Menschen zwar eine ähnliche, aber doch etwas andere Mentalität haben. Klar, alle Vergleiche hinken, aber wie sonst soll man über Dinge reden, für die es in unserer Sprache keine eingebürgerten Begriffe gibt?

Nach diesem ›Umschalten‹, nach diesem ›Grenzübertritt‹ verlor ich für einen kurzen Moment das Bewußtsein. Blackout. Filmriß. Nada. Nach meiner Einschätzung dauerte diese Bewußtlosigkeit nur wenige Sekunden. Allerdings weiß ich nicht, wie zuverlässig der menschliche Zeitsinn in solchen Grenzsituationen arbeitet. Vielleicht waren es auch einige Minuten. Mir jedenfalls erschien diese Zeit sehr kurz. Ich kam also wieder zu Bewußtsein. Es war, als wäre ich urplötzlich in eine Gestalt aus Edgar Allan Poes Büchern verwandelt worden. Vielleicht kennst du seine Geschichte ›Lebendig begraben‹. Dann kannst du dir ungefähr vorstellen, was ich in diesem Augenblick empfand: Panik, Entsetzen, Horror. Es war grauenvoll. Ich konnte mich nicht bewegen. Ich war erstarrt, gelähmt, mattgesetzt wie der König am Ende einer verlorenen Schachpartie. Ich wollte meine Hand heben. Sie gehorchte mir nicht. Ich wollte mich im Bett aufsetzen. Es ging nicht. Wie eine eingewickelte Mumie im Sarkophag lag ich da. Empfindet so ein Mensch, der im Koma liegt? Eine ähnliche Situation hatte ich schon einmal früher erlebt. Im Alter von 17 Jahren bin ich von einem Auto angefahren worden. Ich verlor das Bewußtsein (und viel Blut), und als ich wieder zu mir gekommen war, hatte ich mich ebenfalls nicht bewegen können. Ich war in schreckliche Panik geraten. Ich glaubte: Jetzt bin ich gelähmt und kann den Rest meines Lebens im Rollstuhl verbringen. Das hat sich Gott sei Dank als Irrtum herausgestellt. Wie gesagt: Ich war also wie gelähmt. Ich hatte eine Heidenangst. Genau wie damals nach dem Unfall — dieselbe Panik, dasselbe Entsetzen.

Plötzlich geschah etwas Seltsames. Irgend etwas in mir und zugleich außerhalb meiner ›sagte‹ ohne Worte: ›Du brauchst keine Angst zu haben!‹ Es war, als spreche eine unhörbare und doch klar verständliche Stimme geradewegs in meinen Kopf hinein, mitten in die Zentrale meines Bewußtseins, dort, wo die Gedanken produziert werden. Als würde der konzentrierte Extrakt einer Mitteilung, die Essenz einer Botschaft von etwas oder jemandem in mich hineinprojiziert. Und diese empfangene Essenz, dieser ›Gedanken-Extrakt‹ wurde dann von meinem Verstand gewissermaßen ›verdünnt‹, das heißt, in meine Sprache, in meine Ausdrucksweise übersetzt. Verstehst du? Es war ein Sprechen ohne Sprache, ein Reden ohne Stimme, eine direkte Kommunikation zwischen Sender und Empfänger, die das Wort als Transportmittel nicht benötigt und folglich keinen Raum für Fehlinterpretationen oder Mißverständnisse läßt. Etwas oder jemand dachte irgendwie seine Gedanken geradewegs in meinen Kopf hinein.

Schlagartig verlor ich meine Angst. Diese ›Stimme ohne Worte‹ erschien mir fremd und urvertraut zugleich. Ein Teil meines Wesens erkannte diese Stimme und freute sich, als höre er nach langer Zeit die Stimme eines lieben Freundes wieder. Der andere Teil meines Wesens war schlichtweg baff vor Staunen. Es gab für mich keinen Zweifel daran, daß diese Stimme mir die Wahrheit sagte. Sie hatte gesagt, ich bräuchte keine Angst zu haben. Also hatte ich keine Angst mehr.

Als nächstes empfing ich den Befehl: ›Mach die Augen auf!‹ Eben noch war ich wie gelähmt gewesen. Jetzt konnte ich zumindest beide Augen öffnen. Mein Kopf lag so auf dem Kissen, daß ich nicht im 90-Grad-Winkel die Zimmerdecke direkt über meinem Kopf sehen konnte. Vielmehr sah ich die Zimmerdecke am anderen Ende des Schlafzimmers, in der Nähe der Tür, die zum Badezimmer führt.

Und da — da erblickte ich etwas, da war etwas. Ich habe so etwas noch nie gesehen. Es war ein ovales Gebilde. Es schien ungefähr dreißig oder vierzig Zentimeter lang zu sein und bestand aus gelblichem Licht — oder aus einer feinen leuchtenden Substanz, deren sichtbare Eigenschaften denen des Lichtes ähneln. Seine Konturen hoben sich deutlich von der weißen Zimmerdecke ab. Im Inneren des Ovals waren mehrere Kreise oder Kugeln. Ich schätze, es waren acht bis zehn Stück. Sie bestanden aus einem dunkleren, intensiver leuchtenden Lichtgelb als das Oval. Sie sahen alle gleich aus; trotzdem schien es mir, als habe jede dieser Kugeln eine eigene Individualität. Zugleich aber bildeten alle Kugeln gemeinsam so etwas wie eine Gesamt-Individualität. Ich spürte: Das ovale Ding da oben an der Zimmerdecke stand in irgendeinem Zusammenhang mit meiner Bewegungsunfähigkeit.

Dieses Licht-Oval war ein lebendiges Wesen. Es hatte Bewußtsein, es konnte kommunizieren und zielgerichtet handeln. In einem entscheidenden Punkt jedoch unterschied sich sein Bewußtsein grundsätzlich von unserem. Das Licht-Oval war nämlich völlig frei von Emotionen. Es hatte keine Gefühlsregungen, wie wir sie kennen. Verstehst du? Unsere Gedanken sind ständig mehr oder weniger mit Emotionen befrachtet. Was wir denken, ist eng mit subjektiven Bewertungen, mit persönlichen Wünschen, Hoffnungen, Abneigungen oder Sehnsüchten, mit Empfindungen der Wut, des Ekels, der Ablehnung oder Freude, manchmal auch mit unseren inneren Konflikten verknüpft. Wir können uns nicht von unserer Subjektivität befreien. Wir können uns nicht mit einer Sache befassen, ohne zugleich im Hinterkopf den Gedanken zu haben: Wird mir das nützen? Wird es mir schaden? Bringt mir diese Sache Vorteile oder Nachteile? Wir beziehen alles mehr oder weniger auf uns selbst. Und diese Beziehung bewerten wir dann. Deshalb sind wir vermutlich ständig mehr oder weniger emotionalisiert, ob wir es nun bewußt registrieren oder nicht. Dieses ovale Ding dagegen — es schien keine egoistischen Motivationen zu kennen. Es war objektiv, neutral und rational. Ich spürte: Man kann es weder korrumpieren noch manipulieren. Wenn man im Alltag jemanden beeinflussen möchte (und wann möchte man das nicht?), kann man an seine Habgier, seine Eitelkeit, seine Urängste, seinen Idealismus oder sein Mitleid appellieren. Instinktiv weiß jeder: Wenn ich mein Ziel erreichen will, dann muß ich diesen Mann oder diese Frau so und so behandeln. Man kann die Emotionen seiner Mitmenschen einschätzen und bei der Durchsetzung seiner Interessen entsprechend berücksichtigen. Ob wir es nun zugeben oder nicht: Wir Menschen sind ein ziemlich berechnendes Pack, wir alle; die einen mehr, die anderen weniger.

Mit ausgeklügelten Psycho-Manövern wäre man bei diesem

Licht-Oval nicht weit gekommen. Man hätte nichts erreicht. Es ließ sich nicht übertölpeln. Um es in menschliche Begriffe zu übersetzen: Es war kraftvoll, hochintelligent, sachlich, ein bißchen ironisch und kühl-distanziert. Eine emotionale Beziehung ließ sich zu ihm nicht herstellen. Mir schien, als sei es gleichermaßen spöttisch und wohlwollend; es wirkte auf mich herablassend und gutmütig zugleich — nicht lieblos, im Gegenteil, aber trotzdem emotionslos. Das mag widersprüchlich klingen, aber genau so war es. Was mich zutiefst empörte und beleidigte: Dieses Ding da oben an der Zimmerdecke nahm nicht den geringsten inneren Anteil an dem, was ich empfand. Es stand meinen Gefühlen gleichgültig gegenüber, beinahe so, als hätte es nur einen Routine-Job zu erledigen. Das war einerseits beunruhigend, andererseits aber auch ungemein faszinierend. Diese überlegene Neutralität beeindruckte mich, sie imponierte mir und war mir enorm sympathisch, wenn auch nicht ganz geheuer.

Als nächstes kam von diesem Oval wieder ein Befehl, ein Befehl ohne Worte. Er lautete, in menschliche Sprache übersetzt: ›Steh auf!‹

Das konnte ich natürlich nur für einen schlechten Witz halten. Ich war wütend und verzweifelt. Ich wollte ja gehorchen. Aber ich konnte mich doch nicht bewegen! Wie soll einer aufstehen, wenn sein Körper praktisch gelähmt ist? Wieder geriet ich in Panik.

Dann war es mir, als zerre jemand an mir herum. Jetzt kann ich mir vorstellen, wie sich ein Tau fühlt, wenn zwei gleichstarke Mannschaften Tauziehen spielen! Eine Kraft zog mich zur Seite, aus dem Bett heraus, während mich die andere, genauso starke Kraft, in die entgegengesetzte Richtung riß. Ich will es nicht unnötig dramatisieren, aber du kannst mir glauben: Es war qualvoll, dieses Gezerre. Mein ganzer Körper schmerzte. Aber da war sie wieder, die unhörbare Stimme. Das, was sie ohne Worte sagte, hatte ungefähr die Bedeutung von: ›Reg dich nicht auf, es hat schon alles seine Richtigkeit!‹ Sofort wurde ich ruhiger. Erneut kam der Befehl: ›Steh auf und geh hinunter!‹ Das Schlafzimmer liegt nämlich im ersten Stock. Schließlich, nach schier endlosem Gezerre und Geziehe, das unendlich viel Kraft kostete und quälend war, gelang es mir, aufzustehen.

Ich möchte noch einmal daran erinnern: Meine Beine waren kunstvoll in die blaue Decke eingewickelt, und die Tür zum Treppenhaus war fest verschlossen. Ich schleppte mich also zur Tür. Es ist mit Worten nicht zu beschreiben, wie schwer es mir fiel, diese wenigen Schritte zu gehen. Denn eine starke Kraft schien mich magnetisch wieder zurück aufs Bett ziehen zu wollen. Es war mühsam, gegen diesen Sog anzuarbeiten. Jeder Schritt war ein hart erkämpfter Sieg. Ich glaubte fast, es würde mich in der Mitte zerreißen. Endlich stand ich an der Tür. Ich sah mich um und blickte zurück aufs Bett. Da lag etwas drauf, auf dem Bett. Das, was da auf dem Bett lag, kam mir irgendwie bekannt vor. Der untere Teil von dem Ding, das da auf dem Bett lag, war blau eingewickelt. Das obere Ende war hennarot. Dieses teilweise blau eingewickelte Ding da auf dem Bett erinnerte mich an irgend etwas, was ich schon einmal gesehen hatte. Aber woran, das wußte ich in diesem Augenblick wirklich nicht. Es lag halt einfach da, okay. Sollte es doch. Ich kümmerte mich nicht weiter darum, denn nun kam ein weiterer Befehl: ›Geh die Treppe hinab!‹ Das tat ich. Es war leicht und angenehm. Übrigens knarren einige der Stufen, wenn man die Treppe hinauf- oder hinabsteigt. Diesmal knarrte keine einzige Stufe. Ich mußte wohl plötzlich leicht wie eine Elfe geworden sein. Das wunderte mich aber in diesem Augenblick ebensowenig wie die offenkundige Tatsache, daß ich auf den Flur und ins Treppenhaus gelangt war, ohne zuvor die Schlafzimmertür zu öffnen. Was mich dagegen sehr erstaunte: Ich konnte nicht besonders gut sehen. Sicher, ich bin ein bißchen kurzsichtig. Aber doch nicht so sehr, daß ich alles um mich her verschwommen sehe, wenn ich meine Brille nicht trage! Das Treppengeländer, die Stufen, die Tapeten, alles wirkte wie durch trübes Milchglas oder durch einen flimmernden Schleier betrachtet. Das fand ich höchst sonderbar.

Weiter wunderte mich im Moment nichts. Ich stieg die Treppe hinab, wie ich es jeden Tag mehrfach mache. Ich gelangte ins untere Stockwerk, bis ins Büro, bis zum Kamin, bis zum alten Schreibtisch am Fenster. Fast bis zur Küche kam ich. Dann hatte ich wieder einen Blackout. Filmriß. Für Sekundenbruchteile verlor ich das Bewußtsein. Als ich wieder zu mir kam, lag ich auf dem Bett im Schlafzimmer. Wie ich plötzlich wieder dorthin gekommen war, wußte ich nicht.

Ich öffnete die Augen. Dieses ovale Lichtgebilde war noch immer an der Zimmerdecke zu sehen. Ich dachte: Jetzt reicht's mir aber! Noch einmal mache ich so etwas nicht mit, jetzt übernehme ich wieder selber die Regie. Ich werde mich jetzt bewegen. Es wird alles wieder ganz normal sein. Ich stehe auf, koche mir einen starken Kaffee und esse ein gescheites Käsebrot. Und hinterher rauche ich eine Zigarette. — Tja, das eine, was wir wollen, das andere, was wir können ... Ich konnte mich noch immer nicht bewegen. Ich wurde wütend auf das ovale Ding da oben. Warum konnte es mich nicht endlich in Ruhe lassen? Aber das Oval blieb völlig ungerührt. Um es kurz zu machen: Dieser Vorgang des Gezerres, des Aufstehens und Treppensteigens, der jeweils damit endete, daß ich wieder im Schlafzimmer zu Bewußtsein kam, ohne zu wissen, wie mir geschehen war, wiederholte sich noch fünf- oder sechsmal. Allerdings muß ich zugeben, daß es von Mal zu Mal leichter wurde, aufzustehen, zur Tür und nach unten ins Büro zu gehen.

Es schien, als wollte das Oval irgend etwas mit mir üben. So, wie man mit einem jungen Hund übt, damit er lernt, Stöckchen oder Tennisbälle zu apportieren. Oder so, wie ein Erwachsener einem Kind den Bleistift in die Hand drückt. Die kleine Kinderfaust umklammert den Stift. Der Erwachsene nimmt die verkrampfte kleine Hand in seine und führt sie in schönen, großen Bögen über das Papier und sagt vielleicht anerkennend: ›Guck mal, wie schön du schon schreiben kannst!‹ Dieser Vergleich trifft die Sache ziemlich genau. Denn das Oval lenkte mich eindeutig in pädagogischer Ab-

sicht. Mir schien, als wollte es mich ermutigen oder motivie-
ren.

Aber — was sollte das? Treppensteigen hatte ich auch vorher
schon gekonnt; ganz gut sogar, wie ich fand. Das brauchte
niemand mit mir zu üben. Worin bestand also das Lernziel?
Ich hatte keine Ahnung, wie lange dieser ›Unterricht‹ insge-
samt dauerte. Vielleicht so lange wie eine Schulstunde. Jedenfalls — ungefähr eine Stunde, nachdem ich mich aufs Bett gelegt hatte, war alles vorbei. Kein Oval mehr an der Zimmerdecke! Arme und Beine ließen sich wieder wie gewohnt bewegen. Vollkommen erschöpft, wälzte ich mich auf die Seite
und schlief sofort ein.

Ich möchte noch einmal betonen: Die Schlafzimmertür zum
Treppenhaus war nach wie vor geschlossen. Ich hatte sie zu
keinem Zeitpunkt geöffnet. Die blaue Decke war noch immer
genauso um meine Beine gewickelt wie vor Beginn dieser son-
derbaren Ereignisse. Keine Veränderung. Ich war aber zu müde, um mich noch über irgend etwas zu wundern.

Vielleicht noch eine kuriose Randbemerkung, die die Sache
abrundet. Wenn es stimmt, daß es keine Zufälle gibt — aber
hör selbst: Ich hatte noch keine halbe Stunde geschlafen, da
wurde ich unsanft geweckt. Es läutete an der Haustür. Ich tau-
melte schlaftrunken hinab. Diesmal knarrten die Stufen wieder so, wie es sich gehört. Vor der Haustür standen zwei
freundliche, gepflegte Damen. Ich kannte sie schon. Es war
nicht das erste Mal, daß sie mich besuchten. Sie gehörten einer
bekannten Missions-Sekte an, deren bewundernswert couragierte Mitglieder mit ihren Gottesideen von Tür zu Tür hausie-
ren gehen, und waren fest entschlossen, meine Seele zu retten. Wenn man ihnen Glauben schenken darf, steht nämlich
der Weltuntergang unmittelbar bevor. Sinngemäß erklärten
sie mir: Wenn ich mich ihrem Verein anschließe, dann habe
ich eine faire Chance, die Apokalypse mit mehr oder weniger
heiler Haut zu überstehen. Sie klärten mich auch über die tie-
fere Bedeutung der Offenbarung des Johannes auf und gaben
mir ein Buch mit vielen schönen bunten Bildern. Das paßte

mir prima ins Konzept: Ich war nämlich auch gerade in Welt-untergangsstimmung! Es ging mir saudreckig. Ich war kraft-los, ausgelaugt, lustlos und deprimiert. Ich fragte die beiden netten Damen, ob der liebe Gott nur diejenigen Menschen liebhat, die sich ihrem Verein angeschlossen haben. Sie bejah-ten rundheraus. Das fand ich ebenfalls entsetzlich deprimie-rend.

Na ja, das nur am Rande. Den Rest des Tages habe ich damit verbracht, trüb- und stumpfsinnig auf dem Sofa zu hocken, viele Zigaretten zu rauchen und auf den Abend zu warten. Wie gesagt: Die folgenden Tage widmete ich dann dem Studium ei-niger Bücher, die von Geisteskrankheiten handelten. Es scheint beinahe, als hätte es da eine geistige Blockade, eine Art posthypnotische Suggestion gegeben, die besagte: ›Du be-ginnst erst zwei Wochen später langsam zu begreifen, was du erlebt hast!‹

Als ich endlich zwei oder drei Wochen später in der Lage war, mir einen Reim auf dieses Erlebnis zu machen, habe ich gehö-rig mit dem lieben Gott herumgenörgelt. Mir wurde klar: Das war ja eine sensationelle Sache! Da habe ich ja mehr Glück als Verstand gehabt, so etwas erleben zu dürfen! Ich wollte natür-lich sofort und auf der Stelle noch mehr Erlebnisse dieser Art haben. Sinngemäß lautete meine Beschwerde an den lieben Gott: ›Sauerei, das! Erst wird einem gezeigt, daß es tatsächlich geht. Man darf es sogar ein paarmal selbst ausprobieren. Und danach geht's nicht mehr. Warum läßt man mich erst einen Blick durch die offene Tür werfen und knallt sie mir gleich da-nach wieder vor der Nase zu? Was soll das?‹ Ich fühlte mich ir-gendwie ausgesperrt. Ich hatte das Gefühl, man hätte mir et-was geschenkt und dann wieder weggenommen. Und das, was mir weggenommen worden war, das wollte ich umge-hend zurückhaben!

Genörgel und vor Selbstmitleid nur so triefende Jeremiaden scheint der liebe Gott wohl vornehm zu ignorieren. Ich ver-mute, er will Leistung sehen. Okay, ich wußte nun also zumin-dest, daß es geht. Ich mußte herausfinden, wie es funktioniert und wie man es aus eigner Kraft bewerkstelligt. Ich bemühte mich um Informationen und arbeitete mir eine Art Trainingsprogramm aus. Circa acht Wochen später klappte es dann endlich wieder. Oder präziser: Nach acht Wochen gelang es mir erstmals, es aus eigner Kraft zu schaffen. Momentan kommt auf fünfzig, sechzig Versuche ein Treffer dieser Art. Es gibt auch noch andere Treffer, und die sind etwas häufiger. Vielleicht läßt sich die Trefferquote ja noch irgendwie steigern. Ich arbeite jedenfalls daran. Im Regelfall ist es frustrierend. Manchmal verliert man die Lust, wenn sich wochen- oder monatelang keine Erfolge verbuchen lassen. Aber wenn es dann plötzlich doch mal wieder klappt — dann ist man für alle Mühen fürstlich entschädigt!«

So. Das ist nun die Geschichte, die Ihre Freundin Ihnen erzählt hat. Ihre Freundin schweigt jetzt in einer irgendwie verheißungsvollen Tonlage. Es hat ganz den Anschein, als könnte sie noch viel mehr berichten.
Wie reagieren Sie jetzt? Jeder weiß, daß es in den Wäldern Mitteleuropas freilebende Hirsche gibt. Jeder weiß, was ein Hirsch ist und wie ein Hirsch aussieht. (Manche wissen sogar, wie ein Hirsch — mit Rahmsoße und Preiselbeeren — schmeckt.) Aber: Ein ovales Licht an der Zimmerdecke — hat man so etwas schon einmal gehört? Und dann erst diese andere Sache, daß jemand offenbar ohne seinen Körper durch geschlossene Türen hindurchgehen und Treppen hinabsteigen kann. Tja, was soll man dazu sagen?

## Unterm Mikroskop

ZWISCHENBILANZ: Wir kennen jetzt die Geschichte Ihrer Freundin sowie König Salomos Bericht. Unsere beiden »Zeugenaussagen« beschreiben ein und denselben Vorgang. Dennoch sind sie grundverschieden. Worin besteht der Unterschied? Salomo teilt uns aus der Perspektive eines alten Mannes die Summe seiner Erfahrungen mit. Ihre Freundin, eine junge Frau, erzählt von ihrem allerersten Erlebnis dieser Art. Sie liefert uns konkrete Details, während Salomo einen zusammenfassenden Überblick bietet. Er skizziert die Höhen und Tiefen im Leben eines Menschen, der außerkörperliche Erfahrungen sammelt. Bildhaft gesprochen: Gemeinsam mit Ihrer Freundin blicken wir durch ein Mikroskop und erkennen deutlich sichtbare Einzelheiten. Salomo dagegen führt uns auf ein Bergplateau. Aus dieser erhöhten Perspektive eröffnet sich uns ein weites Panorama, das bis zum Horizont reicht. Anderer Vergleich: Ihre Freundin gibt uns die exakte Beschreibung eines Mosaiksteinchens. Salomo gewährt uns einen Blick darauf, wie ein fertiges Mosaik, aus einigem Abstand betrachtet, aussehen kann. Beide Perspektiven haben ihren individuellen Reiz. Für uns ist momentan die »Mikroskop-Perspektive« interessanter.

Analysieren wir also einmal die Geschichte Ihrer Freundin.

1. Auffällig ist zunächst ihr zögerliches Gestammel. Sie redet um den heißen Brei herum. Es ist ihr scheinbar unbehaglich, über ihr außerkörperliches Erlebnis zu reden. Warum? Aus Angst davor, ausgelacht oder für verrückt erklärt zu werden. Gibt es für diese Furcht rational nachvollziehbare Ursachen? Rührt die Angst vielleicht unter anderem auch daher, daß die Geschichte vielen von der Wissenschaft als gültig postulierten Naturgesetzen offenkundig zu widersprechen scheint? Daraus ergäben sich dann neue Fragen. Zum Beispiel: Was leistet, wie arbeitet die Naturwissenschaft? Kann die Naturwissenschaft einen berechtigten Anspruch darauf erheben, sie verfüge über das methodische und technische Rüstzeug, mit dem sich ausnahmslos alle Rätsel endgültig und zufriedenstellend lösen lassen? Oder erklärt die Naturwissenschaft eventuell nur gewisse Teilaspekte unserer multidimensionalen Realität? Warum neigen wir dazu, eher den Wissenschaftlern als un-

serer eigenen Wahrnehmung zu glauben? Woher diese Autoritätsgläubigkeit, diese intellektuelle Untertanen-Mentalität? Die Liste der Fragen läßt sich beliebig erweitern. Wir werden diesen Themenkomplex wohl näher untersuchen müssen.

2. Nun zum eigentlichen Erlebnis, zum Kern der Sache. Frage: Was ist das für ein Umschalt-Prozeß, von dem sie sprach? Wie kann es sein, daß dieses Oval mit seiner nonverbalen Kommunikationsform einem Teil ihres Wesens fremd, dem anderen dagegen urvertraut vorkam? Sind wir uns selbst so fremd, daß wir keinen Zugriff mehr auf die Gesamtheit der uns zur Verfügung stehenden Informationen haben, die »irgendwo, irgendwie« in uns »abgespeichert« sind? Gibt es brachliegendes Wissen, existieren ungenutzte Fähigkeiten im Menschen, Teile unseres Wesens, die wir zur Zeit nicht (nicht mehr/noch nicht) kennen oder die wir im Verlauf der Evolution kollektiv vergessen haben? Wenn ja: Könnte man eventuell diese »Nibelungenschätze in uns« bergen? Kann das vergessene Wissen, können die ungenutzten Fähigkeiten reaktiviert und frei verfügbar gemacht werden? Wo wären sie zu lokalisieren? Wo müßte man auf der Suche nach dem »Nibelungenschatz« ansetzen?

3. Die junge Frau ist mehrmals durch eine geschlossene Tür hindurchgegangen. Daraus folgt: Es muß irgend etwas (im Menschen?) geben, sei es eine Substanz, sei es eine immaterielle Kraft oder was auch immer, das

   a. bewußtseinstragend ist
   b. über so etwas wie sinnliche Wahrnehmungsfähigkeit verfügt (»sehen« kann) und
   c. sich außerhalb des physischen Körpers bewegen und Erfahrungen sammeln kann, die dem Hirn-Gedächtnis einverleibt werden und jederzeit erinnerbar sind.

   Dieses »Etwas« wird offenbar als die eigentliche, die wahre Identität des Menschen, als »Ich« empfunden und steht — zumindest im Fall Ihrer Freundin — dem materiellen Körper indifferent gegenüber. Es identifiziert sich nicht mit »seinem« physischen Leib. Frage: Was ist dieses »Etwas«, dieses »wahre Ich«? Welche Funktionen hat es, welche Fähigkeiten stehen ihm zur Verfügung? In welcher Beziehung steht es zum physischen Körper? Existiert ein Abhängigkeitsverhältnis zwischen diesem »Etwas« und dem menschlichen Körper? Wenn ja: Wie ließe sich dieses Verhältnis beschreiben?

4. Ihre Freundin machte eine vage Andeutung. Sie erwähnte, es gäbe noch »andere Treffer«, die häufiger aufträten. Da müssen wir nachhaken. Was meint sie damit? Kann sie ihren Körper verlassen und Ebenen besuchen, die sich oberhalb oder jenseits unserer materiellen Raum-Zeit-Realität befinden? (Wir werden sie bei Gelegenheit mal fragen!)

5. Das Oval hat — so erschien es jedenfalls der jungen Frau — eine pädagogische Absicht gehabt. Frage: War das Oval eine Projektion? Hat sie eine Kraft, die in Wahrheit ein integraler Bestandteil ihres eigenen Wesens ist, plötzlich so wahrgenommen, als befände es sich außerhalb ihrer selbst? Das heißt: Hat ihr Unbewußtes ihr einen nützlichen Streich gespielt, der darauf abzielte, ihr Bewußtsein zu erweitern? Oder hatte sie tatsächlich Kontakt zu einer Wesenheit oder Lebensform, die es gut mit uns meint, die eine Art »Entwicklungshilfe« leistet, die uns aber noch nicht vertraut ist? Anders gefragt: Wer oder was war dieser »ovale Lehrer«, bzw. wer oder was waren die Kugeln innerhalb des Ovals?

6. Seit dem Erscheinen des Homo sapiens auf dieser Erde ist schon reichlich viel Zeit verflossen. Wie viele Exemplare dieser äußerst erfolgreichen Spezies mögen seither die Kontinente bevölkert haben? Wie groß ist die derzeitige Population weltweit? Zwei bis drei Milliarden vielleicht. Und täglich werden es mehr. Addieren wir die Anzahl aller Menschen, die je auf der Erde gelebt haben und noch leben, dann dürften wir unterm Strich eine gewaltige Summe erhalten. Die Annahme, daß Ihre Freundin der erste

und einzige Mensch ist, dem *so etwas* schon einmal passiert ist, läßt sich weder mit den Gesetzen der Wahrscheinlichkeit noch mit dem gesunden Menschenverstand in Einklang bringen. Um unsere Kenntnisse zu vervollständigen, müssen wir also nach weiteren Zeugnissen suchen. Irgendwo und irgendwann müßte auch schon anderen Menschen *so etwas* passiert sein.

7. Sie sprach von einem Trainingsprogramm. Wenn es ein solches gibt und wenn es nennenswerte Ergebnisse zeitigt, dann folgte daraus: Salomos Kunst ist erlernbar. Frage: Gibt es Techniken, Tips, Erfahrungsberichte anderer Menschen, von denen man bei eigenen Experimenten profitieren kann? Wie läßt sich ein außerkörperliches Erlebnis herbeiführen?

(Für unsere Freunde mit Sinn für schwärzlichen Humor zwei makabre Zuckerl. Für die anderen der Hinweis: »Achtung, Satire!«

Ein erfahrener Astralwanderer sagte einmal an die Adresse ungeduldiger Faulpelze, die eine außerkörperliche Erfahrung machen möchten, aber nicht bereit sind, die Anstrengungen langwieriger Exerzitien auf sich zu nehmen: Es gibt einen ganz einfachen Weg. Sie bitten Ihren besten Freund, Ihnen mit dem Baseball-Schläger — ein anständiger Knüppel tut's wohl auch — einen ordentlichen Schlag auf den Schädel zu verpassen. Die Chancen, nach solch einem Hieb ein außerkörperliches Erlebnis zu haben, sind nach Ansicht dieses Experten recht groß. — Nun, das lassen wir mal unkommentiert so stehen.

Jemand anderes sagte: In gewisser Hinsicht ähnelt das Astralwandern dem Morden — alle Menschen sind grundsätzlich dazu fähig, aber die wenigsten sind sich dessen bewußt oder praktizieren es auch tatsächlich.)

# KAPITEL 1

## Scio ut nesciam

Meine Freundin Sabine hat einen kleinen Sohn. Der Prachtbursche heißt Daniel. Im Alter von vier Jahren war Daniel ein Genie. Hoffentlich wird er immer eines bleiben. Was machte ihn zum Genie? Eine riesengroße Kleinigkeit, ein scheinbar unbedeutendes Detail, das es aber gewaltig in sich hat. Eines nämlich unterschied ihn sowohl von anderen Kindern als auch von den meisten Erwachsenen. Und zwar folgendes: Wenn man Daniel eine komplizierte Frage stellte, die er (als Winzling von vier Jahren, mit dem Wissen eines Vierjährigen) nicht beantworten konnte, dann sagte er nicht etwa: »Das weiß ich nicht.« Nein. Seine brillante Antwort lautete in solchen Fällen: »Das weiß ich noch nicht.« Ein kleiner, aber feiner Unterschied. Ich fragte Sabine, wer Daniel beigebracht hätte, so klug zu antworten. Niemand. Es kam aus ihm selbst.

Wie gesagt: Im Alter von vier Jahren war Daniel schon klüger als die meisten von uns. Ihm war klar, daß er noch recht wenig wußte. Und: Er wußte, daß er eines Tages mehr wissen würde. Wären alle Menschen so weise wie der vierjährige Daniel, dann gäbe es keine barbarische Borniertheit mehr auf der Welt. Aber, um mit Brecht zu sprechen: Die Verhältnisse sind nicht danach. Jedenfalls *noch* nicht. Einstweilen sind kluge Antworten wohl in erster Linie von den kleinen Daniels zu erwarten. Ehe ihr nicht werdet wie die Kinder ...

# Das Mein-Freund-Harvey-Prinzip

Erinnern Sie sich an den Film »Mein Freund Harvey«? James Steward, der liebenswerte Gentleman-Tolpatsch, stolpert in Begleitung eines riesenhaften Schneehasen von einer komischen Situation in die nächste. Seine Freude an dieser außergewöhnlichen Tier-Freundschaft ist nicht ganz ungetrübt, denn er muß begreifen: Ebenso real wie Harvey ist auch die Blindheit seiner Mitmenschen. Wo er Harvey stehen sieht, da sehen die anderen nichts, niemanden, Luft. Eine Komödie mit ernsthaftem Hintergrund. Wer einmal etwas erlebt hat, was andere Menschen nicht jeden Tag erlebt, oder wer einmal etwas gesehen hat, was andere Menschen in ihrem ganzen Leben noch niemals zu Gesicht bekommen haben (Stichwort: Hirsch), der weiß, *wie* ernst der Hintergrund dieser Komödie ist. Er kennt aus eigener Erfahrung das Mein-Freund-Harvey-Prinzip. Die Wirksamkeit dieses Prinzips beginnt immer mit der Korrektur eines fundamentalen Irrtums. Und dieser Irrtum, dessen Opfer wohl jeder einmal gewesen ist, lautet: »Was ich mit eigenen Augen gesehen und was ich selbst erlebt habe, davon bin ich auch überzeugt.« Denkste! Wenn es in Grenzsituationen hart auf hart kommt, überzeugt Sie eine Sache erst dann, wenn Sie wissen, daß sie auch andere überzeugt. Das Qualitäts-Siegel »wahr« müssen Ihnen schon andere Leute auf Ihr Erlebnis kleben. Sonst zernagen insgeheime Zweifel Ihr Vertrauen in die eigne Wahrnehmung. — Es sei denn, Sie sind ein ungewöhnlich starker Charakter, Nonkonformist und Individualist mit gußeiserner Zivilcourage, ein Mensch, dessen strotzend gesundes Selbstvertrauen so groß ist, daß er sich einen feuchten Kehricht um das Gerede und die Meinung anderer Leute kümmert. Aber, mal ehrlich: Sind Sie so einer?
(Banales Beispiel aus dem Alltag zur Illustration. Neulich hat es »junge Hunde geregnet«. Sintflutartige Regengüsse stürzten vom Himmel herab. Unser Keller stand unter Wasser. Jeder (?) vernünftige Mensch hätte sofort überlegt: Wo sind Eimer, Wischlappen, Gummistiefel? Meine erste spontane Überle-

gung war: Ich muß sofort hinüber zu den Nachbarn, mal nach-
fragen, ob ihr Keller auch unter Wasser steht. Unser Haus steht
nämlich auf einem Hügel. Und die Keller hochgelegener Häu-
ser können nicht überschwemmt werden. Das glaubte ich jedenfalls. Und weil ich wie Palmström messerscharf schloß,
daß nicht sein kann, was nicht sein darf, war ich im ersten
Moment nur unter der Bedingung bereit, an das Wasser im Keller zu glauben, wenn auch bei den Nachbarn Überschwem-
mung herrschen würde. Eine ebenso dumme wie wahre Geschichte.)
Das Harvey-Prinzip, wenn es wirksam wird, belehrt uns auch
über das Wesen menschlicher Borniertheit. Jeder Rucksack-
Wanderer im Mittelgebirge weiß ganz genau, daß er weit entfernt ist von den Heldentaten des berühmten Bergsteigers, der
die eisigen Gipfel des Himalaya ohne Sauerstoffmaske bezwungen hat. Jeder Hausmusikant weiß, daß er weder ein be-
deutender Klaviersolist ist noch vermutlich jemals einer werden wird. Jedem Freizeit-Tennis-Crack ist klar, daß zwischen
seinem Feierabendvergnügen und den Spitzenleistungen der
Wimbledon-Stars ein gewisser Unterschied besteht. So weit,
so gut. Je weiter, desto schlechter: Fast jeder, der über die berühmten kleinen grauen Zellen unter der Schädeldecke verfügt, neigt zu der irrigen Annahme, er habe 1. bereits so viele
Kenntnisse erworben und 2. die hohe Kunst des Denkens, das
heißt, der sinnvollen Nutzung dieser Zellen schon so weit ver-
vollkommnet, daß er sich über alles ein Urteil bilden könne,
das ihn zum ungekrönten König der Stammtischrunde macht.
Und daß er alles verstehen, begreifen, erfassen könne. Und
daß folglich das, was er nicht versteht, unverständlich, mithin: abstrus, unsinnig, irrwitzig sei. (Es gibt halt noch zuwenig
Daniels auf der Welt!) Lichtenberg sagte einmal sinngemäß:
Wenn ein Kopf und ein Buch zusammenstoßen und wenn
dann ein hohles Geräusch ertönt, so muß es nicht unbedingt
am Buch liegen. Analog können wir formulieren: Wenn ein
Hirn und eine Tatsache wie die berühmten Königskinder aus
dem schönen Volkslied nicht zusammenkommen können,

nun, dann muß es nicht unbedingt an der Tatsache liegen. Genau davon aber gehen wir noch immer allzuoft aus: Daß eine Tatsache »dümmer« ist als wir, wenn wir sie nicht begreifen. Denn wir sind ja vernünftig, kritisch und aufgeklärt.

Jetzt bitten wir mal Väterchen Kant, daß er uns die Lupe reicht, unter die wir unsere großartige Aufgeklärtheit nehmen können. Kant beantwortet die Frage »Was ist Aufklärung?« mit folgenden goldenen Worten, deren Glanz im Laufe der Zeit nicht einmal durch einen Hauch von Patina getrübt ist. O-Ton Kant: »Aufklärung ist der Ausgang des Menschen aus seiner selbstverschuldeten Unmündigkeit, Unmündigkeit ist das Unvermögen, sich seines Verstandes ohne Leitung eines anderen zu bedienen.« So. Wenn *das* also Aufklärung ist, bittschön, wer kann dann von sich sagen, er sei ein aufgeklärter Zeitgenosse? (Nebenbei bemerkt: Man beachte und begreife das Wörtchen »selbstverschuldet«! Es sagt uns: Du hast kein Recht, den Schwarzen Peter jemand anderem zuzuschieben. Für deine Dummheit bist du ganz allein verantwortlich!)

## Schweinegold aus Heringen

Was sollte dieser hundsgemeine Rundumschlag mit der Kant-Keule? Er soll auf unsere intellektuelle Untertanen-Mentalität hinweisen, die besser bekannt ist unter ihrem irreführenden Pseudonym »Wissenschaftsgläubigkeit«.

»Wissenschaftsgläubigkeit« — ach, würden die Leute doch den wirklichen Wissenschaftlern, nämlich denen, die, wie das Wort schon sagt, neues Wissen geschaffen haben (und nicht alte Dogmen in neue Fachtermini übersetzt und uminterpretiert haben), nur endlich Glauben schenken! Die Physiker zum Beispiel könnten uns ungeheuer aufregende Dinge erzählen. (Auf sie kommen wir später zurück.)

Aber man glaubt ja im Regelfall nicht den Wissenschaftlern, sondern irgendwelchen ignoranten Phantom-Wissenschaftlern, die in unserer Phantasie herumspuken als humorlose kleine Karikatur-Männlein in weißen Kitteln und mit finger-dicken Brillengläsern. Diese tyrannischen Kittel-Wichte sind jedoch größtenteils — nichts als Projektionen, Projektionen unserer eigenen Ignoranz. (Was ist eine Projektion? Wenn ich eine meiner Eigenschaften im wahrsten Wortsinn nicht wahr-haben will, wenn ich mich beispielsweise weigere zu akzeptie-ren, daß ich längst nicht so tolerant bin, wie ich es vielleicht gern wäre, dann projiziere ich meine eigene Intoleranz nach außen. Alle Leute erscheinen mir dann tyrannisch und faschi-stoid. Oder ich schaffe mir Windmühlen, gegen die ich kämp-fen kann wie Don Quichotte, Phantome, beispielsweise das Phantom eines tyrannischen Wissenschaftlers, der alle Men-schen bevormunden will.) Aber diese Phantasie-Männchen gibt's entweder gar nicht, oder sie gehören einer aussterben-den Spezies an. Wir können sie also getrost vergessen. Außer-dem geht es uns nicht um sie, sondern, was viel interessanter ist, um uns selbst, um unsere eigenen Denk- oder genauer: Nicht-Denk-Gewohnheiten.

Um diese Gewohnheiten zu erforschen (Achtung, Polemik!) können wir ein Experiment machen. (Nochmals: Achtung, Po-lemik!) Zunächst müssen Sie sich vor den Spiegel stellen und üben, nämlich die Technik, wie man es schafft, hahnebüche-nen Unsinn zu reden und trotzdem ein ernstes Gesicht zu be-halten. (Falls Sie später einmal aktiv in die »große Politik« ein-steigen möchten, werden Sie froh sein, wenn Sie diese Kunst beherrschen.)

Sicher kennen Sie einige Leute, die bereit sind, jeden Unfug zu glauben, wenn man nur steif und fest behauptet: »Amerikani-sche Wissenschaftler haben herausgefunden, daß...« — na, sagen wir mal, daß sich im Blutbild ganz gewöhnlicher Haus-schweine, die man ausschließlich mit grönländischen Roll-möpsen gefüttert hat, eine hohe Konzentration mikrosko-pisch kleiner Gold-Partikel feststellen ließ. Man habe daher computergesteuerte Filter-Geräte im kalifornischen Silicon Valley entwickelt, die denen ähneln, die für nierenkranke Dia-lyse-Patienten erfunden wurden. Auf diese Weise, so die Prognose, könne man pro Schwein und Jahr rund 20 Gramm reines Feingold gewinnen. Allerdings stünde noch nicht fest, ob diese Art der Goldgewinnung wirtschaftlich rentabel sei. Die Kosten-Nutzen-Analyse sei noch nicht fertiggestellt. Ja, seit Herbst 1982 arbeite man in Princeton daran, zunächst unter strengster Geheimhaltung, wahrscheinlich aus militärischen Gründen. Ein junger Professor deutscher Abstammung habe sich sogar seine Eheringe aus dem Schweinegold anfertigen lassen. (Nun können Sie einen Zeitungsausschnitt präsentieren, auf dem ein x-beliebiger junger Mann zu sehen ist, der einen Ehering am Finger trägt.)

Es steht zu fürchten, daß Sie einige Leute finden, die Ihnen diese Geschichte abkaufen. Mit an Sicherheit grenzender Wahrscheinlichkeit zählen die Leute, die Ihnen so etwas glauben, zu eben dem Menschenschlag, der über junge Männer lacht, wenn sie von Hirschen in Hamburg erzählen. Warum? Weil sie autoritätsgläubig sind. Ein durchschnittlicher junger Mann ist für sie keine Autorität — ein amerikanischer Wissenschaftler dagegen durchaus. (Ende der Polemik.)

Zurück zur Ausgangsfrage. In diesem Kapitel wollen wir uns mit der Frage beschäftigen: Wieso hatte Ihre Freundin Angst davor, über ihr Erlebnis zu reden? Sie fürchtete sich vor Spott — mit Recht, wie wir aus der Hirsch-Geschichte wissen. Die Hirsch-Geschichte zeigt, wie grausam und bösartig es ist, aufrichtige Menschen leichtfertig auszulachen, die nichts als die reine Wahrheit gesagt haben. Gleichzeitig geht aus der Schweinegold-Polemik hervor, wie lächerlich sich ein naiver Mensch mit seiner Leichtgläubigkeit machen kann. (Stichwort: Des Kaisers neue Kleider.)

FRAGE: Wie soll ich mich denn nun »richtig« verhalten, wenn mir eine Geschichte erzählt wird, für die es in meinem Hirnkasten noch keine Schublade gibt, in die ich sie einordnen kann?

ANTWORT: Es gibt kein Patentrezept. Niemand kann Ihnen die Entscheidung abnehmen. Einerseits müssen Sie aufpassen, daß Sie keinem Scharlatan auf den Leim gehen. Andererseits müssen Sie sich vor Borniertheit und Ignoranz hüten. Wir werden auf Kant zurückgeworfen. Und der sagt: Wir müssen halt eigenköpfig denken und entscheiden, ohne die Verantwortung für unsere Entscheidung immer auf andere abzuwälzen.

FRAGE: Gibt es Faustregeln, die mir als Entscheidungshilfen dienen können?

ANTWORT: Ja. Prüfen Sie genau die Glaubwürdigkeit derjenigen, die Ihnen etwas erzählen. Haben beispielsweise die Vertreter gewisser gesellschaftlicher Gruppen (Ärzte, Professoren, Journalisten etc.) den Vertrauensvorschuß verdient, den man ihnen entgegenbringt? Prüfen Sie sich selbst: Sind Sie nur deshalb bereit, etwas zu glauben, weil es Ihnen hervorragend »in den Kram paßt«? Oder weigern Sie sich, etwas zur Kenntnis zu nehmen, weil Sie zu faul sind, sich von liebgewordenen Denkgewohnheiten zu lösen? Beeinflußt Wunschdenken Ihre Entscheidung? Gibt es gewisse Themen, über die Sie gar nichts Konkretes wissen wollen, weil Sie fürchten, mit Fakten konfrontiert zu werden, die Sie vielleicht (noch) nicht verkraften könnten? Solche und ähnliche Fragen kann man sich stellen, wenn man seine eigenen »Wahrheitsfindungs-Kriterien« kennenlernen und korrigieren, sich mithin von seiner, wie Kant sagt, »selbstverschuldeten Unmündigkeit« befreien möchte.

(Für alle, die trotzdem gern eine griffige Formel haben möchten: Glauben Sie niemandem, der das Lachen verlernt hat und unfähig ist zur Selbstironie. Fanatiker lügen *immer*, auch wenn sie mal zufällig etwas Richtiges sagen.)

Übrigens gibt es ja auch eine zuverlässige Instanz in uns, die Lüge und Wahrheit sehr genau voneinander zu unterscheiden weiß. Es ist die Intuition. Man kann ihre leise Stimme überhören, aber man kann sie nicht korrumpieren. Wer feine Ohren hat, mit denen er in sich selbst hineinhorchen kann, der hört genau den Unterschied zwischen der sanften, festen Stimme der Intuition (des »inneren Lehrers«) und dem dissonanten

Mißklang, den die Stimmen der Angst, des Egoismus, des Wunschdenkens und der Selbstgerechtigkeit produzieren.

Um jetzt die Verwirrung komplett zu machen: Es gibt sie gar nicht, die eine, die einzige absolute Wahrheit — jedenfalls nicht für uns beschränkte Erdlinge auf dieser Welt. Jeder muß also seine eigene, individuelle Wahrheit finden. Deshalb gibt es auch keine brauchbaren Patentrezepte, auch wenn sie uns von aufgeblasenen Hausierern in Form von Moralsystemen, Religionen oder Ideologien immer wieder billig angeboten werden. Man sollte ihnen ihre wohlfeilen Produkte nicht abkaufen. Sie wollen angeblich nur unser Bestes. Aber das, unser Bestes, sollten wir nicht freiwillig an sie abtreten: unsere Freiheit, unsere Autonomie. Finden Sie Ihre Wahrheit und bleiben Sie ihr treu, gleichgültig, ob Ihre Wahrheit nun mit den Wahrheiten anderer Menschen übereinstimmt oder nicht.

FRAGE: Wenn ich *das* täte, wäre ich dann nicht sehr einsam? Würde ich mich nicht isolieren?

ANTWORT: Ja. Und nein. In einem Wort: Jain. Schopenhauer erzählt folgendes Gleichnis: Es lebt ein Mann in einer Stadt, in der alle Uhren falsch gehen. (Wir könnten diese Stadt »Anachronopolis« nennen.) Von den Taschen- über die Küchen- und Stand- bis hin zu den Kirchturmuhren: Alle Chronometer zeigen übereinstimmend die falsche Zeit an. Alle? Nein. Eine nicht. Es ist die Taschenuhr unseres einsamen Mannes. Seine Uhr geht nachweislich richtig, denn beide Zeiger weisen, wenn die Sonne am höchsten steht, auf die Zwölf. Deshalb weiß der Mann immer ganz genau, welche Stunde geschlagen hat. Einige seiner engsten Freunde klärt er auf. Was nützt nun diesen Wenigen ihr Wissen? Nicht viel und doch eine ganze Menge. Zwar muß der Mann und müssen seine Freunde sich nach der eingebürgerten falschen Zeitrechnung richten, weil sie sonst zu keinem Termin, zu keiner Verabredung pünktlich kämen. Dieses Zugeständnis an den eingebürgerten Irrtum müssen sie schon machen. Aber dafür haben sie das gute Gefühl innerer Freiheit, das jeder genießen kann, der sich von ei-

nem kollektiven Irrtum befreit hat. Sie leben in »Anachronopolis« nur noch zum Schein anachronistisch. Wenn sie keinen
missionarischen Eifer entwickeln, können Sie sehr weise und
sehr glücklich werden. So weit Schopenhauer.

Wahrheiten leben, wachsen, verändern sich. Spüren Sie irgendwann, daß Ihre kleine Wahrheit mit zu vielen ihr wider-
sprechenden Fakten kollidiert, dann bauen Sie sie in eine größere, umfassendere ein. So können Sie im Laufe Ihres Lebens
Ihr Bruchstück der absoluten, allumfassenden Wahrheit wachsen lassen wie ein Bankguthaben — mit Zins und Zinseszins.
(Richtig geraten: Das ist Kabbala pur!) Noch ein Gleichnis zum
Thema »Mensch und Wahrheit«: Solange wir inkarniert sind,
sitzen wir in einem Käfig (Käfig der Sinne, der Vorurteile, der
Unwissenheit, der intellektuellen Beschränktheit). Wir können unseren Käfig nicht (oder nur während eines außerkörperlichen Erlebnisses) verlassen. Aber wir können ihn beliebig
vergrößern, bis er so riesig ist, daß die Gitterstäbe unseres Kä-
figs irgendwo jenseits des Horizonts liegen, dort, wo wir sie
nicht mehr sehen, wo sie uns nicht mehr einengen, wo sie für
uns quasi inexistent sind. In solch einem riesigen Käfig zu leben, nun, das ist zwar noch keine wahre Freiheit. Aber es ist
auch keine wirkliche Gefangenschaft mehr. Vom goldenen
Kanarienvogelkäfig umzuziehen ins Wildreservat — immerhin auch eine Art »kleine Freiheit«.

## Gnome und Giganten

*»Wir sind Zwerge, die auf den Schultern von Riesen stehen, so
daß wir mehr und weiter zu sehen vermögen denn sie; doch
nicht der Schärfe unserer Augen verdanken wir dies, noch
der Größe unseres Wuchses, sondern weil wir hinaufgehoben
und getragen werden hoch oben auf dieser riesigen Masse.«*

(BERNHARD VON CHARTRES)

Wenn ein Zwerg sich auf die Schultern eines Riesen stellt,
dann kann er natürlich weiter sehen als der Riese und bildet

sich enorm viel auf seinen Weitblick ein — wobei der Zwerg vergißt: ohne die Schultern des Riesen unter seinen Schuhsohlen könnte er aus eigner Kraft vermutlich nicht einmal über den Rand einer Suppenschüssel blicken.

Wir sind also wieder zum Thema Wissenschaft zurückgekehrt, präziser: zur »Wissenschaftsgläubigkeit«. (Man beachte die Anführungsstriche.) Leider können wir uns nicht um dieses unappetitliche Thema herummogeln, denn ein uninformierter Zeitgenosse hätte auf die Geschichte Ihrer Freundin folgendermaßen reagieren können: »Das ist unwissenschaftlich. Das widerspricht allen Erkenntnissen der modernen Naturwissenschaft.« Wer so redet, der glaubt 1. an die päpstliche Unfehlbarkeit der Wissenschaftler und 2. daran, daß er über den neuesten Stand der naturwissenschaftlichen Forschung überhaupt hinreichend unterrichtet ist. (Was wir in Zweifel ziehen dürfen.) Uns interessiert zunächst die offenkundige Bereitschaft vieler Menschen, dem Wort eines Wissenschaftlers (Stichwort: Schweinegold) eher Glauben zu schenken als dem Wort eines durchschnittlichen Mitbürgers (Stichwort: Hirsch). Da von nichts bekanntlich nichts kommt, muß sie irgendwoher kommen, die »Wissenschaftsgläubigkeit«. Rekonstruieren wir jetzt also eine kleine Genealogie der »Wissenschaftsgläubigkeit«.

Fangen wir bei Null an, im Jahre Null unserer Zeitrechnung. Ungefähr zu dieser Zeit inkarniert ein Gott, um uns unter anderem daran zu erinnern, daß wir »verlorenen Söhne und Töchter« allesamt inkarnierte Götter sind, die sich irrtümlich für Sauhirten (oder: Herren und Sklaven, Männer und Frauen, Weiße und Schwarze, Sieger und Besiegte, Unterdrücker und Unterdrückte) halten. Er wird hineingeboren in eine große geistig-religiöse Tradition, die zu diesem Zeitpunkt ziemlich auf den Hund gekommen ist. Einige Auserwählte in den Tempeln bestimmen, was Wahrheit ist. Der Rest hat zu gehorchen oder, widrigenfalls, mit einem Prozeß wegen Gotteslästerung zu rechnen. Unser wackerer Kämpfer gegen geistigen Stillstand, Herzlosigkeit, Dogmatismus und kollektiven Irrtum erfindet das Reformjudentum, das später in »Christentum« umbenannt wird. Natürlich wird er, wie fast jeder seines Schlages, umgebracht. Leute wie er sind nicht besonders beliebt. Kurze Zeit später (wir rechnen hier in Jahrhunderten) wird der mutige Kämpfer wider den Irrtum zum Kronzeugen eines neuen Irrtums ernannt. Das ist tragikomisch. Aber Gott sei Dank hat er ja, der (Achtung: Symbol!) zur Rechten seines Vaters sitzt von Ewigkeit zu Ewigkeit, einen übermenschlichen Sinn für Humor. Sonst müßte er sich jetzt fürchterlich ärgern, denn die Dinge liegen so: Genau die Leute, gegen deren falsches Denken er sein Leben lang gekämpft hat, nämlich machtgierige kleine Pharisäer, berufen sich auf ihn. Die Sache ist schon wieder genauso heillos verfahren wie damals, als er inkarniert war. Es herrschen schon wieder die dogmatischen Bevormunder. Einigen wachen Köpfen fällt das auf. Wir befinden uns jetzt (Pi mal Daumen) am Ende des angeblich »finsteren« Mittelalters. Die neuen wackeren Kämpfer wider den Irrtum, später wird man sie einmal Wissenschaftler nennen, haben ungefähr folgendes Anliegen: »Also, nichts gegen Gott. Wer nicht völlig vernagelt ist, der kann Gottes Gegenwart atmen, fühlen, sehen, leben. Aber: Wer — zum Beispiel — den Schöpfungsbericht wörtlich versteht und zu dumm ist zu begreifen, daß wir es hier mit einer (übrigens brillanten) Symbolik zu tun haben, der ist ein Trottel. Wir wollen aber nicht von Trotteln bevormundet werden. Wir müssen uns also von der Herrschaft der Bevormunder befreien. Und das machen wir folgendermaßen: Wir widerlegen die Pfaffen, indem wir herausfinden, wie es wirklich war — die Sache mit der Entstehung der Welt und all die anderen Dinge. Weg von der Symbolebene, die ja offensichtlich nicht mehr verstanden wird. Hin zum Klartext. Damit tun wir auch und gerade den Bevormundern einen Gefallen. Denn sie wissen offenbar gar nicht mehr, wovon sie überhaupt reden. Sie verstehen den Sinn der heiligen Texte nicht mehr. Denn diese Texte sind nicht naiv wörtlich zu verstehen, sondern als wohldurchdachte symbolische Darstellungen differenzierter mikrokosmischer und makrokosmischer Mechanismen. Indem wir uns von der Herrschaft der Bevormunder befreien, befreien wir zugleich die Bevormunder von ihren eigenen Irrtümern. Die Arbeit lohnt sich also, denn alle profitieren davon!«

So dachten die hellen Köpfe. Und dann machten sie sich ans Werk. Generation um Generation arbeiteten die Besten der Besten an diesem großartigen Befreiungs-Projekt mit. Sie taten exakt das, was Immanuel Kant einige Jahrhunderte später allen Menschen ans Herz legte: Sie befreiten sich von ihrer selbstverschuldeten Unmündigkeit, indem sie mühsam erlernten, wie man sich seines eigenen Verstandes ohne Anleitung anderer bedient. Sie ließen sich auf das Abenteuer des Denkens ein. Das war natürlich ein riskantes Unternehmen. Es waren durch die Bank aufrechte, blitzgescheite, mutige Menschen, die so dachten und bereit waren, ihr Leben dem Kampf gegen geistige Tyrannei (oder, positiv formuliert: für die Freiheit des Geistes) zu widmen. Sie haben uns erklärt, daß die Erde, die keine Scheibe, sondern eine Kugel ist, um die Sonne kreist. Und nicht umgekehrt. Sie haben uns erklärt — ach, schenken wir uns die Liste all der Dinge, die sie uns erklärt haben. Die Liste hätte kein Ende. Die Namen dieser Denker und Forscher sind in goldenen Lettern in das Buch der Menschheit eingetragen worden. Jeder kennt sie. Und jeder weiß, was wir ihnen zu verdanken haben.

Vergegenwärtigen wir uns noch einmal: Was wollten sie? Sie wollten die Befreiung von geistiger Tyrannei, sie wollten das Ende der Herrschaft der Bevormunder.

So. Und was tun nun (wir überspringen ein paar Jahrhunderte und verfallen, der Deutlichkeit halber, in den Tonfall undifferenzierter Polemik) die Erben dieser Helden des Geistes? Sie tun exakt dasselbe, was schon die selbsternannten Nachfolger des inkarnierten Gottes aus Nazareth getan haben. Sie leiten ihre (geistige) Abstammung in direkter Linie von den Giganten und Heroen des Denkens ab. Nur in den seltensten Fällen aber haben sie auch nur einen Bruchteil der Leistung erbracht, durch die die Namen ihrer »Ahnherren« unsterblich geworden sind. Ganz zu schweigen davon, daß sie mittlerweile eh nichts mehr riskieren, während sich die Giganten entsetzlich malträtieren lassen mußten. Man denke nur an Galileo Galilei — wie auf den Nerven dieses armen Mannes herumgetrampelt wurde!

Wir erinnern uns an das Gleichnis zu Beginn des Kapitels: Der Zwerg auf den Schultern des Riesen bildet sich enorm viel auf seinen Weitblick ein. Genau das sind sie: Gnome, deren »Größe« einzig und allein darin besteht, daß sie den Giganten auf den Buckel gekrabbelt sind. Sie profitieren von dem sauer erarbeiteten Ansehen ihrer Vorgänger. Und ähneln Erbschleichern, denen ein großes Vermögen (unverdientermaßen) in den Schoß fällt, ein Vermögen, das sie weder redlich erworben noch verdient haben. Dieses Vermögen heißt: Vertrauensvorschuß.

Um keine Mißverständnisse aufkommen zu lassen: Ruhm und Ehre den Giganten des Geistes! Es gibt sie ja noch immer, echte, lebendige Giganten, seien sie nun Wissenschaftler, Künstler, Philosophen oder was auch immer. Sie sind Pioniere, und jeder Pionier ist ein Held. Aber, um es bildhaft auszudrücken: Den Pionieren folgen die Siedler. Die Siedler werden Bauern. Die Bauern werden Bürger. Die Bürger werden — engherzige, kleingeistige Spießer. Nach diesem Schema läuft es ab, ob nun ein Kontinent besiedelt, eine Religion etabliert wird oder vom Stamm des Wissens ein neuer Wissenschaftszweig emporwächst. Am Anfang steht ein Held. Am Ende der Pyramide steht das Heer kurzsichtiger, humorloser, feiger Dogmatiker — die Gnome. Und je kümmerlicher so ein Gnom ist, desto größer ist seine Machtlüsternheit. Er will herrschen, er will Menschen tyrannisieren, damit sie ihn für das halten, was er nun wirklich am allerwenigsten ist: für einen Riesen, einen Giganten. Und, wie gesagt: Von diesen sauertöpfischen Gnomen gibt bzw. gab es leider viel zu viele!

So, jetzt haben wir entsetzlich ungerecht gegen die Wissenschaftler gewettert. Aber, um es noch einmal zu wiederholen: Es ging uns ja zu keinem Zeitpunkt um die wirklichen Wissen-Schaftler, um die blitzgescheiten Köpfe, die denken, forschen und neues Wissen schaffen, das heißt: den Menschen neue Erkenntnisse zugänglich machen. Uns ging es um die Gnome. Und die Gnome sind die Erfinder der »Wissenschaftsgläubigkeit«. Denn sie profitieren davon. Und, nebenbei gesagt, sie bekämpfen nichts und niemanden so erbittert wie die neuen Giganten, die wirklichen Wissen-Schaftler. Denn von denen droht ihnen Gefahr. Wenn sich ein Riese in voller Lebensgröße neben einen Zwerg stellt, dann kann jeder sehen, wie winzig der Zwerg ist. Und so etwas mögen die Zwerge nicht.

Erneut kehren wir zurück zur Ausgangsfrage, zurück zur Angst unserer Freundin, über ihr Erlebnis zu reden. Diese Angst ist im Grunde genommen nichts anderes als die Angst vor den tyrannischen Gnomen mit ihren wissenschaftlichen Parametern. Diese Parameter taugen nicht zur Untersuchung und Erforschung außerkörperlicher Erlebnisse oder ähnlicher Phänomene. Und warum nicht? Weil unsere Wissenschaft eine materialistische ist. Das erklärt sich, wie wir gesehen haben, aus ihrer Geschichte. Sie wurde ja entwickelt, um als scharfes Schwert des Geistes im Kampf gegen die Bevormunder gute Dienste zu leisten. Diesen Zweck hat sie auch erfüllt. Jetzt aber ist sie in den Händen der Gnome selbst zu einem Instrument der Unterdrückung geworden. Ekelhaft, diese Perversion, nicht wahr? Das Instrument zur Befreiung von Bevormundung dient jetzt unter umgekehrten Vorzeichen jenen Herren, von deren Herrschaft es uns befreien sollte. (Diesen Mechanismus kennen wir auch aus der Geschichte: Revolutionäre und Kämpfer für die Freiheit des Volkes verwandeln sich nicht selten nach einer Weile selbst in Diktatoren, also in Verkörperungen jenes Prinzips, das sie erbittert und unter Einsatz ihres Lebens bekämpft haben.) — Das alte Brotmesser-Prinzip: Mit einem guten Brotmesser kann man ein Leben lang leckere Appetithäppchen zubereiten. Man kann es aber auch mißbrauchen, indem man jemanden damit meuchlings erdolcht. Dem Instrument, ob Messer oder Wissenschaft, ist es gleichgültig, in wessen Händen es sich befindet. Uns aber darf es nicht gleichgültig sein!

Summa: Geniale Ideen werden geboren, sie wachsen, reifen, tragen Früchte, werden irgendwann altersschwach und gebärden sich dann wie starrsinnige Greise. Beispiel:

## Das Ende der Weiberherrschaft

Wir wandern jetzt auf dem Zeitstrahl ein paar Jahrtausende zurück, geradewegs hinein in das »Goldene Zeitalter«. Da begegnen wir einem hellen Kopf, und der macht sich gerade so seine Gedanken. Er sieht: Das Überleben des Stammes wird garantiert durch die Geburt vieler Kinder. Sie sind der Reichtum und die Zukunft des Stammes, denn sie werden einmal als gute Jäger und Sammler für den Unterhalt der Gemeinschaft sorgen. Die Kinder werden von den Frauen geboren. Ursächliche Zusammenhänge zwischen Geburt und einem gewissen Vergnügen, das man sich hin und wieder abseits der Gruppe in einiger Entfernung vom Lagerfeuer gönnt, sind nicht bekannt. Unser kluger Freund stellt also eine wissenschaftliche Hypothese auf. Sie lautet: Das Leben kommt aus den Frauen. Folglich sind die Frauen heilig. Folglich ist das Heilige weiblich. Deshalb muß das Weibliche herrschen, denn es steht im Einklang mit dem göttlichen Prinzip.

Das erzählt der kluge Kopf nun seinen Stammesgenossen. Was er sagt, leuchtet ein. Klingt ganz logisch. Stimmt auch völlig überein mit dem, was jeder selbst beobachten kann: Das Leben kommt nun einmal aus der Frau. Darüber kann es gar keine zwei Meinungen geben. Unser Steinzeitwissenschaftler gilt nun als Genie und erfreut sich fortan der besonderen Gunst der Obermutter der Stammes. Das bringt ihm viele Vorteile. Er ist jetzt eine Autorität. Jeder, der auch gern als klug gelten möchte (und für klug gehalten zu werden, das bringt ja Ansehen), muß exakt dasselbe sagen wie unser Steinzeitwissenschaftler. (Wir sehen: Schon in grauer Urzeit standen »Gnome auf den Schultern von Giganten«.)

So. Nun gehen viele Jahre ins Land und alle, die das erste wissenschaftliche Genie in der Geschichte der Menschheit noch persönlich gekannt haben, zu ihren Ahnen. Der Stamm verjüngt sich, neue Generationen treten an. Stand der Wissenschaft zu diesem Zeitpunkt noch immer: Alles Leben kommt aus dem Weib. Der Mann ist auf der Welt, um das schwangere Weib zu ernähren. Einen weiteren Zweck hat er nicht. Ansonsten ist er zu nichts zu gebrauchen. Er ist zum Dienen geboren, dieser Wurmfortsatz der Natur, der kein Leben gebären kann.

Wir wandern jetzt auf dem Zeitstrahl vorwärts und begegnen irgendwo, irgendwann wieder einem klugen Kopf. Er ist in die matriarchalische Tradition hineingeboren worden. Aber er ist nicht dumm. Er kann genau beobachten und macht sich so seine eigenen Gedanken. Er ahnt dunkel einen Zusammenhang zwischen dem gelegentlichen Vergnügen abseits der Gruppe und der Geburt neuer Kinder. Über diese Sache will er jetzt mehr wissen. Da ist vielleicht eine Frau, die noch keine Kinder hat. Sie steht innerhalb der Hierarchie ganz unten, und deshalb hat auch kein Mann Lust, sich mit ihr zu vergnügen. Der kluge Kopf beißt in den sauren Apfel und schläft mit ihr. Folge: Plötzlich kann sie neues Leben gebären und steigt in der Rangordnung auf. Sieh mal einer an! Unser Schlaumeier wiederholt sein Experiment. Das Ergebnis ist immer dasselbe. Am Ende begreift er: Irgendwie sind die kleinen Kinder das Ergebnis des Vergnügens zu zweit. Als er sich seiner Sache ganz sicher ist, trägt er eines Abends seine Forschungsergebnisse bei Mammutgulasch mit Wildbeergrütze vor. Helle Empörung flammt auf. Was der Kerl da sagt, widerspricht nicht nur der anerkannten Wissenschaftsmeinung und dem gesunden Volksempfinden, sondern auch den heiligen Überlieferungen der Religion! Göttinnenlästerung! Sünde! Volksverhetzung! Anarchie! Die heilige Allianz von Staat (= Stamm) und Kirche (= Göttinnenkult) ist in den Schmutz gezogen worden! Die

»Gnome« schwingen die Keulen. Wollen wir hoffen, daß unser Steinzeitfreund mit halbwegs heiler Haut davongekommen ist. Er hat nämlich etwas ganz, ganz Böses getan. Er hat eine These aufgestellt, die sich nicht mit den bisherigen Erkenntnissen vereinbaren läßt. Wer solch ein Sakrileg begeht, der wird immer, grundsätzlich und in jeder Epoche mit der Keule bedroht, sei es nun mit der hölzernen oder mit der Verbalkeule.

Zunächst hat niemand Lust, die neue These unseres Steinzeitfreundes zu glauben. Wieso auch? Mit der alten Lehrmeinung hat man doch prima gelebt. Sie hat alle Fragen hinreichend beantwortet und war das Fundament einer brauchbaren Staatsform. Die sanfte Hätschelherrschaft der Frauen ist ja durchaus nicht zu verachten. Mann fühlte sich wohl unter Frau. Die These unseres Steinzeitfreundes ist staatsfeindlich. Sie ist subversiv. Sie trägt auch politische Implikationen in sich. Man stelle sich nur vor: Wenn es tatsächlich stimmen sollte, daß das Vergnügen zu zweit die Ursache dafür ist, daß kleine Kinder auf die Welt kommen, dann ... — ja, dann käme das Leben ja gar nicht allein aus der Frau. Dann wäre das schöpferische göttliche Prinzip ja gar nicht weiblich. Dann wären die Männer ja auch gar keine Abfallprodukte der Natur, die man nur auf Jagd schicken, ansonsten aber nicht gebrauchen kann. Dann wären ja alle, die bisher geglaubt haben, die Frau sei die Krone der Schöpfung, auf dem Holzweg gewesen! Sie müßten ihren Irrtum eingestehen und korrigieren.

Irrtümer eingestehen und korrigieren — dazu hat der Mensch wohl noch nie besonders große Lust gehabt. Außer, er gewinnt dadurch etwas, beispielsweise Macht und Einfluß. Dann nämlich ist Umdenken das kleinere Übel, mit dem man sich große Vorteile erkauft. Beispielsweise das Patriarchat. (Deshalb, und nur deshalb ist unser Steinzeitfreund vermutlich nicht sofort totgeschlagen, sondern zum ersten männlichen Stammesoberhaupt in der Geschichte der Menschheit akklamiert worden.)

Im Regelfall läuft es jedoch anders. Eine neue Idee untergräbt

die Autorität derjenigen, die als Vertreter der alten Thesen gelten und Macht ausüben dürfen. Sie haben durch die neue Idee nichts zu gewinnen, aber eine Menge zu verlieren. Und davor wissen sie sich zu schützen. Und das machen sie folgendermaßen: Sie wehren neue Ideen mit Hilfe der alten Idee ab. Die Argumentationsstruktur sieht ungefähr so aus: »Es ist wissenschaftlich erwiesen, daß die alte Idee stimmt. Davon kann sich jeder überzeugen, der das vorliegende Beweismaterial studiert. Folglich ist die alte Idee allgemeingültig und wahr. Wenn etwas der Wahrheit widerspricht, so muß es falsch sein. Die neue Idee widerspricht der alten. Also ist sie falsch und durch sich selbst bzw. durch ihren Widerspruch zur bisher gültigen ad absurdum geführt. Widerlegt. Erledigt. Vom Tisch.«
Sehen Sie? So einfach geht das! Man muß dieses Argumentationsmuster nur noch mit ein paar wohlklingenden Fremdwörtern garnieren, man kann sich auf anerkannte Autoritäten berufen und den Erfinder der neuen Idee noch zusätzlich beim Publikum madig machen, indem man ihm Schludrigkeit, unsaubere Methoden oder dubiose Zielsetzungen unterstellt.
MERKE: Neue Ideen lassen sich mit Hilfe alter Ideen, denen sie widersprechen, kinderleicht widerlegen. Deswegen haben es neue Ideen ja auch so schwer, sich durchzusetzen. Die Gnomenherrschaft in unseren Köpfen — dort nämlich findet diese Herrschaft statt, dort und nur dort — muß ein Ende haben. Wir brauchen mal wieder, wie so oft schon, ein paar helle Köpfe, die bereit sind, wacker gegen alte Irrtümer anzukämpfen. Einen Einzelnen kann man als verschrobenen Kauz bezeichnen. Zwei kann man der Lächerlichkeit preisgeben. Drei kann man entmündigen. Zehn kann man vornehm ignorieren. Hundert kann man als spinnerte Sekte abtun. Tausend sind zwar schon eine ganze Menge, fallen aber, gemessen an der Weltbevölkerung, nicht besonders stark ins Gewicht. Wie viele müssen es werden? Zehntausend? Hunderttausend? Eine Million? Eine Milliarde? Keine Angst, es werden täglich mehr. Und bei dieser wundersamen Vermehrung hilft uns — die Wissenschaft!

# Tempelschlaf und multidimensionale Realität

Zwei Wissenschaften sind in diesem Zusammenhang besonders interessant für uns: die Medizin und die Physik. Beginnen wir mit der Medizin. Zum Thema »Fortschritt« hat ein gescheiter Spaßvogel einmal gesagt: »Um die große Initiation zu erhalten, mußte man früher nach Ägypten oder Eleusis pilgern. Heute kann man sie mit ein bißchen Glück im Unglück in jedem Provinz-Krankenhaus erhalten.«

Was meint er damit? Die bedeutendsten antiken Initiationen (Einweihungen) hatten das Ziel, dem Initianden zum Sieg über den Tod (präziser: über die Todesfurcht) zu verhelfen. In den ägyptischen Tempeln bzw. in unterirdischen Gewölben, die man durch die Tempel betreten konnte, fiel der Initiand in einen — vermutlich durch spezielle Pflanzenextrakte herbeigeführten — Tempelschlaf. Bis zu zwei, drei Tage lag er in einem Sarkophag — man könnte fast sagen: wie ein Frosch im Winterschlaf, mit deutlich herabgesetzten und vermutlich gar nicht mehr meßbaren Körperfunktionen. Er verließ seinen Körper, um das »Totenreich« und andere Sphären zu erkunden. Nach seiner Rückkehr in den physischen Körper hatte er keine Angst mehr vor dem Tod. Denn nun wußte er, was »danach« kommt. Wer keine Angst vor dem Tod hat, der hat auch keine Angst vor dem Leben bzw. um sein Leben. Wer diese Ängste abgeschüttelt hat, ist im Regelfall weder korrumpierbar noch manipulierbar, mithin bestens qualifiziert für verantwortungsvolle öffentliche Ämter.

Solche lehrreichen Veranstaltungen unter der Aufsicht weiser Hohepriester gibt es nicht mehr — oder nur noch höchst selten. Heute verfügen wir über die Techniken der Reanimation. (Das Wort »Reanimation« wird fälschlicherweise immer als »Wiederbelebung« übersetzt. Tatsächlich bedeutet es aber Wieder-Beseelung. Lat. *anima* = Seele.) — Wobei es hoffentlich überflüssig ist, an dieser Stelle eindringlich zu betonen: Niemand sollte sich leichtfertig wünschen, einmal klinisch tot zu sein, um reanimiert werden zu können! Zumal ohnehin nur jeder zehnte Reanimierte nach seiner »Rückkehr« über bewußte Erinnerungen an die Erlebnisse »drüben« verfügt.

Was die Wirkung auf die Patienten/Initianden betrifft, dürften die »psychologischen Spätfolgen« von Reanimation und Tempel-Initiation durchaus vergleichbar sein. Der schöne Hamlet-Monolog hat seine Gültigkeit verloren. Erinnern Sie sich? Die »calamity of so long life« (Beschwernisse eines langen Lebens) führte Hamlet bzw. Shakespeare bzw. wer auch immer sich hinter diesen Namen verbirgt, zurück auf die Angst, die ausgelöst wird durch die Unkenntnis der Beschaffenheit des »undiscover'd country from whose bourn/No traveller returns« (unentdeckten Landes, aus dessen Gefilden kein Reisender zurückkehrt). Früher mag es so gewesen sein, daß kein Wanderer zurückkehrte. Heute kehren viele zurück, jeden Tag, jetzt, überall auf der Welt. Und das verdanken wir einem wissenschaftlichen Fortschritt im Bereich der Medizin, der Reanimation. Früher galt: Tot ist tot, da läßt sich nichts mehr machen. Heute gibt es immer mehr Ausnahmen von der Regel. Menschen, die nach Unfällen, Operationen oder Herzversagen »klinisch tot« waren, können unter günstigen Umständen wiederbelebt — pardon: wiederbeseelt werden. Viele von ihnen wissen nach ihrer Rückkehr ins physische Leben aufschlußreiche Geschichten zu erzählen. Auf die Berichte dieser unfreiwilligen Astralwanderer werden wir später noch näher eingehen.

Wenden wir uns nun den Physikern zu. Es geht das Gerücht um, jeder große Physiker sei heutzutage auch ein Gnostiker. Was ist ein Gnostiker? Naiv definiert: Ein religiös orientierter Mensch »siezt« den lieben Gott, denn er sagt: »Ich *glaube* an Gott.« Ein Gnostiker dagegen »duzt« den lieben Gott, denn er darf von sich sagen: »Ich *weiß*, daß es dieses Prinzip, die Kraft gibt, die manche Menschen Gott nennen.« Der religiöse Mensch glaubt, der Gnostiker weiß. Das ist der Unterschied. Pilgern wir also zu den modernen Gnostikern. Hier treffen wir auf Giganten, auf echte, lebendige Giganten. Wer nun glaubt, wir träfen jetzt »nur« auf die Größe des Geistes, der irrt gewaltig. Bei den großen Physikern finden wir sogar — man höre und staune: Humor und Herzenswärme!

Die modernen Physiker haben das Weltbild der klassischen (mechanistischen) Physik als das entlarvt, was es ist: ein naives Bildchen ohne Perspektive und Tiefenschärfe. Die mechanischen Physiker sahen Raum und Zeit als eine Art weiße Leinwand an — eine Leinwand, auf die die Natur immer wieder neue Bilder malt. Eine Wechselwirkung, eine gegenseitige Beeinflussung von Raum und Zeit einerseits und den physikalischen Ereignissen andererseits war ihnen unbekannt. Wer ein bißchen boshaft ist, könnte die grundlegenden Glaubenssätze der klassischen Physik kurzerhand gleichsetzen mit der Summe aller Lebenserfahrung, mit der uns unsere Herren und Damen Großeltern immer wieder gern erfreuen: »Zeit ist, was man von der Armbanduhr ablesen kann. Raum ist, wo die Möbel drinstehen. Realität ist, was man sehen kann. Punktum, basta. Wer etwas anderes behauptet, der ist spinnert.« Das ist zwar nicht gerade ein Weltbild für gehobene intellektuelle Ansprüche, aber man kann damit, wie wir an unseren Omas und Opas sehen, prima leben und in Ehren ergrauen, ohne jemals das Gefühl zu haben, auf dem Holzweg zu sein. Woran liegt das?

Fragen wir analog: Woran lag es, daß unser Steinzeitfreund, dieser subversive Staats- und Kirchenfeind, der die Grundlagen des Matriarchats zertrümmerte, vermutlich von keulenschwingenden »Gnomen« feindselig angegrunzt wurde? An der Übereinstimmung des bis dahin gültigen Weltbildes mit dem Augenschein. Jeder Steinzeitler konnte sehen: Die kleinen Kinder kommen aus den Frauen. Es herrschte also durchaus kein Erklärungsnotstand. Die anerkannte Lehrmeinung deckte sich vollkommen mit dem, was jeder sehen und wissen konnte. Es gab keinen Bedarf für neue Erklärungen. Denn die alten Theorien lieferten befriedigende Antworten auf alle Fragen, die sich ein Steinzeitmensch im Laufe seines Lebens so stellt. Wir wissen aus der Ökonomie: Wo kein Bedarf, keine Nachfrage ist, da bietet man seine Ware oder Dienstleistung an wie Sauerbier. Man gewährt sogar Preisnachlässe, aber niemand will einem abkaufen, was man zu bieten hat. Was muß also geschehen? Es muß ein Bedarf geweckt werden. Man muß den Leuten erzählen: »Wenn ihr mir abkauft, was ich euch anbiete, dann geht es euch hinterher viel besser als jetzt!« Ungefähr in diesem Sinne wird unser Steinzeitfreund dann wohl auch argumentiert haben: »Männer! Wenn ihr mir glaubt, dann werdet ihr die Herren der kommenden Jahrtausende sein!« Damit war der Bedarf für sein Erklärungsangebot hinreichend geweckt. (Es soll ja noch immer gewisse Länder auf dieser Erde geben, in denen die Steinzeitdoktrin von der gottgewollten Vorherrschaft des Mannes nach wie vor gilt. Unser Steinzeitfreund hat also eine der erfolgreichsten und langlebigsten Ideen produziert. Seine These ist zwar längst widerlegt, aber solange es »Gnome« gibt, werden sie stets dafür sorgen, daß tote Ideen künstlich am Leben erhalten werden.)

Von welchem Thema sind wir abgewichen? Von Newtons mechanischer Physik. Wieder eine Warnung vor Mißverständnissen: Sowohl die Grundidee unseres Steinzeitfreundes (daß die Männer einen durchaus sinnvollen Beitrag zur Produktion der Nachkommenschaft leisten) als auch Newtons physikalischen Überlegungen haben nach wie vor ihre Berechtigung. Wenn man diese Thesen aber zu alleinseligmachenden Dogmen erklärt, dann knackt und splittert es unter den Füßen derjenigen, die geradewegs in eine geistige Sackgasse hineinstolpern; denn sie sind auf dem Holzweg. Und der wird, je weiter er führt, desto morscher und brüchiger.

Die klassische Physik gleicht dem matriarchalischen Weltbild: Sie liefert saubere Erklärungen, die mit dem Augenschein problemlos in Einklang zu bringen sind. Sie untersucht und erklärt sichtbare Naturphänomene. Ihre genialsten Vertreter waren Giganten. (Doch nach ihnen kamen, wie wir wissen, die Gnome.)

Die Väter der mechanischen Physik sagten (sinngemäß): »Okay, laßt uns über das reden, was wir sehen und anfassen können.« Ihre verzwergten selbsternannten Nachfahren aber sagen: »Was man nicht sehen, zählen, wiegen, messen kann, darüber wollen wir nicht reden. Und worüber wir nicht reden, das gibt es auch nicht.« Wer so redet — oder schlimmer noch: wer so denkt, der ist natürlich kein Wissenschaftler. Denn ein Wissenschaftler will, wie das Wort schon sagt, Wissen schaffen. Er will neue Erkenntnisse produzieren. Ein Gnom aber will sie verhüten. Er stülpt sich — dummer Kalauer am Rande — ein Verhüterli übers Hirn. Ein schöner Beweis für den Ordnungssinn, auf den die Gnome sich so viel zugute halten. Sie wissen: Auf jeden Zwergenkopf gehört ein zünftiges Zipfelmützchen...

Stillschweigend gingen Newton und seine Mitgiganten von einer Prämisse aus, die, legt man sie dem gesunden Menschenverstand zur Beurteilung vor, als durchaus vernünftig eingestuft wird. (Wobei wir ungezogen fragen dürfen, ob die Prämisse während dieser wohlwollenden Prüfung tatsächlich einer »Kritik der reinen Vernunft« unterzogen wurde, oder ob als Bewertungsmaßstäbe vielleicht auch emotional-juristische Kriterien unbewußt eingeflossen sind; ob das Urteil etwa unserem halbbewußten Gerechtigkeitssinn entstammt oder gar reinem Wunschdenken.) Diese Prämisse lautet: Naturgesetze sind entweder allgemeingültig, oder sie sind nicht erfüllbar, das heißt, entweder gilt ein Naturgesetz immer und überall, oder es ist gar keines. Unterzöge man diese Prämisse einer sorgfältigen Prüfung, so müßte bei ihrer abschließenden Bewertung der berühmte Radio-Eriwan-Satz zu neuen Ehren kommen: »Im Prinzip ja, aber...«

Gesetze, das weiß jeder, haben nur in einem begrenzten Bereich Gültigkeit. Beispiel: Prohibition. In den Jahren 1920 bis 1933 war es in den USA gesetzlich verboten, alkoholische Getränke herzustellen und auszuschenken. Währenddessen wurde in anderen Ländern der Erde munter weiterdestilliert, gebraut und gezecht. (In den USA natürlich auch, nur eben illegal.) Was in einem Land gegen bestehende Gesetze verstößt, kann in einem anderen Land völlig legal und ehrenwert sein. Analoges gilt für die Naturgesetze: auch sie haben einen begrenzten Gültigkeitsbereich. So lautet, grob simplifizierend wiedergegeben, eines der wichtigsten und sensationellsten Forschungsergebnisse der legitimen geistigen Nachkommen Newtons.

Immer, wenn man ins Detail geht, wird die Sache plötzlich furchtbar unübersichtlich. Dann ist die Welt auf einmal nicht mehr »quadratisch, praktisch, gut«. Dieses Prinzip kennen wir aus dem Alltag: Faustregeln (oder, boshafter formuliert: Vorurteile) leisten uns jeden Tag nützliche Dienste. Sie geben uns grobe Orientierungshilfen und Raster, damit wir uns einigermaßen zurechtfinden können. Beispiel: »Im Supermarkt A ist das Preis-Leistungs-Verhältnis konsumentenfreundlicher als in Supermarkt B.« Tatsächlich aber sind vielleicht in Supermarkt B Spaghetti, Kartoffeln und Seife billiger als im Supermarkt A. Dennoch ist es günstiger, im Supermarkt A einzukaufen, weil alle anderen Waren dort preiswerter angeboten werden. — So geben uns Pauschalisierungen und Faustregeln nützliche Orientierungshilfen im Alltag.

Ein anderes Beispiel für solch eine Pauschal-Orientierungshilfe (oder, wenn Sie so wollen, für solch ein Vorurteil): »Alle Japaner sind blitzgescheit und bienenfleißig.« Das mag ja im Prinzip durchaus richtig sein. Denn wäre es falsch, so wäre Japan keine bedeutende Wirtschaftsmacht. Man könnte also schon sagen, daß die Japaner ein gescheites und fleißiges Volk sind. So weit, so gut. Was passiert nun aber, wenn wir einen Japaner kennenlernen, der entsetzlich dumm ist? Und gleich danach einen, dessen Faulheit zum Himmel stinkt? Und dann noch einen, der sowohl dumm als auch faul ist? Ist dann unser Satz, daß die Japaner ein intelligentes und emsiges Volk sind, widerlegt? Das kann nicht sein, denn Japan ist — zur Zeit — eine ökonomisch erfolgreiche Nation.

Was nun, sprach Zeus: Wir stehen vor einem Dilemma. Dasselbe Dilemma existiert auch im Bereich der Physik. Unsere Pauschal-Orientierungshilfen können wir in Analogie setzen zu den Erkenntnissen der klassischen/mechanischen Physik, und unsere drei »Atome« des japanischen Volkes, die wir näher kennengelernt haben, entsprechen cum grano salis dem Forschungsgebiet der Teilchenphysik. (Diese Analogie ist natürlich auch nur wieder ein grobes Orientierungsraster. Aber wie mit jedem groben Raster, läßt sich auch mit diesem durchaus etwas anfangen.)

Ein Vertreter der klassischen Physik gleicht einem Forscher, der die Mentalität eines Volkes untersucht. Niemand wird ernsthaft in Abrede stellen wollen, daß, sagen wir, im Iran — derzeit — andere moralische und religiöse Wertvorstellungen und daraus abgeleitete Verhaltensmuster vorherrschen als beispielsweise in Schweden. Die kollektive psychische Grundbefindlichkeit einer Nation zu erforschen, wird also zu sehr interessanten Ergebnissen führen.

Der moderne Physiker kann mit einem Forscher verglichen werden, der erstmals in der Menschheitsgeschichte die sensationelle Entdeckung macht, daß sich ein Volk überhaupt aus einzelnen Individuen zusammensetzt, und der sich nicht mehr in erster Linie für die kollektiven psychischen Strukturen innerhalb einer Nation interessiert, sondern die Eigenschaften, Gewohnheiten, Hoffnungen und Ängste möglichst vieler verschiedener Individuen studiert. Er kommt natürlich zu ganz anderen Ergebnissen als sein Kollege, der den Kollektivcharakter einer ganzen Nation zu definieren versucht. Widerlegen nun die Forschungsergebnisse des ersten Wissenschaftlers die des zweiten? Selbstverständlich nicht! Beide ergänzen einander. Beide kommen zu Erkenntnissen, die einen jeweils eigenen (durch die Fragestellung definierten) Gültigkeitsbereich haben. Der erste ist, wenn Sie so wollen, ein Mann »fürs Grobe«, der zweite ein Mann »fürs Feine«. Beide können brillant sein und wichtige Fakten zutage fördern. Der eine (wir erinnern uns an Salomo und Ihre Freundin) blickt gewissermaßen vom Berggipfel herab, der andere mikroskopiert.

SUMMA: Newton & Co. haben recht. Einstein & Co. auch. Newton & Co. schmeicheln unserem gnomigen Bläh-Ego. Sie geben uns indirekt zu verstehen: Was du siehst, ist ein korrektes Abbild der Realität und läßt sich auf konstante Naturgesetze zurückführen.

Das gefällt uns natürlich.

Einstein & Co. sind da etwas weniger charmant. Sie sagen, was schon einige Kritiker der klassischen Physik vor ihnen sagten; nur lauter und eindringlicher, nämlich: Deine sogenannte Realität ist ein selbstgebasteltes Kunstprodukt, eine Art intellektuelles Häkeldeckchen. Ganz hübsch vielleicht, aber bestimmt nicht die größte aller möglichen geistigen Leistungen.

Das klingt schon weniger schmeichelhaft.

Sträflich simplifizierend, könnte man dafür aber sagen: Newton & Co., bzw. die Gnome in ihrem Gefolge, haben uns den lieben Gott weggenommen, Einstein & Co. haben ihn uns wiedergegeben. Generell sind uns ja Leute, die etwas zurückgeben, sympathischer als solche, die uns etwas wegnehmen. Auch wenn die Zurückgeber uns keinen so klebrig-süßen Honig um den Bart streichen wie die Wegnehmer, nicht wahr? Sicher, das ist naiv und parteiisch. Und naiv, parteiisch, subjektiv zu sein, ist unwissenschaftlich, mithin: strengstens verboten. — Sagen Newton & Co. Einstein & Co. würden so etwas nicht sagen. Sie wissen, daß alles relativ, das heißt: abhängig vom Standpunkt des Betrachters ist. (Das sagte ja auch schon Protagoras. Offenbar kann man keinen gescheiten Gedanken hervorbringen, der nicht irgendwann früher schon einmal von jemand anderem gedacht worden ist...)

Jeder Mensch hat also seinen individuellen Standpunkt — man könnte sogar sagen: Jeder Mensch *ist* ein individueller Standpunkt. Anderer Standpunkt, andere Perspektive, andere Realität! Der eine sagt: »Jeder Mensch hat zwei natürliche Feinde: seine Eltern und seine Kinder. Wer Kinder in die Welt setzt, zettelt leichtfertig einen Zwei-Fronten-Krieg an und darf sich nicht wundern, wenn er sich unnütz aufreibt. An der Erhaltung der bürgerlichen Kleinfamilie kann nur einer ein Interesse haben, nämlich der Psychoanalytiker. Ohne diesen Neurosen-Brutkasten wäre er brotlos.« Der andere sagt: »Ich habe meine Eltern lieb, und ich habe meine Kinder lieb. Die Familie ist das Schönste, was ich mir vorstellen kann.« Ist nun die eine Realität, der eine Standpunkt richtiger oder falscher, besser oder schlechter als der andere? Nein. Er ist anders. Das ist alles. Beide sind relativ. Ein Steppenwolf wird nie ein Lämmchen sein, folglich auch nie wie ein Lämmchen denken, handeln, reden und empfinden. Wer seinen Standpunkt verteufelt, spricht ihm seine legitime Existenzberechtigung ab. Und das wäre nicht nur brutal, sondern auch barbarisch borniert.

Einstein & Co. kämen sicherlich nicht auf die Idee, mit der Selbstherrlichkeit eines absolutistischen Monarchen Naturgesetze quasi zu erlassen und wie ein gestrenger Inquisitor jeden zu verfolgen, der gegen diese Gesetze »verstößt«, indem er beispielsweise Astralwanderungen unternimmt. Solche Phänomene erfüllen für sie nicht den Tatbestand der Majestätsbeleidigung, begangen an Königin Physik. Wie gesagt: Unsere Giganten sind halt Gnostiker.

Und was lernen wir nun von unseren Gnostikern, von Einstein & Co.? Zunächst einmal, wenn Sie so wollen: das »Daniel-Prinzip«, nämlich die Ehrfurcht vor solchen Dingen, die wir nicht, *noch* nicht, das heißt, nicht sofort auf Anhieb begreifen können, weil sie weder mit unserem derzeitigen Wissensstand noch mit unseren eingebürgerten Denkgewohnheiten in Einklang zu bringen sind. Zum Beispiel: Unsere menschliche Technik der Erkenntnisgewinnung basiert auf der Subjekt-Objekt-Trennung. Und die ist, von »höherer Warte« aus betrachtet, ein — wenn auch nützlicher — Irrtum! Wir müssen die Subjekt-Objekt-Trennung im Alltag zwar zum Schein anerkennen, genau so, wie unser Freund aus Anachronopolis sich nach den falsch gehenden Uhren richten muß, wenn er kein unpünktlicher Sonderling werden will. Aber mit dem eingebürgerten Irrtum einen halbherzigen Kompromiß zu schließen, das bedeutet noch lange nicht, daß man sich auch seiner Herrschaft unterwirft. Vielleicht erinnern Sie sich an folgende Geschichte von Brecht: Ein weiser Mann wird von einem Soldaten versklavt. Der Soldat fragt ihn: »Willst du mir dienen?«

Der Weise antwortet nicht. Viele Jahre lang wäscht, kocht und putzt er für seinen Unterdrücker — schweigend. Er spricht kein einziges Wort. Schließlich stirbt der Soldat. Am Bett des Sterbenden antwortet der weise Mann endlich, nach jahrelangem Schweigen: »Nein!«

So sollten wir es auch mit der Subjekt-Objekt-Trennung halten. Widerstand zwecklos, Unterwerfung würdelos, was also tun? Sich durchwursteln und im Herzen keinen Verrat an der eigenen Wahrheit begehen. Das ist nicht heldenhaft, aber praktikabel.

FRAGE: Und *das* sagen die Physiker?

ANTWORT (Radio Eriwan): Im Prinzip ja, aber sie sagen es intelligenter, in der Sprache ihrer Wissenschaft, präziser, eleganter, prägnanter.

Zum Thema Subjekt-Objekt-Trennung und Realität ein Zitat, das von Carl Friedrich von Weizsäcker stammt. Weizsäckers Zitat gibt die korrekte Antwort auf eine falsch gestellte Frage. Fragen können nämlich falsch bzw. falsch gestellt sein, wenn sie beispielsweise groben Unfug implizieren oder von Prämissen ausgehen, die abstrus sind. Beispiel für eine solche falsch gestellte Frage: »Warum hat mein Kater Karlo am letzten Donnerstag in Gesellschaft von King Kong auf dem Mond statt der bereitliegenden Lakritzen lieber Mikro-Chips gefressen?« Diese Frage setzt stillschweigend voraus, daß mein Kater tatsächlich auf dem Mond war und dort Mikro-Chips gefressen hat, und sucht dann nach der Ursache für seine Entscheidung gegen die wohlschmeckenderen Lakritzen. Das ist natürlich Unsinn, denn ich habe gar keinen Kater. Daß diese Frage daher blödsinnig ist, begreift jeder auf Anhieb. Was sollen wir nun aber von folgender Frage halten: »Welche psychische Erkrankung führt zu der Halluzination eines Phänomens, das Astralwandern genannt wird?« Diese Frage erscheint dem untrainierten Durchschnittsverstand zunächst vernünftiger. Sie ist es aber nicht, denn auch sie geht von einer leichtfertig behaupteten Prämisse aus, die weder bewiesen noch begründet ist.

Um Weizsäckers korrekte Antwort auf die falsch gestellte Frage zu verstehen, müssen wir zunächst etwas weiter ausholen.

Zum Thema »Materie« fällt dem Alltagsverstand spontan folgendes ein: »Alles, was man sehen und anfassen kann, besteht aus winzigen Partikeln, die man Atome nennt. Wenn diese Partikel nicht so verflixt klein wären, könnte man sie theoretisch sehen und anfassen.« Na, denkste!

## »Vielleichts« und »Bestimmts«

So, jetzt legen Sie mal das Buch beiseite und sehen sich Ihre Hand ein. Ein nützliches Stück Fleisch, das Ihnen schon seit vielen Jahren treue Dienste leistet. Woraus besteht die Hand? Aus Gewebszellen. Und die Gewebszellen bestehen aus Molekülen. Die Moleküle setzen sich aus Atomen zusammen. Die Atome bestehen aus Elektronen und Nukleonen. Die Nukleone bestehen aus Quarks. Und die Quarks bestehen aus — Herrgottchen, vergessen Sie es! Da haben Sie nun Ihre Hand, ein erwiesenermaßen praktisches Instrument, das prima funktioniert. Aber sobald Sie sich fragen: Woraus besteht meine Hand eigentlich? Tja, dann lautet die unbefriedigende Antwort: aus Milliarden Wahrscheinlichkeiten. Denn was ist beispielsweise ein Elektron? Niemand weiß nichts Genaues. Man kann nur logisch auf die Existenz der Elektronen rückschließen, denn wenn zwei von ihnen nachweislich aufeinander einwirken, dann muß es sie ja wohl geben. Viel mehr weiß man nicht über sie! Die subatomaren Teilchen sind im Grunde nichts anderes als Wahrscheinlichkeiten. Wir wollen sie »Vielleichts« nennen. (Die Physiker unter uns mögen souverän über diese terminologische Schlamperei hinwegsehen.) Dadurch, daß Milliarden und Abermilliarden »Vielleichts« miteinander in Interaktion treten, entsteht eine Vernetzung, die uns materiell, fest, sichtbar erscheint. — *Erscheint!* In Wirklichkeit ist das »Etwas« aber der ewige Tanz des »Nichts« mit dem »Nichts« im »Nichts«. Ja, da wurde sogar Einstein zornig, und er sagte trotzig: »Gott würfelt nicht!« Da verabschiedet sich der Alltagsverstand mit einem gequälten Grinsen. Meine Hand, mein Tisch, mein Haus — all das soll nur ein Netzwerk aus immateriellen Wahrscheinlichkeiten sein? Man möchte es schier nicht glauben. Aber es ist so. Max Planck schreibt: Und so sage ich nach meinen Erforschungen des Atoms folgendes: Es gibt keine Materie an sich! Alle Materie entsteht und besteht nur durch eine Kraft, welche die Atomteilchen in Schwingungen bringt und sie zum winzigsten Sonnensystem des Atoms zusammenhält.

Nun besteht ja nicht nur Ihre Hand aus diesen »Vielleichts«. Das wäre ja gerade eben noch zu ertragen. Nein, Ihr Hirn besteht auch daraus. Da stellt sich dann die Frage: Wenn mein Hirn und ich, wir beide oder wir einer, etwas beobachten — was passiert da eigentlich? Wenn ich aus dem Fenster gucke, sehe ich den Nußbaum. Die »Vielleichts«, die mein physisches Hirn bilden, stellen dann eine Beziehung her zu den »Vielleichts«, aus denen der Baum besteht. Was also entsteht, wenn ich den Baum anstarre? Eine Masche des »intellektuellen Häkeldeckchens«, das meine Realität ist. Das, was zu beobachten glaubt (»Ich« bzw. mein physisches Hirn) ist exakt dasselbe wie das, was beobachtet wird. Die Subjekt-Objekt-Trennung erweist sich als reines Phantasieprodukt (oder, vornehmer ausgedrückt: als »Bedingung der Möglichkeit des Erkennens«). Denn das Beobachtete und der-die-das Beobachtende sind im Grunde identisch. (Obwohl die »Vielleichts« im Hirn natürlich differenziertere Strukturen bilden als die des Baumes. Zwischen Holz und Kopf bestehen ja selbst bei einem Holzkopf noch graduelle Unterschiede.) Bevor wir darüber den Verstand verlieren und uns gar zu fragen beginnen, ob dieser Verlust tatsächlich so unersetzlich wäre, wie wir uns bisher immer eingebildet haben, flüchten wir rasch zurück zu Carl Friedrich von Weizsäcker. Die falsche Frage, die er korrekt beantwortet, indem er sie als falsch gestellt entlarvt und ihren impliziten Dualismus überwindet, lautet: »Wie wird das Ereignis in der Beobachtung tatsächlich erzeugt? Geschieht es durch den Bewußtseinsakt oder durch seine physische Wechselwirkung mit dem beobachteten Objekt?« Weizsäcker läßt sich nicht aufs Glatteis führen. Den Konstrukteuren künstlicher Alternativen geht er nicht auf den Leim. Er kontert elegant: »Die korrekte Antwort ist, daß die Frage falsch gestellt ist; das Ereignis wird durch die Einheit des mentalen und des physischen Aktes erzeugt.« Also: Kein Entweder-Oder, sondern ein synchrones Sowohl-als-Auch. Erkenntnis ist das Produkt einer Wechselwirkung zwischen Erkennendem (Subjekt) und Erkanntem (Objekt).

Was heißt das? Grob simplifizierend: Wenn ich aus dem Fenster sehe und den Nußbaum anstarre, dann ist der Nußbaum nicht einzig und allein deshalb sichtbar und vorhanden, weil *ich* ihn anschaue; ich muß wohl davon ausgehen, daß er auch dann existiert, wenn ich nicht zu Hause bin und ihn folglich nicht ansehen kann. Ebenso unzutreffend wäre die monokausale Erklärung: Ich kann den Nußbaum nur deshalb sehen, weil der Nußbaum und ich, wir beiden »Vielleichts«-Vernetzungen, uns miteinander vernetzt haben. Sondern: beide Faktoren spielen eine gleichstarke Rolle. Es ist so einfach, aus dem Fenster zu sehen. Aber was da wirklich passiert, wenn man hinaussieht, das ist entsetzlich kompliziert.

Rekapitulieren wir: Alle Materie besteht aus Atomen. Das Atom besteht aus subatomaren Partikeln, die ihrerseits nichts anderes sind als die Summen ihrer eigenen Verhaltensweisen. Man redet über sie, man gibt ihnen Namen, aber verstehen — verstehen kann man diese »Vielleichts« nicht. Wenn diese »Vielleichts«, die, betrachtet aus unserer menschlichen Perspektive, völlig chaotisch, in gewisser Hinsicht (für uns) abstrakt und »unwirklich« sind — ja, *wie* um Gottes willen kann dann überhaupt etwas so vollkommen Schönes und Geordnetes wie beispielsweise ein Diamant entstehen? Wie eine Rose, wie ein menschlicher Körper, wenn alle Schönheit, Vollkommenheit und Ordnung sich aus »Vielleichts« zusammensetzt, aus Chaos, Wirrnis, Unberechenbarkeit?

Die Frage scheint unlösbar. Man könnte an ihr verzweifeln. Ein Mann ist nicht an ihr verzweifelt. Der Mann heißt Rupert Sheldrake. Er stammt aus England, und vieles spricht dafür, daß wir es bei ihm mit einem Giganten zu tun haben. Die Gnome haben ihn verspottet, denn Sheldrake besaß die Unverfrorenheit, über die morphogenetischen Felder nachzudenken. Das haben ihm gewisse Leute sehr, sehr übelgenommen. Dennoch darf man vermuten, daß dieselben Gnome ihm, wenn er dereinst fast neunzig Jahre alt sein wird, mit der üblichen Verspätung und dem üblichen Zähneknirschen den Nobelpreis überreichen werden.

Was sind morphogenetische Felder? Ein Witzbold würde antworten, daß ein morphogenetisches Feld das Gegenteil von Goethes Mephisto sei. Denn Mephisto ist der Geist, der stets ver-neint. Ein morphogenetisches Feld dagegen ist ein Geist, der stets ver-eint. Etwas ernsthafter: Morphogenetische Felder sind (Pi mal Daumen) ungefähr dasselbe wie C. G. Jungs Archetypen, nämlich immaterielle Strukturbildner oder Formerzeuger.

Um zu erläutern, was Archetypen sind, gibt C. G. Jung folgendes Gleichnis: Stellen wir uns vor, irgendwo tief im Inneren eines Gebirgsmassivs befindet sich ein kugelförmiger Hohlraum und in diesem Hohlraum eine mineralische Flüssigkeit, die kristallisieren wird. Wie kommt es nun, daß sich die Atome, die chemischen Elemente in dieser Flüssigkeit ausgerechnet so gruppieren werden, daß die vollkommene Ordnung der Kristallgitter entstehen kann? (Wir könnten auch fragen: Wie verwandelt sich das chaotische Gewimmel aus unzähligen »Vielleichts« in ein schönes und kostbares »Bestimmt«?) Analysiert man die mineralische Flüssigkeit, so wird man in ihr den »Bauplan« des Kristallgitters nicht finden. Doch er muß bereits vorhanden sein, denn gemäß diesem »Bauplan« wird der Kristall wachsen. Der »Bauplan« ist also einerseits immateriell. Wäre er es nicht, dann ließe er sich ja bei der Analyse der Flüssigkeit auffinden. Das läßt er sich aber eben gerade nicht. Andererseits kann man aus seiner Wirkung, nämlich dem geordneten Wachstum des Kristalls, logisch auf sein Vorhandensein rückschließen. Der »Bauplan« selbst ist immateriell, aber das Resultat seiner Existenz ist für jeden sicht- und greifbar.

Nun sagt Jung: So, wie sich das zukünftige Kristallgitter (als immaterieller »Bauplan«) bereits in der Flüssigkeit befindet, genau so liegen auch die Archetypen allem Geordneten sowie allem Geistigen zugrunde.

Im Prinzip dasselbe sagt Sheldrake. Für Sheldrakes morphogenetische Felder gilt eine ähnliche Definition wie für C. G. Jungs Archetypen: Sie existieren immateriell jenseits bzw. »oberhalb« von Raum und Zeit, wirken aber auf die raumzeitlichen Systeme formend, strukturierend, organisierend, ordnend ein.

Nun könnte ein Gnom einwenden: »Wir brauchen die morphogenetischen Felder als Erklärungsangebot doch gar nicht! Die Biologen zum Beispiel haben doch bewiesen, daß alles organische Leben aus der DNS kommt. Es ist also die genetische Erbinformation, die Wachstum und Entwicklung eines Lebewesens bestimmt.« (In analoger Weise hat man vermutlich unserem Steinzeitfreund zunächst entgegengehalten: »Wir brauchen deine neuen Ideen nicht. Die alten genügen uns vollkommen.«)

Wer nicht will, der hat schon. Wer sich mit weniger Informationen begnügt, als ihm eigentlich zugänglich wären, der soll auf seine Weise glücklich werden. Wir aber stellen eine ungezogene Frage. Sie lautet: »Hochgeschätzter Gnom, wenn deine Super-Biologen (Sheldrake ist übrigens selbst ein Biologe!) auf alles eine Antwort wissen, dann erkläre uns doch bitte folgendes. Ein kleiner Mensch entsteht aus einer befruchteten Eizelle. Aus dieser Zelle werden immer mehr Zellen: 2, 4, 8, 16, 32, 64 und so weiter, bis wir schließlich einen Embryo haben. Jede dieser Zellen, die aus der befruchteten Eizelle entstanden sind, verfügt über exakt dasselbe genetische Erbmaterial wie die erste Zelle. Bis zu diesem Punkt herrscht zwischen uns schönste Einigkeit. Nun die Frage: Kannst du uns erklären, wieso aus der einen Zelle ein Händchen, aus der anderen ein Köpfchen, aus der nächsten ein kleines Herz, aus der übernächstes ein kleines Hirn und aus der letzten ein entzückendes Baby-Popöchen wird? Na? Kannst du das?«

Um es kurz zu machen: Er kann es gar nicht können. Wir sollten nach dieser ungezogenen Frage schnell weglaufen, sonst bombardiert uns der Gnom mit Tassen, Aschenbechern und unflätigen Beschimpfungen. Zu Sheldrakes Buch ist einem hochgeschätzten Herrn, der einen Aufsatz für die angesehene Zeitschrift »Nature« geschrieben hat, spontan ja auch nur eines eingefallen: Bücherverbrennung! Weil wir viel zu sensibel sind, als daß wir solche hundsgemeinen Drohungen verkraften könnten, lassen wir die Gnome im eigenen Saft schmoren und gehen zurück zu Rupert Sheldrake. Was hat er noch so alles über die morphogenetischen Felder herausgefunden, die dafür sorgen, daß aus einer Zelle ein Füßchen, aus der anderen ein kleiner Mund, aus der nächsten ein Öhrchen wird? Sheldrake vermutet, daß es eine Art Koppelungs-Verhältnis gibt zwischen den morphogenetischen Feldern und ihren materiellen Erzeugnissen. Eine befruchtete menschliche Eizelle, so könnte man seine Überlegungen vereinfachend zusammenfassen, tritt in ein Resonanzverhältnis zum morphogenetischen Feld. (Jeder Mystiker assoziiert jetzt sicherlich: Aha, Adam Kadmon!) Dieses Feld »weiß«, wie ein moderner Homo sapiens auszusehen hat. Es »weiß«, daß wir Menschen weder Hörner noch einen Schwanz, noch Giftzähne brauchen. Entsprechend gibt das morphogenetische Feld der Eizelle die Anweisung, sich so zu entwickeln und ihre Tochterzellen sich dergestalt spezialisieren zu lassen, daß nach neun Monaten ein komplettes, gesundes Baby zur Welt kommt. Das morphogenetische Feld ist also eine Art ständig aktualisierte Datenbank, die dafür garantiert, daß die Babys immer auf dem neuesten Stand der Evolution sind. Täte das morphogenetische Feld das nicht, dann könnten Sie ein Kind bekommen, das aussieht wie ein Australopithecus oder wie ein Neandertaler: mit Überaugenwülsten und buschiger Behaarung am ganzen Körper. Aber solche Babys bekommen wir nicht. Dafür sorgt das morphogenetische Feld.

FRAGE: Dann hätte so ein morphogenetisches Feld auch etwas mit der Evolution der Arten zu tun? Ein morphogenetisches

Feld entwickelt sich höher, wird komplexer und leistungsfähiger, genau wie die verschiedenen Lebensformen auf der Erde?

ANTWORT: Alles deutet darauf hin, daß es so ist. Da sich das morphogenetische Feld außer- bzw. oberhalb von Raum und Zeit befindet, kann es sich nur dadurch weiterentwickeln, daß es in Raum und Zeit hinabsteigt, also quasi inkarniert. Denn Entwicklung ist nur innerhalb von Raum und Zeit möglich. Das morphogenetische Feld arbeitet also gewissermaßen an seinem Karma.

FRAGE: Jede individuelle organische Lebensform trägt also durch seine Entwicklung dazu bei, daß das morphogenetische Feld, daß die »Datenbank«, der es seine Entwicklung verdankt, perfektioniert wird?

ANTWORT: So müßte es sein.

FRAGE: Jeder Mensch perfektioniert durch seine Existenz also das morphogenetische Feld »Mensch«, den »Adam Kadmon«?

ANTWORT: Vermutlich.

FRAGE: Dann laß uns mal ein bißchen spekulieren. Eventuell liefert uns Sheldrakes Modell ja auch eine brauchbare Erklärung für eine Sache, die uns bisher immer ein bißchen unklar war. Denn immer, wenn wir mit dem kabbalistischen Baum meditieren, kommen wir auf so tolle Ideen. Der Baum ist wie eine Inspirations-Maschine, und manchmal hat man das Gefühl, man würde bei der Meditation irgend etwas »anzapfen«. Könnte es etwa sein, daß...?

ANTWORT: Es könnte durchaus sein.

FRAGE: Da fällt uns der Terminus »Akasha-Chronik« ein. Wäre es möglich, daß es auch in diesem Bereich gewisse Zusammenhänge gibt mit Sheldrakes Konzept der morphogenetischen Felder?

ANTWORT: Ich weiß es nicht. Aber es klingt plausibel. Es macht Sinn. Man kann mit dieser Hypothese arbeiten. Also ist sie für uns okay, solange wir keine bessere haben.

FRAGE: Und der Begriff »Karma« — könnte man ihn mit Sheldrakes Hilfe neu und anders verstehen? Als individuelles morphogenetisches Feld, das in jeder neuen Inkarnation das Ego prägt und im Hirn die Denkstrukturen formt, die dem karmischen Entwicklungsstand entsprechen?
ANTWORT: Es wäre lohnend, einmal in diese Richtung zu denken.

FRAGE: Ich bin alt und reich und habe keine Kinder. Soll ich nicht den mutigen und gescheiten Rupert Sheldrake zu meinem Universalerben machen, damit der liebe Junge nicht bis zu seinem neunzigsten Geburtstag warten muß, bis er endlich für eine Arbeit belohnt wird?
ANTWORT: Na klar! Warum nicht?

## Zusammenfassung

Ihre Freundin verspürte ein gewisses Unbehagen bei dem Gedanken, offen über ihr außerkörperliches Erlebnis zu reden.
Einem Menschen wie Ihrer Freundin können wir nach allem, was wir bisher wissen, sagen: Wenn dir, mein Lieber, meine Liebe, irgend jemand im Brustton altkluger Borniertheit einzuschwatzen versucht, es sei erwiesenermaßen unmöglich, Astralreisen zu unternehmen, da die Erkenntnisse der Naturwissenschaft so etwas ausschließen, dann darfst du aus Goethes »Götz von Berlichingen« das berühmte Zitat zitieren. Und wenn sich jemand die Frage stellt, von welcher neuartigen, bisher unerforschten Geisteskrankheit du wohl befallen bist, dann erinnere dich daran, daß Fragen auch falsch gestellt sein können, wenn sie von falschen Prämissen ausgehen. Und wenn sie dich verketzern wollen, dann denk an un-

seren Steinzeitfreund. Der hat es anfangs auch nicht leicht gehabt.

So. Nun wollen wir uns nicht länger um die Borniertheit der Gnome kümmern. Sich damit überhaupt auseinandersetzen zu müssen, war schon eklig genug. Wenden wir uns also erfreulicheren Themen zu.

# KAPITEL 2

## Wir Schatzsucher

In diesem Kapitel machen wir uns (Achtung: Symbol!) auf die Suche nach unserem verlorenen »Nibelungenschatz«. Wir sind die rechtmäßigen Erben eines sagenhaften Reichtums. Und wir wollen unser Erbe jetzt antreten. Zuvor allerdings müssen wir den Schatz erst einmal finden. (Oder, in den Worten Goethes: »Was du ererbt von deinen Vätern, erwirb es, um es zu besitzen!«)

Wir erinnern uns: Der Nibelungenschatz war zunächst Eigentum Siegfrieds. Siegfried war ein Drachentöter (= Eingeweihter). Mythen aus aller Welt erzählen vom Kampf des Helden gegen den Drachen, die Urweltschlange, die Hydra oder ein anderes Ungeheuer. Der Kampf gegen den Drachen ist die symbolische Darstellung eines inneren Vorgangs. Dieses innere Erlebnis ist so grauenvoll, daß es in abstrakten Worten nicht adäquat wiedergegeben werden kann. Deshalb bedient man sich eines bildhaften Vergleichs, einer Analogie, eines Symbols, nämlich des Symbols vom Kampf um Leben und Tod gegen den Drachen der Angst in der eigenen Seele. Siegfried hatte den Drachen der kleinmütigen Verzagtheit in sich besiegt. Was noch an Feigheit und Duckmäuserei in ihm war, das überwand er. (Kabbalistisch ausgedrückt: Er ist den Pfad Taw gegangen.) So ist Siegfried in den rechtmäßigen Besitz des Nibelungenschatzes gekommen.

Nachdem er nun ein Bad im Blut des erschlagenen Drachen genommen hatte — das heißt, nachdem er buchstäblich alle Ängste überwunden hatte, war er stark. Sein Sieg über die eigene Angst hatte ihn zum Helden gemacht. Niemand konnte ihm mehr etwas anhaben. Er wäre unsterblich, unverwundbar gewesen, wenn — ja, wenn da nicht das vermaledeite Lindenblatt gewesen wäre. Es fiel ihm beim Bad im Drachenblut auf die Schulter. An dieser Stelle blieb er verwundbar. Eine unbewußte Angst blieb also in ihm. Das erfuhr der finstere Hagen, Siegfrieds Feind und Neider. Er tötete den Drachentöter, denn er kannte dessen verwundbare Stelle. Nach diesem heimtückischen Meuchelmord wäre eigentlich Kriemhild, Siegfrieds Witwe, die legitime Erbin des Schatzes gewesen. Doch sie wurde um ihr rechtmäßiges Erbteil betrogen. Von wem? Na klar: ebenfalls vom finsteren Hagen, dem Mörder Siegfrieds. Hagen versenkte den Schatz im Rhein. Seither gilt der Schatz als verschollen. So sagt die Überlieferung.

Eine hübsche Geschichte. Aber was bringt sie uns? Eine ganze Menge. Wir müssen diesen Mythos, dieses Symbol nur aufschlüsseln. Dann erhalten wir folgende Informationen:

Der Nibelungenschatz (= die kostbaren Fähigkeiten des Drachentöters, der sich selbst überwunden hat) wurde im Rhein, das heißt, im Wasser versenkt. Das Wasser ist ein Symbol des Unbewußten. Der Fluß ist das Symbol der verrinnenden, dahinfließenden Zeit. Übersetzen wir diese Symbolik in unsere abstrakte Sprache, so sagt sie uns: Ein sehr kostbares altes Wissen ist vorübergehend wieder im Bereich des Unbewußten versunken. Aber der Schatz kann geborgen werden. Das bedeutet: Das unbewußt gewordene Wissen, die vergessenen Fähigkeiten können wieder in den Bereich des Bewußtseins treten.

Versenkt (= unbewußt gemacht) wurde der Schatz (= das kostbare Wissen) von Hagen, dem düsteren Neidling. Er hat die rechtmäßigen Erben um ihren Besitz gebracht; zunächst Kriemhild, und, wenn wir die symbolische Ebene verlassen: Dich, mich, uns alle. Hagen verkörpert symbolisch unter anderem Kleinlichkeit, Neid, Bosheit, Raffgier, Herrschsucht, Egoismus, also solche Eigenschaften, die leider noch immer menschlich-allzumenschlich sind. Klartext: Durch kleingeistige Eigensüchtigkeit ist das kostbare Wissen in Vergessenheit geraten. Und das ist vielleicht auch gut so. Denn sonst wäre dieses Wissen vermutlich ohnehin nur mißbraucht und in den Dienst egoistischer Zwecke gestellt worden.

Das Versenken des Schatzes ist ein reversibler Vorgang. Dieser Vorgang wird rückgängig gemacht, sobald die Bergung des Schatzes beginnt. Dann kehrt sich der Prozeß des Versenkens um. Was unbewußt war, wird bewußt und kann konstruktiv genutzt werden. Wer also Hagens Tat rückgängig macht, das heißt: Wer zunächst seine eigene kleingeistige, bängliche Eigensucht besiegt, der hat eine faire Chance, den Nibelungenschatz aus dem Rheinwasser zu bergen, nämlich das unbewußte, latente Wissen zu reaktivieren und somit das Erbe des Drachentöters anzutreten.

Wo finden wir den Schatz? Die Überlieferung sagt: im Rhein. Das heißt: in unserem eigenen Unbewußten, in uns selbst, in den Bereichen vergessener kollektiver Erinnerungen. Dort müssen wir mit der Suche beginnen, wir Enterbten, um unser Erbe anzutreten, das der garstige Hagen uns mißgönnt. — Oder, etwas subtiler: das Gott sei Dank *durch* den »Hagen in uns« *vor* dem »Hagen in uns« in Sicherheit gebracht wurde. Klartext: Einer, der das Wissen mißbrauchen würde, wird es nie erlangen. Das ist beruhigend, denn so werden wir vor den unabsehbaren Folgen unserer eigenen Bosheit geschützt. (Die Kabbalisten wissen: Vor jedem Pfad steht ein Hüter der Schwelle. Der »Hagen in uns« — unser Egoismus — ist in gewisser Hinsicht auch so ein Hüter der Schwelle. Solange er in uns existiert, werden wir keinen Zugang haben zu dem, was er vor uns verbirgt.) Der »Hagen in uns« schützt uns also vor uns selbst. Denn: Wer kann schon von sich behaupten, er sei vollkommen frei von den Eigenschaften, die durch Hagen symbolisiert werden? Heilige, Narren und Kinder, sie können es vielleicht; Außenseiter in einer Gesellschaft, in der Hagens Eigenschaften als Tugenden gelten. Wir werden, leider ist es noch immer so, dafür belohnt, wenn wir den »Hagen in uns« kultivieren, Konkurrenzdenken entwickeln, gierig das Geld an uns raffen und rund um die Uhr nur an den eigenen kleinen Vorteil denken.

# Die Sch(m)utzschicht

Gott steh uns bei! Man muß schon ein halber Drachentöter sein, ein Herkules-Verschnitt oder eine Siegfried-Neuauflage, um den heroischen Mut aufzubringen, diesen Gedanken konsequent im stillen Kämmerlein zu Ende zu denken und entweder Heiliger, Narr, Kind oder alles zugleich zu werden. Jesus spielte auf diese Thematik an, als er sagte: »Ehe ihr nicht werdet wie die Kinder . . .« Man beachte das Wort »werdet«. Er sagte bewußt *nicht »bleibt«*, sondern *»werdet«.* Pausbäckigen Infantilismus hat er nicht gepredigt, sondern die »Neue Unschuld«. Was ist das? Nashörner pflegen im Schlamm zu baden. Grund: Wenn der Schlamm auf der Haut trocknet, erstarrt er zu einer harten Kruste. Diese Kruste hält dem Nashorn blutsaugende Insekten und Parasiten vom Leib. Die Schmutzschicht ist also eine Schutzschicht. So eine Sch(m)utzschicht, solch eine verhärtete Kruste haben wir (Achtung: Symbol!) auch um unser Herz gelegt. »Neue Unschuld« entsteht, wenn wir den Mut haben, diese Sch(m)utzschicht abzuwaschen. Dann sind wir wieder sauber. Macht diese Reinheit nicht verwundbar? Nein, paradoxerweise nicht. Sie ist ein Zeichen der Stärke. Und nun der übliche Satz: Wer Ohren hat zu hören, der höre . . .

Wer übrigens Spaß hat an der Kabbala, der kann jetzt die Zuordnungen suchen. Hagen beispielsweise steht für den Pluto-Aspekt der Sephira Jesod. (Im Rest dieses Kapitels geht's eh nur um Hod und Netzach bzw. um Solve et coagula. Nichts Neues für Mütterchen Kabbalas Kinder.) Während nun unsere verspielten kabbalistischen Freunde nach den korrekten Zuordnungen suchen, fahnden wir weiter nach unserem verschollenen Erbe.

Wir wollen unsere Erbschaft antreten. Ein legitimer Wunsch. Was tun? Zunächst einmal eine Standortbestimmung, ein Rekurs auf die Fragen, die sich aus dem Bericht Ihrer Freundin ergaben. Uns interessierte unter anderem: Wie kann es sein, daß ein Teil ihres Wesens mit dem Licht-Oval in nonverbale

Direkt-Kommunikation treten konnte? Wir fragten: Gibt es brachliegendes Wissen und ungenutzte Fähigkeiten in uns, die wir reaktivieren können?

Stellen Sie sich vor, Sie wohnen in einem sehr alten Haus. In diesem Haus hat schon Ihr Urgroßvater gewohnt. Ihr Urgroßvater war ein Mann mit eisernen Grundsätzen. Nie hat er etwas weggeworfen, was noch funktionstüchtig war oder einen gewissen Gebrauchswert hatte. Selbst dann nicht, wenn es sich um altmodisches Gerümpel handelte, dessen bloßer Anblick seinen ausgeprägten Schönheitssinn zutiefst beleidigte. Solches (für seinen Geschmack) häßliche Gerümpel ließ er auf den Dachboden schaffen. Dort staubten die in Ungnade gefallenen Gegenstände ein. Sie gerieten in Vergessenheit. Was für den Urgroßvater häßliches Gerümpel war, das hat sich für uns im Lauf der Zeit in kostbare Antiquitäten verwandelt. Der Urgroßvater ließ das Gerümpel aus seiner Wohnung entfernen. Wir würden unsere Zimmer gern mit diesen kostbaren Antiquitäten ausschmücken. Stellen wir uns also vor, wir stehen jetzt auf dem Dachboden. Der Raum ist in zwei Hälften unterteilt. Der hintere Teil ist vom vorderen abgetrennt. Die Tür zum hinteren Teil ist verschlossen. Hinter dieser verschlossenen Tür vermuten wir die kostbaren Antiquitäten. Wo ist der Schlüssel für diese Tür? Anders gefragt: Wo ist der Nibelungenschatz? Abstrakter: Wie finden und reaktivieren wir das Wissen und die Fähigkeiten, die in kollektive Vergessenheit geraten sind?

Diese Frage ist eine harte Nuß. Wir müssen sie knacken.

## Halb und halb

Und genau das tun wir jetzt, konkret und buchstäblich. Wir knacken eine Nuß, präziser: eine Walnuß. Die Schale der Walnuß besteht aus zwei hölzernen Hälften. Diese Hälften trennen wir behutsam voneinander. Wir brauchen nur eine davon. Und diese eine Hälfte sehen wir uns einmal genauer an.

Was haben wir da eigentlich? Ein grob vereinfachtes Modell unseres Schädels. Die hölzerne Schale entspricht der Schädeldecke; sie schützt den Kern. Der Kern unserer Nußhälfte besteht seinerseits wieder aus zwei Hälften, die in der Mitte miteinander verbunden sind. So wie in der Walnußhälfte, so sieht es im Prinzip auch in unserem Kopf aus. Das Großhirn unter der Schädeldecke besteht, genau wie der Kern unserer halben Nuß, aus zwei Hälften, die miteinander in Verbindung stehen. Die Verbindung zwischen den beiden Hälften des Großhirns im menschlichen Schädel nennt man corpus callosum, zu deutsch: Balken.

Wir wissen heute, daß die Nervenverbindungen zwischen den Körper- und Hirnhälften über Kreuz verlaufen. Das bedeutet: Die rechte Hirnhälfte regiert über die linke Körperseite. Entsprechend ist die linke Hirnhälfte für die rechte Seite des Körpers zuständig, also für die rechte Hand, das rechte Auge, das rechte Ohr und — dummer Witz am Rande — für den Blinddarm. Da wir eine Zivilisation von Rechtshändern sind, könnte man daraus rückschließen, daß bei uns generell die linke Hirnhälfte dominiert. Die linke Hirnhälfte aber ist (Achtung: Symbol!) »Hagens Haus«.

Als der medizinische Forschungsstand noch nicht das heutige Niveau erreicht hatte, durchtrennte man operativ bei einigen Patienten den Balken, der die beiden Hirnhälften miteinander verbindet. Grund: Man hoffte, auf diese Weise Epileptiker heilen zu können. Die »Abfallprodukte« dieser Forschungen waren hochinteressant.

Bei einem gesunden Menschen können beide Hirnhälften über den Balken miteinander Informationen austauschen. Der Balken ist so etwas wie ein »heißer Draht«, der eine Art Kommunikation oder Koordination ermöglicht. Ist der Balken durchtrennt, herrscht zwischen beiden Hirnhälften absolute Funkstille. Balkengetrennte Patienten sind also ideale »Versuchskaninchen« für die Erforschung der unterschiedlichen Funktionen beider Hirnhälften. Denn nur bei ihnen kann man absolut sicher sein, daß man eine Hirnhälfte »ausfragen« kann, ohne daß die andere »vorsagt«. Dieses Prinzip kennen wir aus den Fernseh-Krimis: Ein verhaftetes Gauner-Duo wird im Polizeipräsidium sofort getrennt. Jeder der beiden vermutlichen Gemeinschaftstäter wird einzeln verhört. Die Verdächtigen können ihre Aussagen nicht miteinander abstimmen oder noch rasch ein gemeinsames Alibi konstruieren. Unterschiede und Gemeinsamkeiten innerhalb ihrer Aussagen dienen der Wahrheitsfindung. — Im Krimi. Diese Technik des getrennten Einzel-Verhörs hat sich auch in der wissenschaftlichen Forschung bewährt.

Die Versuche mit den balkengetrennten Patienten ergaben unterm Strich: Beide Hirnhälften sind so grundverschieden wie Tag und Nacht. Zunächst hielt man die rechte Hirnhälfte für eine Art minderwertigen Wurmfortsatz, für ein mehr oder weniger überflüssiges Anhängsel der linken Hirnhälfte. Man konnte ihr keine intellektuellen Funktionen zuordnen. Damals war man offenbar noch der Ansicht, Wert und Würde des Menschen leiteten sich einzig und allein aus seinem Intellekt ab. Deshalb stand man der rechten Hirnhälfte zunächst ein wenig ratlos gegenüber.

In »Hagens Haus« (der linken Hirnhälfte) residiert Seine Majestät von eigenen Gnaden, König Ego. Oder präziser: In der linken Hirnhälfte wird fortwährend der ebenso nützliche wie gefährliche Irrtum produziert, den man »Ego« nennt. Er ist ein Kunstprodukt der Subjekt-Objekt-Trennung. Oder die Subjekt-Objekt-Trennung ist sein Kunstprodukt. Wer weiß schon so genau, wo ein Teufelskreis beginnt und wo er endet?

König Ego (das Linkshirn-Bewußtsein) suggeriert uns ein, wir existierten voneinander getrennt, außerhalb und unabhängig von anderen Dingen und Lebewesen. Sein Credo lautet: »Ich bin nicht identisch mit dem, was ich sehe und erlebe. Als Wahrnehmender bin ich grundverschieden und abgetrennt vom Gegenstand meiner Wahrnehmung.« König Ego produziert also eine subjektive Perspektive. Mit ihr identifiziert er sich so vollkommen, daß er ganz und gar mit ihr verschmilzt.

Nun kann er Erfahrungen sammeln, relatives, das heißt, standort-perspektivisches Wissen zusammentragen und Erkenntnisse gewinnen. Doch diese Art der Erkenntnisgewinnung ist teuer erkauft. Sie hat uns aus der Totalität des absoluten Seins herauskatapultiert, hinein in die düstere Schimärenwelt trügerischer Isolation. (Die biblische Erzählung vom Sündenfall und der Vertreibung aus dem Paradies erzählt diesen Vorgang in symbolischer Sprache. Wir sind den Umgang mit Symbolen nicht mehr gewohnt — vielleicht eine Folge unserer Linkshirn-Dominanz.)

Den Fähigkeiten und Funktionen der linken menschlichen Großhirnhälften-Rinde ist es zu verdanken (oder anzulasten), daß der Homo sapiens eine so außerordentlich erfolgreiche (und gefährliche) Spezies geworden ist. Zu nennen sind in diesem Zusammenhang

1. Logik (das Denken in gesetzmäßigen Strukturen, beispielsweise: Wenn—dann, Ursache-Wirkung, Entweder—oder)
2. Analyse (Zergliederung eines Begriffs in kleinere Einheiten, um auf diese Weise Informationen über Aufbau und Funktion der Dinge zu gewinnen)
3. Chronologisches Denken (ordnende Wahrnehmung der Ereignisse, basierend auf der Überzeugung, daß nicht alles gleichzeitig, sondern nacheinander geschieht; Untergliederung der Zeit in
   a. Vergangenheit — Gegenwart — Zukunft
   b. Jahre, Monate, Wochen, Tage, Stunden, Sekunden
   Die »eigentliche Ewigkeit«, nämlich das Jetzt, wird durch diese Funktion der linken Hirnhälfte in eine Durchgangsstation umgewandelt, deren Aufgabe in der Transformation von Zukunft in Vergangenheit gesehen wird.
4. Mathematische Fähigkeiten (der Umgang mit abstrakten Zahlen — die wichtigste Grundlage der exakten Naturwissenschaft; ermöglicht das Wiegen, Messen, Vergleichen)

Groß, mächtig und erhaben ist die Intellektualität der linken Hirnhälfte — und zugleich doch lächerlicher als der Kaiser in seinen nicht vorhandenen neuen Kleidern, wenn sie in Reinkultur daherstolziert kommt. Die Grenzen ihrer Leistungsfähigkeit könnte man mit einem köstlichen Aphorismus aus Lichtenbergs Sudelbüchern folgendermaßen karikieren: »Jemand beschrieb eine Reihe Weidenbäume, die in gewissen Distanzen gepflanzt waren, so: erst stund ein Baum, alsdann keiner, dann wieder einer und dann wieder keiner.« Weshalb sagte dieser Mensch nicht: »Da standen viele Bäume in einer Reihe« oder: »Die Bäume bildeten eine Art halbierte Allee«? Weil er es nicht konnte. Er sah gewissermaßen den Wald vor lauter Bäumen nicht. Das heißt: Er nahm nur die Teile wahr, nicht aber das Ganze, das sich aus den einzelnen Teilen zusammensetzte. Er gleicht einem Menschen, der sich mit der Lupe in der Hand über ein aufgerastertes Zeitungsfoto beugt und rührend naiv erzählt: »Da sind dunkelgraue Punkte, einige weiße und einige schwarze; an manchen Stellen sind gar keine Punkte, dafür ist an anderen Stellen nur schwarze Fläche zu sehen.« Daß die Rasterpunkte sich zu einem Bild zusammensetzen, auf dem vielleicht händeschüttelnde Politiker zu sehen sind, bleibt ihm verborgen. Denn Lichtenbergs fiktive Intelligenzbestie ist hundertprozentig Linkshirn-dominant. Er mag hochintelligent sein. Aber er wird nie weise werden. Vielleicht kennt er unendlich viele Fakten. Eventuell ist er ein wandelndes Lexikon. Doch begreifen, das heißt: Zusammenhänge herstellen und einzelne Fakten zueinander in Beziehung setzen, das kann er nicht.

Die linke Hirnhälfte ist in ihrer Funktion oftmals mit einem Mikroskop verglichen worden. Pedantisch-präzise untergliedert sie das weite Feld unmittelbarer Wahrnehmung in polare Begriffs-Parzellen. Diese werden immer weiter aufgespalten und durch unüberwindliche Begriffs-Abgrenzungen (Definitionen) voneinander getrennt. Vereinfachend gesagt, ist es nämlich so: Die linke Hirnhälfte (»Hagens Haus«) interessiert sich ausschließlich für Unterschiede. Die rechte Hirnhälfte dagegen hat sich auf das Erkennen von Gemeinsamkeiten, Ähnlichkeiten und das Begreifen größerer (Sinn-)Zusammenhänge spezialisiert. Ein utopisches Märchen zu Illustration: Wir stellen uns ein Volk vor, das ausschließlich aus Rechtshirn-dominanten Menschen besteht. Nun kommt ein Fremder daher. Er predigt: »Der Unterschied der Hautfarbe zieht so viele weitere Unterschiede nach sich, daß es nicht legitim ist, sowohl Schwarzhäutige als auch Weißhäutige gleichermaßen als Menschen zu bezeichnen.« Wer so redet, der würde von unserem Rechtshirn-dominanten Volk ausgelacht werden. Wieso? Sie verstünden ihn gar nicht. Diese Menschen wären buchstäblich nicht in der Lage, einen Unterschied zwischen weißen und schwarzen Menschen zu erkennen. Die Idee der Apartheid würden sie für einen schlechten Witz halten. (Wer will ihnen da widersprechen?!) Mit ihnen wäre kein Buren-Staat zu machen. Nach unseren Begriffen wären sie herzensgut, sanftmütig und lieb wie Lämmchen. Gleichzeitig aber auch — nach unseren Maßstäben — ebenso intelligent wie Lämmchen.

SUMMA: Wem lediglich die Leistungsfähigkeit der rechten Hirnhälfte zur Verfügung stünde, der wäre ein liebes, herziges Dummerle. Wer dagegen ausschließlich Zugriff auf die intellektuelle Kapazität der linken Hirnhälfte hätte, der wäre ein nicht ganz so liebenswerter Dummbeutel. Wer aber beide Hirnhälften zugleich aktivieren kann, der ist ein potentielles Genie. (»Darum seid klug wie die Schlangen und ohne Falsch wie die Tauben«!)

## Der liebe Gott stellt eine Frage

Eine (vermutlich fast wahre) Geschichte: Als es noch keine Zeit gab (also: nie und jederzeit; im ewigen Jetzt, als Vergangenheit, Gegenwart und Zukunft noch nicht voneinander getrennt waren, sind, sein werden), da stellte sich der liebe Gott vor der Erschaffung des Raumes (das heißt: überall und nirgends, beides zugleich und doch auch wieder keines von beidem) eine Frage. Sie lautete: »Wer oder was bin ich eigentlich? Gibt's mich überhaupt? Im Prinzip wäre ich ja eigentlich schon dafür, daß es mich geben sollte. Aber wie mache ich das: Machen, daß es mich gibt? Wie macht man überhaupt irgend etwas? Und was ist das: etwas *machen?* Um etwas zu machen, muß ich wohl zunächst erst einmal sein. Um mich von meiner eigenen Existenz zu überzeugen, muß ich mich selbst erkennen können. Um mich erkennen zu können, muß ich existieren. Sein und Erkenntnis; Erkenntnis und Sein; hm . . .« Gott grübelte. Eine solide Grundlage mußte erst einmal her. Er klinkte sich also in seine eigene Zukunft ein, nahm ein schlaues Buch zur Hand und fand heraus: »Am Anfang war das Wort, und das Wort war bei Gott, und Gott war das Wort.« Eine nützliche Gebrauchsanweisung! Also sagte Gott ein Wort: »Ehyeh!« Das bedeutet: »Ich bin, der ich bin und der ich immer sein werde.« So meisterte der liebe Gott seine Identitätskrise, in die er geraten war, als er feststellte, daß er noch gar keine Identität hatte. Gott wollte Selbst-Erkenntnis. Erkenntnis aber ist das Produkt einer Spaltung in Erkennenden und Erkanntes. Gott — oder wie immer wir dieses indifferente, qualitätslose Absolutum nennen wollen — mußte sich also aufspalten. Das hat er dann auch getan.

Wir kennen das Gesetz »Wie oben, so unten«. Es besagt: Es gibt eine strukturelle Gleichartigkeit aller Dinge im Kosmos; das Kleine ist eine Entsprechung des Großen, denn allem liegt derselbe Bauplan zugrunde. Daraus folgt (naiv gesprochen): Der liebe Gott muß etwas haben (oder sein), was im Prinzip, vom Aufbau und der Funktion her, dem entspricht, was bei uns die Hirnhälften sind. Bei ihm nennt man diesen Dualismus natürlich nicht linke oder rechte Hirnhälfte, sondern immanenter und transzendenter Aspekt. Sein immanenter Aspekt ist die gesamte Schöpfung, zu der er die eine Hälfte seines Wesens hat werden lassen. Er umfaßt alle Lebewesen, alle Energie und Materie des gesamten Universums, in einem Wort: Alles (griechisch: Pan)!

Der transzendente Aspekt Gottes dagegen ist diejenige Hälfte seines Wesens, die nach wie vor außerhalb und jenseits des sichtbaren, materiellen Seins existiert. Sie umfaßt Sein und Nichtsein in einer Weise, die wir weder begreifen noch mit Worten beschreiben können.

Vereinfachend gesagt: der transzendente Aspekt Gottes ist diejenige Hälfte seines Wesens, die neugierig zuschaut, was seine andere Hälfte so alles tut, kann, will, war, ist und sein wird. Gott betreibt (im wahrsten Wortsinn) ein Selbst-Studium, indem sein transzendenter Aspekt das Wirken seines immanenten Aspektes beobachtet. Noch simpler gesagt: Gott schaut sich selbst im Spiegel an, wobei Gott sowohl der Betrachtende als auch der Vorgang des Betrachtens, der Betrachtete und die Summe aller Betrachtung ist.

Wir wissen, daß die linke (intellektuelle) Hirnhälfte die Aufgabe hat, Wirklichkeit durch differenzierende Wahrnehmung in immer kleinere, immer präziser definierbare Einheiten aufzuspalten, um auf diese Weise eine unendliche Vielfalt an Erkenntnismöglichkeiten zu schaffen. Dasselbe tut im Prinzip auch der immanente Aspekt Gottes. Er spaltet sich immer weiter auf, er wurde zu Raum, Zeit, Energie, Materie, zu Mineralen, Pflanzen, Tieren, Menschen, zu allem, was im Universum existiert. Auf die gleiche Weise, wie die linke menschliche Hirnhälfte die latenten Qualitäten der absoluten Einheit allen Seins offenbart, genauso hat's auch der liebe Gott mit sich selbst gemacht, indem er die eine Hälfte seines Wesens immer weiter zerstückelte (wer denkt da nicht an Osiris?!), differenzierte und die Atome seines unendlichen Leibes neu kombinierte, bis irgendwann so prachtvolle Gottes-Bruchstücke wie Sie, wie Goethe, wie Mozart oder wie die Kassiererin im Supermarkt entstanden sind. Gott wurde zu all dem, was wir wahrnehmen können. Zu all dem und zu noch viel mehr. Wir helfen ihm bei seiner Selbsterkenntnis. Vielleicht sind wir für Gott ungefähr das, was für uns unsere Augen sind: Sinnesorgane? Oder das, was die unzähligen Wassertröpfchen für das Licht sind? Wenn das Licht auf sie fällt, entsteht ein Regenbogen. Er offenbart die herrlichen Farben des Lichts, indem er das Licht bricht, zerteilt, differenziert und damit erst seine immanenten Qualitäten sichtbar macht ...

Zurück auf die Erde, zurück zum Thema. Frage: Wie müßte die Schatzkarte aussehen, die uns zu unserem Erbe führt? Zunächst müssen wir (Achtung: Symbol!) mit Hagen kämpfen. Kämpfen aber nicht so, wie es erbitterte, haßerfüllte Feinde tun, die einander gegenseitig vernichten wollen. So nicht. Sondern kämpfen so, wie Robin Hood und Little John es auf dem schmalen Steg taten; sie maßen ihre Kräfte und lernten sich dadurch kennen und schätzen. Der Kampf machte sie zu Freunden und Mitstreitern. Beide mußten dabei einige Federn lassen. Auch wir müssen im Kampf mit dem »Hagen in uns« Federn lassen. Feind-Freund Hagen verzichtet auf die Produktion von Angst und Egoismus. (Er wäscht sich — uns — die Sch(m)utzschicht ab.) Er wird zum dienenden Intellekt, zum treuen Gefährten, auf den wir uns verlassen können, weil er uns als Freund keine dummen, ungezogenen Streiche mehr spielt. Denn gemeinsam arbeiten wir an derselben Sache. Dem anderen schaden, hieße in solch einem Fall: sich selbst schaden. Hagen ist zu klug, um solchen Unfug zu treiben. (In kabbalistischer Terminologie: Der strenge Hüter der Schwelle verwandelt sich in den kompetenten Begleiter und Beschützer auf den Pfaden der Evolution.)

Der Kampf mit dem »Hagen in uns« ist also in Wirklichkeit ein gründliches Kennenlernen seiner Stärken und Schwächen. »Gegen Hagen kämpfen«, das heißt also im Klartext: Wir müssen uns unseres Linkshirnbewußtseins bewußt werden, seine Stärken nutzen und seine Schwächen erkennen.

Was müssen wir über den »Feind« wissen, damit er unser Freund werden kann? Das Bewußtsein der linken (intellektuellen) Hirnhälfte produziert den »Irrtum Ego«. Positiv formuliert: Er stattet uns mit einer einheitlichen, ungeteilten Perspektive aus, stellt also den Erkenntnisprozeß auf ein solides Fundament. Täte er das nicht, dann würde aus uns eventuell das werden, was aus Nietzsche in seinen letzten Lebensjahren wurde. Unser Ziel, Gott bei seinem Erkenntnisprozeß zu helfen und dabei zu begreifen, wer wir *wirklich* sind, wäre dann nie mehr zu erreichen.

Das Bewußtsein der linken Hirnhälfte ist mit einem Mikroskop verglichen worden. Es erlaubt uns, alle Dinge ganz genau zu betrachten, indem wir im Erkenntnisprozeß Polaritäten schaffen und diese untersuchen. Wer nicht weiß, was Dunkelheit ist, der kennt auch nicht das Licht.

So ein Mikroskop hat natürlich auch seine Tücken. Wenn ich jahrelang nur Zellen mikroskopiere, könnte ich irgendwann einmal vergessen, daß viele Zellen gemeinsam einen lebendigen, fühlenden Organismus bilden! Ich verlöre den Sinn für das Wesentliche. Dies Prinzip kennt jeder, der einmal das Foto eines Menschen zu stark vergrößert hat: Irgendwann sieht man nur noch Poren, Pickel und Fältchen. Die Harmonie des Bildes ist auf der Strecke geblieben. Wenn man alles zu genau sehen kann, sieht man nur noch Häßlichkeit. Genauso ergeht es einem Linkshirn-dominanten Menschen. Er sieht präzise definierbare Bruchstücke der Realität, kann sie analysieren und vergleichen, und irgendwann verliert er den großen Überblick. Er hat sich heillos verzettelt. Weil er den Panorama-Blick über die Totalität allen Seins verloren hat, glaubt er, alles sei sinnlos, leer, banal. Er sieht die großen Zusammenhänge nicht mehr und kann sich selbst infolgedessen auch nicht als wichtiges Teilchen einer großen Ganzheit, ja als individuelle Verkörperung dieser Ganzheit erkennen. Er zweifelt an sich selbst, am Leben, am Sinn des Lebens. Er wird trübsinnig oder zynisch und denkt: Na bittschön, wenn eh alles sinnlos ist, dann will ich mir wenigstens so viele Vorteile verschaffen, wie es eben geht. Und dann wird er zum rücksichtslosen Egoisten, dem es in seiner Urangst vor der eigenen inneren Leere so ergeht wie dem Hasen mit den Igeln. Wohin er auch kommt: Die Angst ist schon da, um ihn mit einem hinterhältigen Grinsen zu begrüßen.

Das ist das Wichtigste, was wir über den »Hagen in uns« wissen müssen. Und das ist auch die Unart, die wir ihm zuallererst abgewöhnen müssen, damit er unser zuverlässigster Freund wird.

# Atman und Ego

Hagen hat den Schatz versenkt. Er weiß also auch, wo man ihn wiederfindet. Und wo ist das? In der rechten Hirnhälfte. Sie gewährt uns den Zugang zum Ganzen, zum Absoluten, zur Einheit oberhalb und jenseits der Polaritäten. Da gibt es kein Falsch und kein Richtig, kein Gut und kein Böse, kein Möglich und kein Unmöglich. Da gibt es keine Begrenzungen durch Raum und Zeit, denn diese künstlichen Grenzen sind ja Erkenntnisprodukte bzw. -kategorien der linken Hirnhälfte. Wer möchte, kann also sagen: In der rechten Hirnhälfte befindet sich unser physisches Äquivalent oder der Zugang zum transzendenten Aspekt Gottes. Das ist der Teil, dem nach wie vor buchstäblich alles möglich ist, wenn man ihn nur auffordert, etwas zu verwirklichen, das heißt: Etwas bisher nicht Manifestiertes Realität werden zu lassen.

Die linke Hirnhälfte sagt zu den Christen: Niemand kann Tote wieder zum Leben erwecken.

Die rechte Hirnhälfte sagt: Ich kann alles, denn ich bin alles; ich bin alles, also auch der Tod. Wenn ich keine Lust mehr habe, Tod oder tot zu sein, dann kann ich genausogut wieder Leben, lebendig sein oder Leben machen.

Die linke Hirnhälfte sagt zu den Alchimisten: Niemand kann Blei in Gold verwandeln.

Die rechte Hirnhälfte sagt: Ich kann alles, denn ich bin alles. Also bin ich auch Blei. Wenn ich keine Lust mehr habe, Blei zu sein, dann kann ich genausogut Gold werden.

Die linke Hirnhälfte sagt zu den Astralwanderern: Bewußtsein ist an den Körper gebunden.

Die rechte Hirnhälfte sagt: Ich bin alles, und ich kann alles. Ich stehe oberhalb von Raum und Zeit. Deshalb bin ich so frei, so frei zu sein, wie ich es bin: unbegrenzt! Grenzenlos! Ewig!

Das Bewußtsein der rechten Hirnhälfte nennen die Inder Atman. Das ist der Teil Gottes in uns, der transzendente, unwandelbare, ewige, qualitätslose, der alles enthält und sich selbst kennenlernen will, der sich nie ändert, der sich seiner selbst aber immer bewußter wird. So, wie der immanente Aspekt Gottes dem transzendenten zur Selbst-Erkenntnis verhilft (durch Selbst-Verwirklichung), so versucht Atman, sich selbst durch das Ego kennenzulernen. Wer sich (das heißt: sein »Ich«, sein »Ego«, sein Linkshirn-Bewußtsein) mit Atman vereinigt, der läßt alle Begrenzungen der linken Hirnhälfte hinter oder unter sich zurück. Die Polaritäten lösen sich auf. Polare Begriffe wie »Innen« und »Außen« entstammen dem Bewußtsein der linken Hirnhälfte, die ja zum Zwecke der Erkenntnis ständig Gegensatzpaare produziert. So gesehen, können wir bei einer Astralreise gar nicht den Körper verlassen. Denn »verlassen« würde ja implizieren: Wir wechseln vom Innen in das Außen über. Dieser Grenzübertritt vom inneren in den äußeren Bereich ist aber nichts anderes als eine Interpretation der linken Hirnhälfte, die es gewohnt ist, in polaren Begriffen zu denken. Sie interpretiert die Vereinigung mit Atman als Verlassen des physischen Körpers. Atman ist frei von raumzeitlichen Begrenzungen. Diese Freiheit erlebt das Ego, wenn es sich mit Atman vereinigt. Weil es aber nun plötzlich keine Grenzen mehr sieht und buchstäblich entgrenzt, grenzenlos ist, glaubt es, es befände sich außerhalb des Körpers. Tatsächlich hat es aber nur seine eigene Begrenztheit überwunden und kann sich nun nach Belieben in jede Zeit oder an jeden Ort versetzen. Es kann alle Grenzen überwinden — denn es gibt keine Grenzen mehr. Raum und Zeit sind jetzt nichts anderes mehr als die Folie, vor der die Gesamtheit aller möglichen Bewußtseinszustände deutlich wird.

Sie wollen Caesar sehen? Okay, dann versetzen Sie sich in seine Zeit, in seine Umgebung. Sie wollen Caesar sein? Auch kein Problem. Nehmen Sie seine Perspektive ein, dann erleben Sie, wie es ist, Caesar zu sein. (Hier könnte eine Ursache dafür liegen, daß so entsetzlich viele Reinkarnationen von Napoleon, Caesar und Kleopatra durch die Gegend laufen . . .: Atman macht's möglich! Und diese verwirklichte Möglichkeit wird dann mißinterpretiert als Erinnerung an eine frühere Inkarnation.)

Wenn unsere Freundin zu Beginn dieses Buches behauptet

hat, sie habe ihren Körper verlassen, dann müssen wir sie an dieser Stelle vielleicht ein bißchen besserwisserisch korrigieren: Mädchen, du warst nie draußen, denn du bist nie wirklich drinnen gewesen. Du hast eine Vereinigung deines Ego mit deinem Atman erlebt. Dadurch bist du in einen anderen Bewußtseinszustand geraten: Du hast deine eigene göttliche Unbegrenztheit erfahren. Deshalb gab es keine Einschränkungen mehr für dich. Deshalb konntest du durch geschlossene Türen gehen, denn Türen sind in diesem Zustand nur noch Gedankenformen. Solange du weiterhin glaubst, es gäbe so etwas wie »Innen« und »Außen«, dominiert deine linke Hirnhälfte. Dann wirst du es schwer haben, noch einmal die Vereinigung mit Atman, dem Ewigen in dir, zu erleben. Werde eins mit Atman, so muß die Forderung lauten, wenn du weitere Erlebnisse haben willst, die man »Astralreisen« nennt, die man aber besser »Atman-Bewußtsein« nennen sollte. Vereinige beide Bewußtseins-Typen, die der linken und der rechten Hirnhälfte, miteinander. Dann wird sich deine »Trefferquote« erheblich erhöhen! Dann kannst du telepathisch kommunizieren mit anderen Bewußtseinsformen — bis du endlich begreifst: Auch sie sind du, und das eigentliche Wunder besteht in der Vielheit des *Einen* . . .

Jeder von uns kann und weiß viel mehr, als ihm auch nur ansatzweise bewußt ist. (Jeder staunt, wenn er sieht, zu welchen Spitzenleistungen hypnotisierte Menschen in der Lage sind. Kaum einer begreift: Moment mal, das könnte *ich* ja auch!) Hagen muß unser Freund werden, damit er uns nicht länger daran hindert, auch die Möglichkeiten unserer bisher ungenutzten, unbegrenzten Fähigkeiten zu verwirklichen. Dann können wir auch Astralreisen unternehmen. Oder was immer wir wollen.

Wem das noch zu theoretisch ist, der muß sich noch in bißchen in Geduld üben. Wir befinden uns ja noch im theoretischen Teil dieses Buches. Praktische Anleitungen und Vorschläge finden Sie weiter hinten im Buch.

Aber zu wissen, wo der Schatz ist — das ist ja beinahe schon gleichbedeutend mit: ihn zu besitzen.

# KAPITEL 3

## Zweifel ist die erste Bürgerpflicht

In diesem Kapitel werden wir uns mit dem dritten Fragen-komplex beschäftigen, der sich aus dem Bericht Ihrer Freundin am Anfang dieses Buches ergeben hat. Wir erinnern uns: Ein bewußtseinstragendes Etwas, das unsere Freundin als ihre eigentliche, wahre Identität, als ihr wahres Ich empfand, schien sich mehrfach von ihrem physischen Körper gelöst zu haben. Dieses Etwas verfügte über eine von den körperlichen Sinnesorganen unabhängige Wahrnehmungsfähigkeit: Es konnte »sehen« ohne physische Augen. Es konnte »gehen« ohne Beine aus Fleisch und Blut. Es konnte denken ohne physisches Hirn. Es konnte »sprechen« ohne Sprache, ohne Stimmbänder. Die außerkörperlichen Erfahrungen sind dem Gedächtnis einverleibt worden und konnten später lebhaft in allen Details erinnert werden.

Uns interessiert: Was ist das für ein »Etwas«? Welche Funktionen hat es? In welcher Beziehung steht es zum physischen Körper? Wenn wir auf der Suche nach Antworten die Literatur zu diesem Thema studieren, stoßen wir auf ein höchst sonderbares Phänomen. Die meisten Autoren, die sich mit dieser Fragestellung befaßt haben, seien sie nun Mystiker, Visionäre, Theoretiker, Praktiker oder alles zugleich, seien sie die Musterschüler eines inspirierten Lehrers oder mutige Menschen, die sich der Mühe unterzogen haben, eigenköpfig Gedanken zu produzieren — sie alle sind sich im Grundsatz einig. Querdenker und Abweichler sind so selten, daß man ihre Namen bequem an zwei Händen abzählen kann — und dann blieben vermutlich sogar noch die meisten Finger ungezählt ...

Das muß man sich einmal bildhaft vor Augen führen: Eine lange Menschenkette, bestehend aus einigen der faszinierendsten Gestalten mehrerer Jahrtausende. Schulter an Schulter stehen sie einträchtig nebeneinander — die, deren Namen unsterblich geworden sind, neben denjenigen, die es vorzogen, anonym zu bleiben; respekteinflößend die einen wie die anderen, weise und würdevoll sie alle. Jeder von uns entdeckt unter ihnen mindestens zwei, drei Persönlichkeiten, die er, wenn nicht verehrt, so doch wenigstens bewundert oder interessant findet. Und sie alle würden unsere Frage nach dem »Etwas«, das sich scheinbar vom physischen Körper unserer Freundin ablöste, gleichlautend beantworten. Zu wem Sie auch gingen: Jeder sagte Ihnen im Prinzip dasselbe. Die Worte wären verschieden. Der Sinn aber wäre stets derselbe. Man müßte wohl ein ziemlich abgebrühtes Früchtchen sein, um angesichts dieser grundsätzlichen Übereinstimmung nicht in der Pose demütiger Ehrfurcht zu erstarren. Wer sind wir denn, wir kümmerlichen Würmchen, daß wir uns erdreisten dürften, die erhabenen Weisheiten dieser (Über-?)Menschen in Zweifel zu ziehen?

Doch halt! Stop! Nicht so voreilig, nicht so duckmäuserisch! Die Frage ist nämlich falsch gestellt. Denn: Kümmerliche Würmer wären wir nur dann, wenn wir es *nicht* mehr wagten! Wo nicht mehr nachgefragt, angezweifelt und diskutiert wird, da wird auch nicht mehr gedacht. Da entstehen Dogmen. Dem Dogma auf dem Fuße folgt die Borniertheit. Und der wollen wir selbstverständlich nicht anheimfallen.

Wenn wir so weit zu sinken drohen, daß wir einander nur noch wechselseitig bestätigen, wie einig wir uns doch sind und wie entsetzlich recht wir haben, dann muß schleunigst ein advocatus diaboli her, jemand, der uns durch lästige Gegenargumente davor bewahrt, als selbstzufriedene Pharisäer zu enden.

Wohlgemerkt: Es geht nicht darum, die Realität desjenigen Phänomens in Abrede zu stellen, das man »Astralwandern« nennt. Denn jeder, der solch eine Erfahrung schon einmal gemacht hat (und täglich werden es mehr!), weiß aus eigenem Erleben, wie wirklich dieses Phänomen ist. Nicht also der Sachverhalt als solcher, sondern seine gängige Deutung, seine eingebürgerte Interpretation sollte dringend einmal angezweifelt werden. Gibt es alternative Erklärungsmodelle? Könnte eine andere Interpretation dieses Phänomens, eine Deutung, die von der nun schon seit Jahrtausenden gültigen abweicht, nicht ebenso plausibel sein? Wer nicht zu fragen wagt, der wird es nie herausfinden. Wir sollten es einmal wagen — und sei es auch nur zu dem Zweck, um wieder einmal frischen Wind durch die altehrwürdigen Gedankengebäude brausen zu lassen.

Der Antithese (sowie einer potentiellen späteren Synthese) muß zunächst die These vorausgehen. Wie lautet sie? Wie lautet die klassische Standard-Antwort auf unsere Frage nach diesem »Etwas«, das den physischen Körper unserer Freundin zu verlassen schien?

Bevor wir diese Frage klären, müssen wir uns zunächst einer kleinen Hirnwäsche unterziehen und alles vergessen, was wir im vorangegangenen Kapitel über die Möglichkeit einer bewußtseinserweiternden, ich-entgrenzenden Vereinigung von Ego und Atman angedeutet haben. Das klassische Erklärungsmuster geht nämlich von einer völlig anderen Prämisse aus. Okay, haben Sie die Datenspeicher in Ihrem Linkshirn-Computer gelöscht? Dann speisen wir jetzt die altbewährte Standard-Software ein. Los geht's:

## Der feinstoffliche Astralkörper

Dieses bewußtseinstragende »Etwas«, das laut einhelliger Expertenmeinung den physischen Körper »verlassen« kann, nennt man Astralkörper (synonym auch: Astraldoppel, Mentalkörper, Doppelkörper, Zweiter Körper, Geistkörper, siderischer Leib). Die Vorsilbe »Astral« leitet sich von dem lateinischen Wort für »Stern« ab. Wörtlich übersetzt, heißt »Astralkörper« also: Sternenleib. Dieser Begriff will natürlich nicht

91

besagen, daß der Astralkörper etwa aus derselben Substanz bestünde wie die Sterne am Himmel. Man muß den Terminus
symbolisch verstehen. Er steht für den Aspekt des Un- oder
Überirdischen und will andeuten: Dieser Körper unterscheidet sich in jeder Hinsicht von allen materiellen Körpern, die
uns aus unserer irdischen Umgebung vertraut sind; ähnlich
wie die Sterne am Firmament, so ist auch dieser Körper überirdisch, unbegreiflich und einer völlig anderen Sphäre zugehö-
rig.

Um Mißverständnisse zu vermeiden und damit niemand auf
die abwegige Idee verfiele, der Astralkörper bestünde aus Pla-
netenstaub, Kometensubstanz, Mondmaterie, Milchstraßen-
partikeln oder dem Stoff, aus dem die Abertausend Sonnen
sind, präzisierte man die Definition des Astralkörpers und stellte eine These auf, die noch heute vorherrschend ist. Sie lautet:
Der Astralkörper besteht aus feinstofflicher Materie. Tja, was
ist das, feinstoffliche Materie? Wenn Sie sich die Mühe machen
und ein paar Kilo schlaue Bücher verschlingen, werden Sie am
Ende feststellen: Niemand weiß nichts Genaues. Feinstoff
wird definiert als Materie von sehr geringer Dichte. Nun,
wenn das so ist, dann könnte man fragen: Nebel beispielsweise ist Wasser von sehr geringer Dichte. Nebel ist fein und stoff-
lich zugleich. Ist Nebel also feinstoffliches Wasser? Selbstverständlich nicht. Denn so fein der Nebel auch sein mag — er besteht ja aus materiellen (grobstofflichen) Wassermolekülen,
die sich ihrerseits aus Wasserstoff- und Sauerstoff-Atomen zusammensetzen. Das Wasser des Wasserdampfes oder Nebels
unterscheidet sich in seiner chemischen Zusammensetzung
nicht von flüssigem Wasser. Ob fest, flüssig oder gasförmig:
$H_2O$ ist immer $H_2O$, mithin »grobstoffliches« Wasser. Feinstoff dagegen wäre mit den derzeitigen Untersuchungsmetho-
den der Naturwissenschaft nicht nachweisbar. — So heißt
es.

Was also ist Feinstoff? Man würde uns vielleicht antworten:
Feinstoff hat eine höhere Schwingungsrate als materielle
(grobstoffliche) Substanz und stellt eine Art Bindeglied oder

Durchgangsstation dar zwischen immateriellem Geist und materieller Substanz. Feinstoff ist »nicht mehr« reiner Geist und »noch nicht« reine Materie; es handelt sich also gewissermaßen um einen völlig anderen »Aggregatzustand« der Materie. Um die Definition zu illustrieren, wird oft mit folgender Analogie gearbeitet: Feinstoff verhält sich zu grobstofflicher Materie wie flüssiges Wasser zu Eis — im Prinzip ist es dasselbe, aber halt etwas völlig anderes. Nun, das kann man glauben oder nicht. Wir nehmen es einstweilen kommentarlos zur Kenntnis. Auf die Hypothese von der Existenz des Feinstoffes werden wir später noch näher eingehen. Zunächst geben wir uns mit der konventionellen Definition zufrieden, auf die sich die Experten geeinigt haben: Der Astralkörper bestünde aus Feinstoff. Zwar wiegt er angeblich nur einen winzigen Bruchteil dessen, was der physische Körper auf die Waage bringt — man hat errechnet, daß der Astralkörper eines Erwachsenen zwischen 25 und 50 Gramm wiegt —, doch auch dieses feinstoffliche Fliegengewicht ist den Gesetzen der Gravitation untertan. (Klar, alles, was etwas wiegt, unterliegt den Gesetzen der Schwerkraft. Man könnte boshaft unterstellen, die Vertreter der Hypothese vom Feinstoff wollten sich waschen, ohne sich dabei die Hände naß zu machen. Sie verneigen sich untertänigst vor den Gesetzen der mechanischen Physik und wollen nur hin und wieder das Kavaliersdelikt begehen dürfen, sie ein ganz klein bißchen zu übertreten, ausnahmsweise, mit freundlicher Sondergenehmigung quasi.)

Der Astralkörper neigt dazu, exakt dieselbe Gestalt anzunehmen wie der physische Körper, in dem er sich befindet. Das heißt: Der Astralkörper eines Säuglings nimmt die Gestalt eines Babys an, während das astrale Doppel eines korpulenten Herrn in den besten Jahren ebenfalls stattlich und voluminös erscheint. Die feinstoffliche Substanz des Astralkörpers ordnet sich also immer so an, daß sie ein feinstoffliches Ab- oder Ebenbild des materiellen Körpers bildet. Der Astralkörper ist also gewissermaßen der feinstoffliche »Zwilling« des physischen Körpers. Deshalb nennt man den Astralkörper auch

Doppelkörper, nämlich weil er eine exakte Verdoppelung des physischen Leibes ist, mit feinstofflichen Armen, Beinen, Händen, Füßen, Ohren; komplett ausgestattet mit den feinstofflichen Kopien all dessen, was ein funktionstüchtiger Organismus zum Leben braucht. — Einen Unterschied allerdings gibt es. Der Astralkörper eines Menschen, dem beispielsweise ein Bein amputiert wurde, verfügt über zwei »gesunde« Beine; die feinstofflichen Augen eines Blinden können sehen; der feinstoffliche Leib eines Gelähmten ist bewegungsfähig.

Die Gestalt des physischen Leibes scheint der Astralkörper jedoch nur deshalb anzunehmen, weil er (als eigentliche, wahre Identität des Menschen) offenbar ein Gewohnheitstier ist. Ein routinierter Astralwanderer kann seine Gewohnheiten ablegen und nach Belieben auch die (feinstoffliche) Gestalt einer Kugel, eines Tieres oder eines Phantasiewesens annehmen, wenn er sich zu seinen astralen Exkursionen aufmacht.

## Die Silberschnur

Verläßt das astrale Doppel den physischen Leib, dann bleiben feinstofflicher und grobstofflicher Körper miteinander in Verbindung. Diese Verbindung nennt man Silberschnur (oder auch astrales Kabel). Die Silberschnur ermöglicht eine rasche, unproblematische Rückkehr des astralen Doppels in die physische Hülle und garantiert zugleich das Überleben des grobstofflichen Körpers. (Denn der Astralkörper hat ja unter anderem auch die Funktion des Odems, des Lebenshauchs, des Funkens, der die grobstoffliche Materie belebt.) Die Experten gehen davon aus, daß mit dem Zerreißen der Silberschnur der sofortige Tod des materiellen Körpers einträte. Solche »Unfälle« beim Astralwandern sind jedoch bisher nicht bekanntgeworden. (Wie auch, könnte man ungezogen fragen! Der Totenschein vermerkt beispielsweise Herzstillstand oder Hirnblutung. Wodurch die Todesursache herbeigeführt worden ist, wenn weder Suizid, äußere Gewaltanwendung noch toxische Substanzen als Erklärung in Frage kommen, scheint für die Mediziner weder von Interesse noch feststellbar zu sein.) Ein Astralwanderer, so heißt es, kann auf seinen Exkursionen seine »Kollegen« am Vorhandensein der Silberschnur erkennen. Begegnet er einer Wesenheit, von der kein astrales Kabel, keine Silberschnur ausgeht, dann kann er sicher sein, daß er es mit jemandem zu tun hat, der momentan nicht inkarniert ist, der also keinen physischen Körper besitzt.

Die Silberschnur — sie taucht übrigens auch in Salomos Reiseberichten auf (Prediger Salomo, 12,6: »...ehe der silberne Strick zerreißt«) — besteht, wie der Astralkörper, aus silbrigflimmernder, feinstofflicher Substanz. Sie pulsiert im Rhythmus des Herzschlages, ist enorm dehnbar und kann von unterschiedlichem Durchmesser sein. Generell gilt: Je größer die Nähe des Astralkörpers zum grobstofflichen Leib ist, desto größer ist auch der Durchmesser des astralen Kabels. Das heißt: Wer im Astralkörper nur eben rasch vom Schlafzimmer ins Badezimmer wandert, dessen Silberschnur ist noch vergleichsweise dick; wer dagegen seinen Freund in San Francisco besucht, dessen astrales Kabel ist entsprechend dünner und feiner.

Man könnte die Silberschnur in gewisser Hinsicht mit der Nabelschnur vergleichen — beide sorgen für das Überleben eines sich entwickelnden Wesens. Ist der Wachstumsprozeß des Babys abgeschlossen, wird die Nabelschnur (nach der Geburt) durchtrennt. Hat der Mensch das »Plansoll« seiner Inkarnation erfüllt, so reißt nach dem Verlassen des physischen Körpers (beim Tod) die Silberschnur. Beide, Baby wie desinkarnierter Mensch, müssen sich dann auf eine Existenz »außerhalb« einrichten.

Im Regelfall verbindet die Silberschnur die Stirn des physischen Körpers mit dem Hinterkopf des astralen Doppels; möglich ist aber auch eine Verbindung zwischen dem Solarplexus des grobstofflichen Leibes und dem Rücken des Astralkörpers. Einig ist man sich darüber: Es ist fast immer die Rückseite des astralen Doppels, die mit der Vorderseite des materiellen

Körpers durch die Silberschnur verbunden wird. Deshalb, so die Experten, kann man auch jahrzehntelang Exkursionen im Astralkörper unternehmen, ohne ein einziges Mal zu merken, daß es so etwas wie die Silberschnur überhaupt gibt. Tatsächlich haben zahlreiche Astralwanderer die Existenz des astralen Kabels vehement in Abrede gestellt. Grund (so die Experten): Für den Astralkörper gilt dasselbe wie für den physischen Körper — man kann halt seinen eigenen Rücken nicht sehen.

## Was wiegt die Seele?

Falls Sie sich vorhin gefragt haben: »Wie um alles in der Welt will man herausgefunden haben, daß der feinstoffliche Astralkörper 25 bis 50 Gramm wiegt?« — nun, hier ist die Antwort.

Als dieses Jahrhundert noch jung (und relativ unschuldig) war, ließ ein gewisser Dr. Duncan MacDougall schwindsüchtige Patienten kurz vor ihrem Ableben auf eine Waage legen. Seine Überlegung: Wenn es stimmt, daß beim Tode die Seele (oder der Astralkörper) den physischen Leib verläßt; und wenn man gleichzeitig davon ausgeht, daß das feinstoffliche astrale Doppel ein Minimum an Gewicht hat, dann müßte sich aus der Differenz zwischen dem Gewicht eines Sterbenden und dem eines bereits Verstorbenen das Gewicht des Astralkörpers ergeben. (Wer solche Versuche pietät- und geschmacklos findet, was sie ja zweifelsohne auch sind, der sollte sich dann lieber nicht vor Augen führen, welche herz-, hirn- und geschmacklosen, überdies oftmals auch überflüssigen Versuche bis zum heutigen Tag unter dem Deckmäntelchen der Wissenschaft an lebenden, fühlenden Wesen unternommen werden!) Jedenfalls, dieser Doktor kam zu dem Ergebnis, daß der Astralkörper bis zu 50 Gramm wiegt. Diese Differenz zwischen Lebend- und Totgewicht eines Menschen trat jedenfalls angeblich auf. Nun wissen wir's genau ...

Um Mißverständnisse zu vermeiden, wird oft darauf hingewiesen, daß der feinstoffliche Astralkörper nicht identisch ist mit der Aura. Unter der Aura versteht man eine Art energetischen Mantel, ein Kraftfeld, eine Ausstrahlung, die den physischen Körper umgibt. Der berühmte gelbgoldene »Heiligenschein«, der auf religiösen Darstellungen die Stirn eines Gottesmenschen leuchtend umkränzt, ist nichts anderes als die Abbildung der Aura des Kopfes; er steht als pars pro toto für die gesamte Körperaura und soll zeigen, daß die Aura eines Heiligen, wäre sie für jedermann sichtbar, als ein reiner, goldener Lichtglanz wahrgenommen werden würde.

Die Aura der Finger und Zehen kann zu Diagnosezwecken auf der Kirlian-Fotografie sichtbar gemacht werden. Man könnte die Aura als eine Art bioenergetische Schutzhülle bezeichnen, die den Körper umgibt. Hellsichtige oder speziell begabte und ausgebildete Menschen können ihr optisches Wahrnehmungsvermögen dergestalt modifizieren, daß sie die Aura eines Menschen sehen — oft sogar farbig. Solche Menschen können von der Farbe und Beschaffenheit der Aura auf die psychische Befindlichkeit und den Gesundheitszustand eines Patienten rückschließen; ihre Diagnosen verblüffen durch Treffsicherheit und Präzision. Nicht selten gelingt es ihnen, Krankheiten zu erkennen, die sich bereits im Bereich der Aura ankündigen, den physischen Körper aber noch nicht befallen haben. Sie können anderen Menschen also nicht nur auf den Kopf zusagen, welche Krankheiten sie haben und gehabt haben; darüber hinaus können sie auch sicher prognostizieren, mit welchen Erkrankungen ein anderer Mensch in nächster Zukunft zu rechnen haben wird.

Wie gesagt: Aura und Astralkörper sind *nicht* identisch. Die Aura umgibt den Körper als Schutzhülle, während sich der Astralkörper laut Definition im physischen Körper selbst befindet, also auch innerhalb der Aura.

# Astral-Schlafwandel?

Was weiter wissen die Experten über den Astralkörper zu berichten? Beispielsweise folgendes: Der Astralkörper eines jeden Menschen verläßt, so sagen sie, während des Schlafes den physischen Leib. Das aber hieße, daß jeder Mensch ein Astralwanderer ist und daß sich aus irgendwelchen Gründen nur die wenigsten Menschen ihrer allnächtlichen Aktivität des Astralwanderns auch bewußt sind. Demzufolge bestünde der gravierende Unterschied zwischen einem Astralwanderer und einem »gewöhnlichen« Menschen nicht im Können, sondern im Wissen um das Können, mithin darin, daß der Astralwanderer aktiv, bewußt und willentlich etwas herbeiführt, was den meisten Menschen ohne ihr willentliches und wissentliches Zutun (quasi passivisch) jede Nacht widerfährt. Hand in Hand mit dem Bewußtsein des Astralwanderers um sein Können geht — so heißt es — sein präzises Erinnerungsvermögen an die Erlebnisse, die er auf seiner astralen Exkursionen gehabt hat. Die Erinnerungen des durchschnittlichen Nachtschläfers an seine kleinen außerkörperlichen Ausflüge dagegen, so überhaupt vorhanden, gelten als verschwommen. Das Wachbewußtsein könne diese Erinnerungsfragmente nicht recht deuten und einordnen; sie erschienen ihm wirr, unsinnig und in sich widersprüchlich; zwischen Erleben und verstehendem Erinnern klaffe ein Abgrund, der nicht durch eine korrekte Interpretation überbrückt werden könne. Deshalb, so die Experten, neigen die meisten Menschen dazu, ihre bruchstückhaften Erinnerungen an die allnächtlichen Astralreisen als wirre Träume abzutun und sie möglichst rasch zu vergessen.

Und wozu sollte der Astralkörper eines jeden schlafenden Menschen den physischen Leib Nacht für Nacht verlassen? (Auch hier geht es uns nicht darum, ein Faktum in Abrede zu stellen, denn es ist wahr: Während des Schlafes können außerkörperliche Erfahrungen stattfinden. Es geht darum, die gängigen Erklärungsmuster einmal etwas genauer unter die Lupe zu nehmen.)

Man antwortet uns: Der Astralkörper ähnele in gewisser Hinsicht einem Akku. Er diene als Speicher kosmischer Energie. Diese Energie werde durch die täglichen Aktivitäten des Menschen verbraucht und müsse infolgedessen allnächtlich im Schlaf neu aufgetankt werden. Das Auftanken der universellen kosmischen Lebenskraft, die uns das Universum in überreichlichem Maße zur Verfügung stellt, könne aber nur dann stattfinden, wenn der Astralleib den physischen Körper verlassen habe.

Daß es erprobte, bewährte und erwiesenermaßen wirksame Techniken des Kraft-Aufladens gibt, die durchaus nicht einen Austritt des Astralkörpers aus dem physischen Leib zur Voraussetzung haben, wird dabei unterschlagen. Ebendiese Techniken aber oder Varianten dieser Techniken könnten instinktiv und unbewußt vom schlafenden Menschen angewandt werden, um seinen Organismus wieder mit kosmischer Energie aufzuladen. Die Hypothese vom allnächtlichen Astralwandern aller lebenden Menschen zum Zwecke des Kraft-Tankens steht also, wie es scheint, auf ziemlich tönernen Füßen. Es gibt ein weiteres Gegenargument. Gesetzt, es wäre wahr, daß ein aus dem physischen Körper ausgetretener Astralleib sich mit kosmischen Energien auflade, nun, dann müßte es auch zutreffen, daß ein Astralwanderer nach seiner Exkursion topfit und putzmunter ist. Er müßte nach seiner Rückkehr in den physischen Körper vor Kraft nur so strotzen und buchstäblich in der Lage sein, Bäume auszureißen. Denn je länger er sich außerhalb seines physischen Körpers befunden hätte, desto mehr Zeit hätte ihm ja auch zum Aufladen zur Verfügung gestanden. Tatsächlich kommt es oft vor, daß ein Astralwanderer nach seiner Exkursion ein kraftstrotzendes Energiebündel ist. Genausooft kann es aber auch geschehen, daß er, nachdem er wieder in seinem physischen Körper zu Bewußtsein gekommen ist, sich für den Rest des Tages matt, abgeschlagen und lustlos fühlt.

Diesem Argument würden die Experten vielleicht entgegenhalten: Ebenso leicht, wie der Astralkörper außerhalb des physischen Leibes Energie aufnehmen kann, kann er sie »draußen« auch wieder verlieren. Der physische Leib sei nämlich eine Art Isolierschicht, die der raschen Verflüchtigung der aufgenommenen Energie gleichsam wie eine Staumauer entgegenwirke. Außerhalb des physischen Körpers aber sei die Energie ebenso rasch gewonnen wie zerronnen.

Nehmen wir einmal an, diese These wäre wahr. Dann müßte ein längerer Astralspaziergang immer und grundsätzlich auslaugend und ermattend wirken. Denn — und hier kehrt sich die Argumentation von vorhin um — je länger der Außenaufenthalt des Astralkörpers dauern würde, desto länger wäre er dann ja auch der Gefahr des Ausgelaugtwerdens ausgesetzt. Folglich müßte jeder Astralwanderer, der länger als ein paar Sekunden außerhalb seines physischen Körpers umherwallte, nach seiner Rückkehr grundsätzlich schlapp und müde sein. Aber das trifft ja nun auch wieder nicht zu! Manchmal fühlt sich ein Astralwanderer nach seiner Exkursion bärenstark und kreuzfidel; das nächste Mal dagegen kann er völlig matt und erschöpft in seinem physischen Körper zu Bewußtsein kommen. Gesetzmäßigkeiten sind nicht — oder nur sehr schwer — zu erkennen. Vermutlich gibt es eine Gesetzmäßigkeit, die diesem Phänomen zugrunde liegt. Aber die Astralkörper-Akku-These hilft uns nicht weiter, wenn wir eine Erklärung suchen!

Folgende Überlegungen als ergänzende Einwände gegen die Astralkörper-Akku-These:

1. Während eines außerkörperlichen Erlebnisses im Schlaf ist es beispielsweise möglich, mit Menschen in Kontakt zu treten, die physisch wach sind. Die Astralkörper der Wachen können also — laut Erklärungsschema — gar nicht ausgetreten sein. Wie lassen sich solche Fälle erklären? Nicht mit Hilfe der Feinstoff-Astralkörper-Theorie. Wohl aber mit Hilfe des Konzepts von der Ego-Entgrenzung. Möglich wäre folgende Interpretation: Der Ego-entgrenzte, physisch Schlafende hat Kontakt aufgenommen zu jenen überbewußten Aspekten des Wachenden, die jederzeit ent-

grenzt sind. Vulgo: Atman I sprach mit Atman II, und Ego I hat davon etwas mitbekommen. Ego II weiß nichts, und mag die Unterhaltung auch noch so spannend und amüsant gewesen sein. Die schlafende Person (Ego I) kann sich später vielleicht an den Kontakt erinnern. Die während der Kommunikation wache Person weiß dagegen nichts, denn ihr Bewußtsein war ja nicht mit jener Instanz vereinigt, die wir Atman genannt haben. Folglich stehen ihrem Wachbewußtsein (Ego), da es an der Kommunikation nicht beteiligt war, auch keine Erinnerungen zur Verfügung.

2. Wenn es stimmt, daß die kosmische Energie überall in inflationärem Ausmaß vorhanden ist (und das soll ja gar nicht abgestritten werden!), dann *kann* ein ausgetretener Astralkörper gar nicht ausgelaugt werden! Selbst *wenn* er auf seiner Exkursion übermäßig viel Energie verbrauchte — er würde sich ja sofort wieder aufladen! Der Astralkörper könnte gar nicht weniger Energie enthalten als seine Umgebung, denn die Umgebung enthielte ja gerade mehr als genügend Energie, die sofort wieder in den unterenergetisierten Astralkörper einströmen müßte. Analoger Vergleich: Wenn ich ein Taschentuch ins Wasser werfe, dann wird es naß. Wenn ich das Taschentuch nun unterhalb der Wasseroberfläche auswringe und es danach noch einige Minuten im Wasser liegenlasse, wird es danach dann knochentrocken sein? Vermutlich nicht.

Da möchte man beinahe ungezogen resümieren: Nicht alles, was hinkt, ist eine Akku-These...

## Expertenstreit

Über einen Punkt herrscht Zwietracht unter den Experten. Die einen nämlich sagen, der Astralkörper werde erst unmittelbar vor dem Abspaltvorgang vom physischen Körper gebildet. Oder vielleicht auch erst während des Austritts aus dem grobstofflichen Leib — um ein paar Sekundenbruchteile wollen sie sich nicht streiten. Die anderen behaupten das genaue Gegenteil, nämlich daß jeder Mensch über einen fix und fertigen, voll funktionsfähigen Astralkörper verfüge, der sich innerhalb des physischen Körpers befände.

Bequemer und sympathischer ist natürlich die These von der notwendigen Bildung des Astralkörpers. Sie hält uns nämlich den mittelalterlichen Leib-Seele-Dualismus vom Halse. Denn auf ein längst überwundenes körper- und somit menschenfeindliches Konzept zurückzugreifen, wäre regressiv, unelegant, wäre eine höchst fragwürdige Form intellektueller Nostalgie. (Wer hat schon Lust, sich, wie ehemals die Flagellanten, den Astralkörper mit stacheligen Rutenbündeln und Eisenketten eigenhändig aus dem Leib zu prügeln? Oder den Körper durch asketische Übungen so lange zu malträtieren, bis der Astralleib freiwillig die Flucht ergreift?!)

Die These, daß der Astralkörper erst während des Abspaltungsvorganges entsteht, impliziert folgendes: Wir sind eben gerade keine Wesen, die einerseits aus Leib und andererseits aus Seele bestehen; wir sind auch keine Mischwesen, sondern verfügen über die Fähigkeit, aus eigner Kraft einen zweiten, feinstofflichen Körper zu schaffen, der uns größere Bewegungsfreiheit und bessere Möglichkeiten zum Sammeln von Erfahrungen bietet. Argumentativ untermauert wird diese These folgendermaßen: Der Abspaltung des Astralkörpers ginge eine immense Energieaufladung voran. (Das widerspricht, nebenbei bemerkt, natürlich der Akku-These. Denn wenn die kosmische Energie tatsächlich nur vom ausgetretenen Astralkörper aufgenommen und akkumuliert werden könnte, woher stammte dann die Energie zur Bildung des Astralkörpers? Aber gut, lassen wir diese Frage offen.) Diese energetische Aufladung nun, woher auch immer sie stammen mag, erzeuge ein astrales Schwingungsdoppel des physischen Körpers, und dieses Astraldoppel könne dann, quasi wie ein Zweitwagen, vom Bewußtsein bestiegen und zur Fortbewegung benutzt werden.

Die Gegner dieser Hypothese argumentieren: Wenn der

Astralkörper tatsächlich erst unter großem Energieaufwand gebildet werden muß, wie ist es dann möglich, daß ein fix und fertiger Astralkörper beispielsweise bei einem Unfall und/oder einem Nahtoderlebnis den physischen Körper verlassen kann? Wenn jemand von einem Auto angefahren wird, ist er dann zum Zeitpunkt des Aufpralls stark energetisiert und liefert ihm der Aufprall die notwendige Energie zur Bildung des astralen Doppels? (Das ist natürlich polemisch gefragt; aber die Frage trifft den Kern der Problematik.)

Dem wird entgegnet: Eine extreme Ausnahme- oder Grenzsituation, wie beispielsweise ein Unfall, setzt im Menschen ungenutzte, unbewußte Energiepotentiale frei, die ihrerseits in Millisekundenbruchteilen zum Aufbau des Astraldoppels verwendet werden.

Sie ahnen es vermutlich schon — dieser Streit kann endlos fortgeführt werden. (Wird er ja auch.) Aber ein wichtiger Punkt kam in diesem Gezänk zur Sprache; eine Thematik, die wir schon in einem früheren Kapitel gestreift haben:

## Die Rückkehrer

Worum geht es? Um die Nahtod-Erlebnisse reanimierter Menschen. Mittlerweile gibt es zahlreiche erstklassige Bücher zu diesem Thema. Hat man eines davon gelesen, dann kennt man alle. Es soll hier keineswegs der Wert und die Bedeutung dieser Veröffentlichungen in Frage gestellt werden, im Gegenteil: Es kann gar nicht genug Publikationen dieser Art geben. Je mehr Bücher über die Erfahrungen reanimierter Patienten es gibt, desto größer ist die Chance, daß irgendwann auch der letzte Ignorant zur Kenntnis nimmt, was Menschen jeden Alters, aller sozialen Schichten, Religionen, Hautfarben und Herkunftsländer während jenes Grenzübertritts widerfährt, den man »Tod« nennt und noch immer aus Unkenntnis fürchtet. Die Berichte der reanimierten Menschen gleichen einander wie ein Ei dem anderen.

Wie ist das: zu sterben? Was ist das: der Tod? Was geschieht mit mir, wenn mein Name auf einen Totenschein gekritzelt und mein lebloser Körper in einen fein gepolsterten Sarg zur letzten Ruhe gebettet wird? Wenn die Lebenden tausend heiße Kullertränchen weinen, mein Sparbuch plündern, meinen Haushalt auflösen, mein Grab zuschaufeln und den Grabstein aufrichten, auf dem mein Name steht? Was ist dann mit mir? Was kommt danach, nach dem Sterben? Solche Fragen galten bis vor kurzen als unbeantwortbar. Kirchenmänner und Philosophen boten zwar Erklärungsvorschläge an. Konkrete Fakten aber lagen nicht vor. Es fehlte an empirischem Beweismaterial. Dann kam die Ärztin Elisabeth Kübler-Ross, eine couragierte, aufrichtige, liebevolle Frau. Sie scheute sich nicht, ihre wissenschaftliche Reputation aufs Spiel zu setzen. Sie fürchtete sich nicht vor dem Spott zynischer Kollegen. Sie kapitulierte nicht vor den willkürlichen Grenzziehungen der medizinischen Forschung und suchte das Gespräch mit sterbenden und reanimierten Patienten. Die Menschen vertrauten ihr. (Wer sie einmal gesehen hat, der weiß: Es ist schlechterdings gar nicht möglich, einer so warmherzigen, ernsthaften und zugleich humorvollen Frau wie ihr mit Mißtrauen zu begegnen.) Verwundert stellte sie fest, daß alle Menschen, die »den Tod überlebt« hatten, die also reanimiert worden oder »freiwillig zurückgekehrt« waren, unabhängig voneinander dasselbe zu berichten wußten. Sie sammelte diese Berichte und inspirierte viele andere Mediziner zu ähnlichen Forschungen. Im Jahre 1988 lagen ihr bereits 25 000 verbürgte Berichte von Menschen vor, die einmal klinisch tot gewesen waren, wieder ins Leben zurückgekehrt sind und sich an ihre Erlebnisse zwischen »Abgang« und »Rückkehr« erinnern konnten. Neueste Zahlen (Stand: 1990) sprechen von acht Millionen Menschen allein in Amerika, die aus eigener Erfahrung über »das Leben nach dem Leben« Bescheid wissen.

Nun sollte man eigentlich vermuten: Die Berichte dieser vielen Menschen sind genauso grundverschieden wie die Menschen selbst, von denen die Berichte stammen. Niemand gleicht dem anderen, folglich müssen auch die Erlebnisse der Menschen individuell unterschiedlich sein. Erstaunlicherweise ist dies nicht der Fall. Warum? Vielleicht deswegen, weil der Mensch beim Sterbevorgang nicht nur seinen Körper, sondern auch den größten Teil seiner Subjektivität hinter sich zurückläßt, obwohl — oder: gerade weil er sich seiner wirklichen Identität bewußt geworden ist. (Vermutlich sind wir alle viel »gleicher«, als unser Verstand, der stolz auf seine Individualität ist, zu begreifen imstande ist!)

Wie sieht sie also aus, die Durchschnittsgeschichte, die ein Patient nach seiner Reanimation zu berichten weiß? Ungefähr folgendermaßen: Zunächst tritt der klinische Tod ein. Es folgt ein Autoskopieerlebnis. Das bedeutet: Der Verstorbene sieht sich selbst; präziser: Er sieht seinen leblosen Körper. Er blickt auf seine eigene Leiche hinab und beobachtet, was im Umfeld seiner Leiche so alles geschieht. Mit dem Körper identifiziert er sich nicht mehr. Er nimmt eine Perspektive außerhalb (meist oberhalb) des physischen Körpers ein und betrachtet die Dinge im wahrsten Wortsinn von einer höheren Warte aus. Er staunt: »Ich bin zwar tot, aber es gibt mich ja immer noch!« Einigen wenigen Patienten tut »das Ding da unten«, das einmal ihr Körper war, ein bißchen leid. Ihre Empfindungen ähneln denen eines Menschen, der im Begriff ist, seinen alten Wintermantel zur Altkleidersammlung zu geben — leichte Wehmut kommt in ihm auf, denn viele Jahre hindurch hat der Mantel ihm treue Dienste geleistet. Und was er in diesem Mantel nicht alles erlebt hat! Jeder Fleck, jede zerschlissene Stelle ruft eine Erinnerung wach. Natürlich hängt längst ein neuer, schönerer Mantel im Schrank. Und man denkt: »Eigentlich ist es ja schade drum. Irgendwie mag ich mich nicht von ihm trennen. So viele Jahre gehörte dieser Mantel zu mir ... — ach, aber was soll's; das Ding brauche ich ja nun wirklich nicht mehr!« Diesen Anflug wehmütigen Bedauerns verspürt allerdings nur eine Minderheit unter den für tot Erklärten. Wie kommt das? Und weshalb geschieht es immer wieder, daß ein reanimierter Patient im ersten Moment eine Stinkwut auf die emsigen Ärzte hat, die ihn doch schließlich vom Tode zurück ins Leben befördert haben, wofür er ihnen — nach landläufiger Meinung — gefälligst unendlich dankbar zu sein hat? Nun, wenn wir den zahllosen gleichlautenden Berichten Glauben schenken wollen, dann ist, so makaber und/oder verrückt es auch klingen mag, sterben durchaus nicht das Schlimmste, was einem Menschen passieren kann. Ja, im Gegenteil, den meisten Patienten hat es viel Spaß gemacht, »tot« zu sein. »Tot« gewesen zu sein, halten fast alle, rückblickend betrachtet, für das größte und bemerkenswerteste Ereignis in ihrem bisherigen Leben. Angst vor dem Tod hatte nach diesem Erlebnis niemand von ihnen mehr. Intuitiv war ihnen allen klar: Das Leben hat einen Sinn, und niemand braucht sich vor dem Tod zu fürchten. Alles, alles ist unendlich viel größer und schöner, als wir auch nur ahnen. (Zwei Tage vor ihrem Tod beorderte meine Großmutter die Familie an ihr Krankenhausbett. Sie hatte eine Mitteilung zu machen. Es fiel ihr unendlich schwer zu sprechen. Mit letzter Kraft rang sie sich folgende Sätze ab: »Der Tod war bei mir heute nacht. Ich habe meine Eltern gesehen. Das Leben ist so schön! Aber der Tod ist auch so schön!« Vom Krankenhauspersonal erfuhren wir: Oma war in der Nacht zuvor klinisch tot gewesen. Man hatte sie reanimiert. Als sie zwei Tage später »endgültig tot« war, herrschte eine sonderbar beklommene Fröhlichkeit. Niemand sprach es offen aus, aber alle fühlten: Es geht ihr gut »da drüben«. Nur einer heulte; er hatte nichts begriffen.)

Von solchen oder ähnlichen Geschichten hat jeder schon einmal gehört. Und fast jeder, ob er es nun weiß oder nicht, dürfte mindestens einen Menschen kennen, der ihm aus eigenem Erleben bestätigen könnte, was übereinstimmend alle Reanimierten berichten, daß nämlich das autoskopische Erlebnis einhergeht mit einem Gefühl unbeschreiblicher Freude und Freiheit. Fast scheint es, als ließe man zusammen mit seinem leblosen Körper alle Ängste, Sorgen und Kümmernisse hinter/unter sich zurück. (Womit natürlich kein verzweifelter Mensch — nach dem Motto: »Wer früher stirbt, ist länger tot«

— zum Suizid ermuntert werden soll. Denn wenn das Leben einen Sinn hat, dann besteht zumindest die theoretische Möglichkeit, daß auch die schwarzen Stunden unendlicher Traurigkeit nicht ganz so sinnlos sind, wie man vielleicht meint.)

## Am Tor zur anderen Welt

Dem autoskopischen Erlebnis der klinisch toten Patienten folgte im Regelfall die Begegnung mit einer leuchtendhellen Licht-Wesenheit, die, so schilderten alle Betroffenen übereinstimmend, unendliche Liebe, vollkommene Güte, freundlichen Humor und bedingungsloses Wohlwollen ausstrahlte. Christen hielten diese Gestalt für Jesus (oder Maria oder einen Engel bzw. einen Heiligen). Buddhisten meinten: Das ist Buddha. Jeder interpretierte diese Begegnung vor dem Hintergrund seiner religiösen Vorstellungswelt. Atheisten verzichteten auf eine religiöse Interpretation. Für sie war die leuchtende Gestalt einfach ein helles Licht, das es gut mit ihnen meinte, dem sie bedingungslos vertrauten und das mithin eine Art unbekanntes Wesen sein mußte, von dessen Existenz sie bislang nichts gewußt hatten.

Viele reanimierte Patienten berichteten auch vom sogenannten »Lebensfilm«. In Sekundenbruchteilen spulte sich — quasi im Schnelldurchlauf — ihr gesamtes Leben noch einmal vor ihnen ab. Keine Sekunde, kein Gedanke, keine Empfindung, nichts fehlte. Längst vergessene oder verdrängte Details traten wieder in ihr Bewußtsein. Verblüffend wirkte auf die meisten Menschen die absolute Vollständigkeit dieser »Aufzeichnungen«. Sie begriffen: Es geht tatsächlich nichts verloren, nichts wird je in Vergessenheit geraten, keine Tat, kein gesprochenes Wort, kein Eindruck, keine Absicht, kein Erlebnis, keine Gefühlsregung — nichts! Alles ist bestens dokumentiert im »Lebensfilm«, jederzeit abrufbar. Nach dieser Einsicht verspürten einige Menschen starke Reue. Einige bedauerten das, was sie getan hatten. Andere bedauerten das, was sie nicht getan hatten und lieber hätten tun sollen. Schlagartig war allen bei der Betrachtung des »Lebensfilms« klar, welche Konsequenzen ihr Tun und Lassen für das Leben ihrer Mitmenschen gehabt hat. (Dieser Vorgang entspricht genau dem, was uns die altägyptische Überlieferung in poetischer Symbolsprache sagen will, wenn es heißt, es werde das »Herz« des Toten »gewogen«, also die Essenz einer Inkarnation geprüft.)

Viele Patienten berichten auch von ihrer Begegnung mit bereits verstorbenen Freunden und Verwandten, die offenbar gekommen waren, um den Neuankömmling zu begrüßen, zu informieren und zu begleiten. Manche durften einen Blick in die »andere Welt« werfen. Zu diesem Zeitpunkt spätestens wurde den meisten klinisch Toten dann von Bewohnern der »anderen Welt« mitgeteilt, daß sie in ihren physischen Körper würden zurückkehren müssen. Manchen wurde die Wahl aber auch anheimgestellt. Sie durften selbst entscheiden, ob sie ins physische Leben zurückkehren wollten oder nicht. Wer sich für seine Familie verantwortlich fühlte und kleine Kinder zu versorgen oder wer das Gefühl hatte, er habe seine Lebensaufgabe noch nicht zufriedenstellend erfüllt, der entschied sich freiwillig für die Rückkehr in den Bereich der Wirklichkeit, den wir »Leben« nennen. Alle waren von dem, was sie von der »anderen Welt, dort drüben« gesehen hatten, tief berührt und fasziniert. Sie waren begeistert, oft sprachlos und unfähig, ihre überwältigenden Eindrücke in Worte zu fassen. Aber sie sagten sich: Wenn ich sowieso früher oder später ein Bürger dieser »anderen Welt« sein werde, dann möchte ich doch zunächst lieber meine Pflichten auf der Erde erfüllen. Irgendwann werde ich endgültig sterben, daran führt gar kein Weg vorbei. Und dann werde ich ein Bewohner dieser »anderen Welt« sein.

Eine Frau, der Kardiologe und Sterbeforscher Dr. Michael Sabom hat ihren Fall dokumentiert, erlangte durch ihr Nahtod-Erlebnis die Fähigkeit, jederzeit nach Belieben Astralreisen unternehmen zu können. Auch andere Patienten besaßen nach ihrer Reanimation diese Fähigkeit. Sie stellen unter den unzähligen

»Rückkehrern« zwar nur eine verschwindend kleine Minderheit dar. Die bloße Existenz dieser Minderheit aber beweist: Es schlummern tatsächlich ungeahnte, ungenutzte Möglichkeiten im Menschen — nach unseren derzeitigen Maßstäben sensationelle Fähigkeiten, derer man sich nicht einmal ansatzweise bewußt ist. In der Alltagsroutine, wenn alles »normal«, geregelt, gewohnheitsmäßig abläuft, besitzt der Mensch nicht einmal den blassesten Schimmer einer Ahnung dessen, was er sein könnte, leisten könnte, erfahren und erleben könnte. Eine zaghaft gestellte ketzerische Frage am Rande: Wäre es eventuell denkbar, daß unsere westlich-zivilisierten, bürgerlich-behaglichen Lebens- und Denkgewohnheiten den Menschen so heillos unterfordern, daß er von sich aus gar nicht mehr auf die Idee verfällt, das Reservoir seiner Möglichkeiten und Fähigkeiten voll auszuschöpfen? Sind wir plump und träge geworden? Extreme Grenzsituationen jedenfalls können den Menschen — zugestandenermaßen recht unsanft — auf seine brachliegenden Fähigkeiten aufmerksam machen. Wie tief schlafen wir eigentlich, daß der liebe Gott uns dermaßen hart anpacken und rütteln muß, ehe wir wach werden? Wieso müssen viele von uns erst sterben und reanimiert werden, ehe wir zu ahnen beginnen, wer und was wir in Wahrheit sind?!

Daß in einer Grenzsituation übrigens die Dominanz von der linken in die rechte Großhirnhemisphäre überwechselt, ist für uns auch von gewissem Interesse. Diese Tatsache nämlich untermauert unsere Vermutung, daß die Fähigkeit des Astralwanderns in Zusammenhang stehen muß mit den latenten Funktionen der subdominanten rechten Hirnhälfte und daß eine zeitweilige Entmachtung des Königs Ego, der in der linken (rationalen, intellektuellen) Großhirnhemisphäre residiert, dem Menschen einen ersten Zugriff auf seine ungenutzten Fähigkeiten ermöglicht.

Man könnte die Nahtod-Erlebnisse der »Rückkehrer« durchaus als unfreiwillig unternommene Astralreisen bezeichnen. Tatsächlich behaupten viele Experten, der Tod sei im Grunde genommen nichts anderes als eine überlange Astralreise —

eine Astralreise freilich ohne Rückkehr in den alten physischen Körper. Doch auch diese »Astralreise Tod« endet im Normalfall früher oder später, nämlich sobald sich die wirkliche Identität (der »Geist«, die »Seele«) erneut mit einem im Wachstum begriffenen Organismus (sprich: einer befruchteten Eizelle oder einem Embryo) verbindet, um zu reinkarnieren. »Reinkarnation« heißt übrigens, wörtlich übersetzt: Wieder-Einfleischung. Dieser Begriff impliziert, daß sich die Seele (oder ihr »Stellvertreter«, der Astralkörper) während der Inkarnation *innerhalb* des physischen Körpers befindet.

Damit werden wir zurückgeworfen auf unsere alte Frage nach der Existenz des Astralkörpers. Gibt es ihn nun, oder gibt es ihn nicht? Bevor wir diese Frage zu klären versuchen, fassen wir noch einmal zusammen: Die Nahtod-Erlebnisse der »Rückkehrer« ähneln in vielen Punkten den Erfahrungen der Astralwanderer. Beide, Verstorbene wie Astralreisende, haben Autoskopieerlebnisse, die zu einer (zumindest kurzfristigen) Aufhebung der Identifikation des Bewußtseins mit dem physischen Körper führt. Wer einmal seinen reglosen physischen Körper »unter sich« hat liegen sehen, wer seine Identität, sein »eigentliches Ich« als etwas erfahren hat, das auch unabhängig vom physischen Körper »lebensfähig« ist, der weiß: Wenn ich sterbe, dann ist es nicht aus mit mir. Es geht weiter. Und zwar aller Voraussicht nach sogar recht erfreulich. »Ich« — das sind nicht meine 60 oder 70 Kilogramm Lebendgewicht.

Dieses Erlebnis wird in beiden Fällen, beim reanimierten Patienten wie auch beim Astralwanderer, als beglückende Erfahrung der Freiheit und »Unsterblichkeit« empfunden.

## Pro und Contra

Also, wie ist es nun: Gibt es ihn wirklich, den feinstofflichen Astralkörper? Folgende Argumente sprechen für seine Existenz:

Wenn sich ein Astralwanderer weit von seinem physischen

Körper entfernt hat und dann »an sich selbst herabblickt«, ungefähr so an sich herabblickt, wie wir es im physischen Körper immer dann tun, wenn wir überprüfen wollen, ob wir uns beim Essen den Pullover oder die Krawatte vollgekleckert haben, dann sieht der Astralwanderer in den weitaus meisten Fällen seinen eigenen Astralkörper — oder formulieren wir etwas vorsichtiger: Er nimmt ein schimmerndes, flimmerndes, gaze- oder chiffonartiges Etwas in Menschengestalt wahr. Mit diesem Etwas identifiziert er sich. Er glaubt, einen Rumpf, Arme und Beine zu sehen. Oft sieht er auch seine eigene Bekleidung, sei es nun seine Alltagskleidung oder eine Art wallende Mönchskutte.

Diesem Argument kann man entgegenhalten: Es ist die Macht der Gewohnheit, die gewisse Erwartungshaltungen im Bewußtsein aufkeimen läßt. Das entgrenzte Bewußtsein ist trotz der elementaren Erfahrung seiner vollkommen körperunabhängigen Existenz noch immer nicht in der Lage, seine absolute, totale Körperlosigkeit zu akzeptieren. Dies wäre ein zu großer Schock für das Bewußtsein. Von Kindesbeinen an war es gewohnt, sich mit seinem physischen Körper zu identifizieren. Das Erlebnis des »Astralwandern« genannten Phänomens nun konfrontiert das Bewußtsein mit der Erkenntnis: Ich habe mich ja all die Jahre hindurch geirrt! Ich habe geglaubt: »Ich«, das ist nur mein Körper und mein Hirn, das Gedanken produziert.

Dies zu begreifen, ist schon schwer genug. Damit sind schon beinahe die Grenzen dessen erreicht, was ein ungeschultes Bewußtsein überhaupt zu verkraften imstande ist. Nun aber noch einen Schritt weiterzugehen und einzusehen: Ich, meine eigentliche, wahre Identität ist vollkommen unkörperlich — das ist wohl nicht mehr zumutbar ...

Weil nun die »Über-Instanz« (nennen wir sie nun Atman, Brahman, Ehyeh, Seele, ewiges Selbst, Über-Bewußtsein oder einfach nur »das, was alle Inkarnationen steuert und überdauert«) ihr sensibles und nützliches Erkenntnisinstrument, nämlich das Ego-Bewußtsein, nicht paralysieren und für den Rest der Inkarnation funktionsunfähig machen will, geht sie behutsam vor. Sie läßt Vorsicht walten. Sie kennt ihren »Pappenheimer« schließlich gut genug! Mindestens genauso gut, wie Sie Ihren Magen kennen. Sie wissen: Es ist nicht ratsam, meinem Magen mehr als drei Portionen fettes Eisbein zuzumuten. Der menschliche Magen kommt nämlich (im Regelfall) mit drei Schweinshaxen ebensowenig zurecht wie das Bewußtsein mit seiner vollkommenen, totalen Unabhängigkeit von mehr oder weniger physischen Bewußtseins-Trägern. In beiden Fällen werden die Grenzen dessen, was gerade eben noch zu verkraften ist, rasch erreicht.

Wer einmal einem kleinen Kind das Radfahren beigebracht hat, der kann vielleicht ansatzweise die Überlegungen »Atmans« nachempfinden. Zunächst hält man den Sattel oder Gepäckträger des Kinderrades gut fest. Das Kind fühlt sich sicher. Mehr und mehr lernt es, das Gleichgewicht zu halten. Es fährt. Und Sie rennen, die Hand am Gepäckträger, hechelnd hinterher, um Stürze zu verhindern. Das Kind fühlt sich sicher, denn es weiß: Ich werde festgehalten, mir kann gar nichts passieren. Dabei haben Sie vielleicht längst schon losgelassen, und das Kind fuhr schon, ohne es zu wissen, auf eigenes Risiko. Nach seiner ersten eigenen Fahrt mag es schier nicht glauben, daß es tatsächlich schon ganz allein geradelt sein soll. Noch immer fühlt sich das Kind unsicher. Es besteht hartnäckig darauf, daß man hinter dem Rad herläuft und den Gepäckträger festhält. (Und nimmt keine Rücksicht darauf, daß man schon längst keine Luft mehr bekommt und kurz vorm Kreislaufkollaps steht . . .)

Analog handelt — vermutlich — die »Über-Instanz«. Sie erlaubt es dem Bewußtsein zunächst noch, eine Art Körper wahrzunehmen, mit dem es sich identifizieren kann. Das Bewußtsein fühlt sich dann einfach sicherer, genauso wie das Kind, das glaubt, man hielte den Gepäckträger des Rades noch immer fest. Es ist dann relativ angstfrei und kann seine Erfahrungen sammeln. Ehe das Bewußtsein seine vollkommene Freiheit begreifen kann, muß es offenbar noch eine Zeitlang glauben, es habe einen (Astral-)Körper.

112

Später ist es dann vielleicht irgendwann einmal in der Lage, die Erkenntnis seiner Freiheit von physischen (»feinstofflichen«) Trägersubstanzen zu verkraften.

Eine solche Entwicklung läßt sich sehr schön an der Lebensgeschichte Robert Monroes nachvollziehen. Monroe, ein Astralwanderer, was fast zwei Jahrzehnte lang felsenfest von der Existenz des Astralkörpers überzeugt. Irgendwann machte er jedoch dieselbe Erfahrung wie das Kind, das Radfahren lernt: Sein Bewußtsein streifte die Vorstellung des Astralkörpers ab, genau so, wie das Kind am Ende stolz verkündet: »Du brauchst mich jetzt nicht mehr festzuhalten. Ich trau mich auch alleine!«

SUMMA: Die Tatsache, daß fast alle Astralwanderer in den ersten Jahren oder Jahrzehnten ihrer Exkursionen einen Astralkörper wahrnehmen, beweist nicht die Existenz des Astralkörpers. Sie beweist lediglich, daß die Betreffenden noch die Vorstellung eines Astralkörpers brauchen und sich weiterhin an der geistigen Vorstellung einer »irgendwie materiellen, aber nicht grobstofflichen«, »irgendwie schützenden, aber nicht behindernden«, »irgendwie physischen, aber eben auch unphysischen« Trägersubstanz des Bewußtseins festklammern — ehe sie, wie Monroe, begreifen: Ich bin ja noch viel freier als frei! Dann streifen sie die Vorstellung vom Astralkörper, dieses »Kleid des Bewußtseins« ab. Sie lassen die Vorstellung los. Resultat: Noch höhere Bewußtseinsebenen werden ihnen zugänglich; eine zweite Ent-Grenzung des Bewußtseins findet statt. Der Mensch als potentieller Gott ist seinem Ziel einen gewaltigen Schritt näher gekommen.

Ein weiteres Argument für die Existenz des Astralkörpers lautet: Ein Hellsichtiger kann die flimmernd-flirrenden Umrisse der Gestalt eines Astralwanderers, der sich auf einer Exkursion befindet, sehen. Auch hier gilt wieder: Die Tatsache selbst ist völlig korrekt, nur die Interpretation ist eventuell fehlerhaft. Eine alternative Erklärung dieses Phänomens könnte vielleicht folgendermaßen aussehen: Das Über-Bewußtsein des Hellsichtigen registriert die Anwesenheit eines Astralwan-

113

derers. Diese Art der Informationsgewinnung via »Atman« oder »Über-Instanz« ist natürlich höchst abstrakt und im wahrsten Wortsinn übersinnlich. Damit das Wachbewußtsein des Hellsichtigen diese Information akzeptieren kann, muß sie ihm auf eine Weise zugänglich gemacht werden, die für ihn gewohnt und verständlich ist. Es muß ein halbwegs »sinnliches« Äquivalent dieser außersinnlich empfangenen Information geschaffen werden. Deshalb sorgt die »Über-Instanz« des Hellsichtigen dafür, daß der Hellsichtige die Umrisse einer Gestalt wahrnimmt; genau so, wie die »Über-Instanz« es dem Astralwanderer selbst gestatten kann, sich mit einer scheinbar körperlichen, als »feinstofflich« empfundenen Menschengestalt zu identifizieren. So wird dem Wachbewußtsein, dem Ego immer wieder eine »goldene Brücke gebaut«, die ihm gangbar erscheint. Der Hellsichtige »sieht« im Zustand seiner modifizierten optischen Wahrnehmung also nun die Umrisse einer Gestalt. Sein Verstand folgert daraus: »Ach, da schau her, haben wir also wieder einen lieben Gast im Zimmer!« Damit hat seine »Über-Instanz« ihr Ziel erreicht: Das Bewußtsein des Hellsichtigen hat die Tatsache der Anwesenheit eines Astralwanderers akzeptiert. Wohlgemerkt: Der Hellsichtige halluziniert nicht! Er »sieht« tatsächlich die Umrisse, die vollkommen deckungsgleich mit den Umrissen des physischen Körpers sein können, mit dem sich der Astralwanderer im Alltag identifiziert. Nur: Dies »Sehen« ist bereits Interpretation des außersinnlich bzw. übersinnlich Wahrgenommenen. Die Information wurde quasi in die »Symbol-Sprache«, in den »optischen Code« des Hellsichtigen »übersetzt« und — korrekt verstanden!

Noch ein weiteres Argument für die Existenz des Astralkörpers lautet: Erwiesenermaßen erfolgreiche Heiler haben auf die Frage nach ihrer Heilmethode geantwortet, ihre Behandlung vollzöge sich am Astralkörper des Patienten. Die Heilung des Astralkörpers zöge unweigerlich auch die Heilung des physischen Körpers nach sich. Nun, wir alle wissen: Wer heilt, hat recht. Daran gibt es gar nichts zu rütteln. Ein geheilter Patient ist das stärkste Argument. Doch auch hier könnte man folgende Gegenthese vertreten: Wenn der Astralkörper quasi eine geistige Hilfskonstruktion ist, die das Wachbewußtsein benötigt, um Fakten zu akzeptieren, die gegen seine Denk- und Wahrnehmungsgewohnheiten verstoßen, dann könnte es doch sein, daß ein erfolgreicher Heiler ebenfalls diese »geistige Hilfskrücke« braucht, weil sein Verstand sich dagegen sträubt, in radikaler Konsequenz zuzugeben: Mein Geist heilt den Geist des Patienten, und all das vollzieht sich vollkommen immateriell, ohne daß eine wie feinstoffliche Substanz auch immer im Spiel wäre.

Den Vorgang des Heilens muß sich der Heiler vielleicht selbst anschaulich und begreiflich machen, denn sein Verstand ist, bei allem gebotenen Respekt vor den Großen dieser ehrwürdigen Zunft, im Prinzip nicht anders als unserer: eingeschränkt, bockig, eigenwillig und höchst unvollkommen. Um seinem eigenen Verstand begreiflich zu machen, was da eigentlich während der Behandlung geschieht, macht der Heiler sich den Vorgang auf eine halbwegs sinnliche Weise verständlich.

Sicher gibt es intelligentere Erklärungsvorschläge als den eben gerade vorgebrachten. Aber eines wird deutlich: Man kommt auch prima ohne die Vorstellung eines »feinstofflichen« Astralkörpers aus, wenn es darum geht, das Phänomen des Astralwanderns zu untersuchen. An den Fakten ändert sich nichts. Aber die Fakten können auch völlig anders interpretiert werden. Am Terminus »Astralwandern« sollte übrigens, auch wenn man von der tatsächlichen Existenz des Astralkörpers nicht überzeugt ist, dennoch festgehalten werden. »Sternen-Wandern« — das klingt nicht nur schön poetisch, es beschreibt die Möglichkeiten der Salomonischen Kunst auch höchst zutreffend!

# Die vier Körper des Menschen

Das scheinbar stärkste Argument für die These von der Existenz eines »feinstofflichen« Astralkörpers kennen wir schon. Es ist gar kein Argument. (Des Kaisers neue Kleider waren ja schließlich auch keine hochwertigen Textilien...)

Wer sich einmal kreuz und quer durch die okkultistisch-mystisch-esoterische Literatur hindurchgelesen hat, dem wird aufgefallen sein: Fast alle bedeutenden Autoren präsentieren ein Konzept, das man das »Vier-Körper-Modell« nennen könnte. Die Zahl Vier steht immer für Ganzheitlichkeit, für absolute Vollkommenheit. Es gibt vier Jahres- und Tageszeiten, vier Himmelsrichtungen, vier Quadranten in der Astrologie, vier Farben im Kartenspiel, vier Evangelisten, vier kabbalistische Welten; vier apokalyptische Reiter galoppieren durch die Johannesoffenbarung, vier Mondphasen gibt es, vier Arme hat das Kreuz, vier Beine das Tier (so es weder Insekt noch Wurm, noch Einzeller, noch eine Schlange, noch ein wie der Mensch aufrecht gehendes Wesen, sondern eben ein ganz gewöhnlicher Vierbeiner ist), vier Buchstaben hat das Tetragramm, vier Paradiesflüsse sind bekannt, vier Jahre dauert eine Legislaturperiode; jede Stadt besteht aus Vier-teln, fast alle Menschen träumen von den eigenen vier Wänden, vier Blätter hat der Glücksklee, und C. G. Jung hat einen Großteil seines Lebens damit zugebracht, die Bedeutung der Zahl Vier für die menschliche Psyche zu erforschen. Das fünfte Rad am Wagen ist immer überflüssig. Denn: Kompletter als komplett kann eine Sache nicht sein. Kurz und gut — die Vier steht für Ordnung, Stabilität und Vollendung.

Da ja der Mensch nach eigenen Angaben das herrlichste, vollkommenste, prachtvollste und gottähnlichste Wesen überhaupt ist (er weiß es halt nicht besser...), besteht natürlich auch er nach einhelliger (menschlicher) Expertenmeinung aus vier konstitutiven Bestandteilen, aus vier Körpern. Diese vier Körper bilden das multidimensionale Gesamtwesen Mensch. Es werden genannt: der physische (»grobstoffliche«)

Körper, die Aura, der (»feinstoffliche«) Astralkörper sowie die »Über-Instanz« (Seele, Geist, Brahman, ewiges Selbst, Atman, Ehyeh — der göttliche Funke im Menschen, sein unsterblicher Aspekt).

Hier ein paar willkürlich herausgegriffene Beispiele dafür, wie identisch die scheinbar verschiedenen »Vier-Körper-Modelle« der unterschiedlichsten Autoren/Experten sind, wenn man sich nicht von den oberflächlichen Unterschieden hinsichtlich der Terminologien blenden läßt:

1. ALLAN KARDEC: Körper, Vitalprinzip, intelligente Seele und spirituelle Seele
2. RUDOLF STEINER: physischer Körper, Ätherleib, Astralleib, Ich
3. FRIEDERIKE HAUFFE (die Seherin von Prevorst): Körper, Nervenaura, Seele, Geist
4. ELISABETH KÜBLER-ROSS: physischer Quadrant, emotionaler Quadrant, intellektueller Quadrant, spiritueller Quadrant
5. JANE ROBERTS: physischer Körper, Aura, Astralkörper, Seth (= multidimensionale Persönlichkeit)

Dem könnte ein Kabbalist noch ergänzend-untermauernd die Sephiroth der mittleren Säule hinzufügen: Malkuth, Jesod, Tiphereth, Kether.

Diese Liste ließe sich noch beliebig verlängern. Deutlich ist aber auch so schon geworden: Man hat sich stillschweigend darauf geeinigt, daß es sich beim Astralkörper um den dritten Körper handelt, also um denjenigen Bestandteil des Menschen, der in der Vierer-Hierarchie auf den physischen Körper und die Aura folgt.

# Gegenkonzept: Bewußtseins-Entgrenzung

Grundsätzlich ist gegen eine Vierer-Einteilung ja gar nichts einzuwenden. Im Gegenteil, viele starke Argumente sprechen für die Brauchbarkeit dieses Vierer-Rasters. Fragwürdig und korrekturbedürftig in höchstem Maße allerdings sind die Implikationen des Begriffs »vier Körper«. Dieser Begriff nämlich suggeriert eine wie auch immer geartete Substanz- oder Materiehaftigkeit der vier Viertel und führt schnurstracks zur Konstruktion solcher Hilfs-Hypothesen wie der von der Existenz des »Feinstoffs«. Eine winzige Uminterpretation des »Vier-Körper-Modells« schon würde genügen, um dieses Konzept auch für gehobene Ansprüche attraktiv zu machen. Man sollte statt von den vier »Körpern« von vier Entwicklungsstufen des menschlichen Bewußtseins sprechen.

Die erste Bewußtseinsstufe (als modifiziertes Analogon zum Terminus des ersten — physischen — Körpers) stünde dann für die primitive Entwicklungsstufe des menschlichen Bewußtseins. Auf dieser Ebene identifiziert sich das menschliche Bewußtsein vollkommen mit dem Körper. Der Mensch glaubt, sein Leib sei seine Identität. Er hält die primären, sekundären und tertiären Bedürfnisse seines Körpers für die Bedürfnisse seiner wahren Identität. Auf dieser Stufe ist der Mensch ein reiner Materialist, wie intelligent oder ungebildet er auch immer sein mag. Er definiert sich selbst als ein »eindimensionales« Lebewesen. Diese primitive Stufe findet man fast nie bei den sogenannten »primitiven« Völkern, sondern nur bei uns, den westlich-zivilisierten Bewohnern der hochtechnisierten Industrienationen. »Primitiv« nämlich sind diese anderen Völker ganz und gar nicht. Primitiv sind nur unsere Vorstellungen von ihnen.

Die zweite Stufe brächte dem Menschen dann die Einsicht: »Ich — das ist mehr als mein Körper und meine physischen Bedürfnisse. Das, was ich für mein Ich halte, ist in Wahrheit ja nur ein Bruchteil meiner komplexen Identität. Teilbereiche meines Wesens sind mir unbewußt; dennoch existieren sie.«

Auf dieser Stufe ist die Identifikation mit dem physischen Körper noch immer vorherrschend. Aber der Verstand hat akzeptiert, daß er längst nicht so omnipotent ist, wie er glaubte. Er weiß, daß er nicht alles weiß. Er begreift, daß er noch längst nicht alles begriffen hat. Er hinterfragt sich selbst.

In der klassischen Einteilung wurde diese Stufe mit dem »zweiten Körper«, der Aura, gleichgesetzt. Diese Gleichsetzung ist in ihrer Ausschließlichkeit zwar inakzeptabel; die Aura *ist* nicht die zweite Stufe. Aber am Zustand der Aura kann ein Hellsichtiger ablesen, ob diese zweite Stufe bereits erreicht ist. Ist sie es nicht, so erscheint ihm die Aura (im Regelfall) als bräunlich gefärbt. Eine bräunliche oder dunkle Färbung der Aura verrät dem Hellsichtigen: Dieser Mensch ist noch ganz und gar auf der ersten Bewußtseinsstufe befangen.

Stufe drei nun ersetzt in unserem Alternativ-Konzept den konventionellen Begriff des dritten Körpers, des Astralleibes. Auf dieser fortgeschritteneren Ebene der Bewußtseinsentwicklung erlebt das Bewußtsein die elementare Erfahrung der Ich-Entgrenzung. Es begreift: Meine völlige Identifikation mit dem physischen Körper und meine Erfahrungen, die ja bisher nichts anderes waren als die Summe der Erfahrungen des Körpers, haben mir nur Teilbereiche der Realität zugänglich gemacht. Man erfährt sich selbst (beispielsweise bei Nahtod-Erlebnissen, bei außerkörperlichen Erfahrungen, Astralreisen, Initiationen usw.) als eine völlig unphysische Wesenheit. Auf dieser Stufe der Entwicklung kann es, wie bereits erwähnt, zunächst noch dazu kommen, daß das Bewußtsein »geistige Hilfskrücken« braucht. Das heißt: Es benötigt noch die Vorstellung von der Existenz eines »feinstofflichen« Astralkörpers als Trägersubstanz des Bewußtseins. Daß der reine Geist gar keine physische Trägersubstanz braucht — diesen Gedanken kann das Bewußtsein auf dieser Stufe noch nicht verkraften. Also wird der Schock des Entgrenzungserlebnisses ein wenig abgemildert — nämlich durch eine imaginative, aber durchaus reale, weil als real empfundene »feinstoffliche« Körperlichkeit. (Im Bereich des Geistigen ist nämlich immer das real, was vom Bewußtsein als real akzeptiert wird. Wird die Vorstellung eines »feinstofflichen« Astralkörpers als real angenommen, nun, dann ist der Astralkörper in seiner »Feinstofflichkeit« so lange »wirklich« für das Bewußtsein, wie es diese Wirklichkeit noch braucht.)

Auf der vierten Stufe werden solche »Hilfskrücken des Geistes« fortgeschleudert. Das Bewußtsein wird mit seiner eigenen Grenzenlosigkeit, Überzeitlichkeit, Über-Räumlichkeit konfrontiert. Es erkennt seine totale Immaterialität. Es weiß jetzt um seine eigene göttliche Ewigkeit — oder ewige Göttlichkeit. Was bedeuten auf dieser Stufe noch Worte?!

Den »feinstofflichen« Astralkörper, der den physischen Körper »verlassen« kann — gibt es ihn nun, oder gibt es ihn nicht? (Vermutlich haben wir es hier wieder einmal mit einer falsch gestellten Frage zu tun...) Eine der intelligentesten Überlegungen zu dieser Fragestellung hat Hans Peter Duerr angestellt. Sie ist in seinem Buch »Traumzeit« nachzulesen. Duerr schreibt:

»Es hat also den Anschein, daß unsere Person sehr viel mehr ausmacht als das, was die Kultur des Alltags uns von uns selbst vor Augen führt. (...) In dem Maße also, in welchem unsere Alltagsperson ihre mehr oder weniger festen Grenzen aufgibt, erweitert sich dasjenige, was wir zu unserer Person rechnen (...). Die Grenzen unserer Person schließen nunmehr Dinge mit ein, die wir zuvor zur ›Außenwelt‹ gezählt haben. Uns wird schlagartig bewußt, daß diese Grenzen nicht mit 1,78 m und 63 kg absteckbar sind. Unsere Seele *löst* sich nicht vom Körper, doch die Grenzen unserer Person decken sich nicht länger mit jenen Grenzen unseres Körpers, die wir auf einer Photographie sehen mögen. (...) Wir fliegen weniger, als daß unsere gewöhnlichen ›Ich-Grenzen‹ verfliegen, und so mag es durchaus sein, daß *wir* uns plötzlich an Orten wiederfinden, an denen unser ›Alltagsleib‹, dessen Grenzen sich nicht mehr mit den Grenzen unserer Person identifizieren lassen, sich *nicht* befindet.«

Dem ist eigentlich nichts hinzuzufügen.

Für die ganz hartnäckigen »Feinstoffler« unter uns noch eine nachträgliche Überlegung. Die Hypothese vom »Feinstoff« impliziert direkt oder indirekt das alte Leib-Seele-Schisma. Wie wir aus dem Linkshirn-Rechtshirn-Kapitel wissen, ist jede begriffliche Polarität nicht etwa die Beschreibung objektiver Realität, sondern lediglich das Produkt unserer intellektualistischen Verstandestätigkeit. Jeder Dualismus entstammt dem Linkshirn-Bewußtsein, kommt aus »Hagens Manufaktur«. Allein schon diese Tatsache sollte den »Grobstoff-Feinstoff«-Dualismus ad absurdum führen!

SUMMA: Wer's kann (nämlich Salomos Kunst ausüben), der soll's auch tun, gleichgültig, ob er nun glaubt, er bewege sich in einer »feinstofflichen« Trägersubstanz, oder ob er weiß, daß die Freiheit des Geistes buchstäblich grenzenlos ist. Solange Sie noch die Vorstellung des Astralkörpers brauchen, ist sie okay für Sie. Es ist ja einfach wahr — vor Beginn einer Astralreise findet tatsächlich eine Ab- oder Loslösung statt. Es ist die Loslösung des Bewußtseins von seinen eigenen Grenzen, die man bei Bedarf auch als Loslösung des »feinstofflichen« Astralkörpers vom physischen Körper interpretieren kann.

Früher oder später wird jeder Astralwanderer — oder sagen wir jetzt besser: jeder Bewußtseins-Entgrenzer den »Feinstoff« zu den Akten legen. Dort möge er dann in Frieden unter einer feinen, stofflichen Staubschicht vor sich hinschlummern, der »Feinstoff«.

*Wer Ohren hat zu hören . . . : »Begreift, daß Gott das Endziel, nicht der Ausgangspunkt der ganzen Schöpfung ist.«*

ANDRÉ GIDE

# KAPITEL 4

## Die anderen Wirklichkeiten

Wer mit einem stoischen Gemüt gesegnet ist, der kennt ihn nicht, diesen qualvoll-nagenden, nervenverschleißenden Zustand des verzweifelten Sich-Aufbäumens gegen das Wissen um die eigene Unwissenheit. Diesen Zustand nennt man Neugier. Wer von der Neugier besessen ist, der findet keine Ruhe. Er gleicht einem gehetzten Tier. Folgendes muß geschehen, damit die Neugier von ihrem Opfer Besitz ergreifen kann: Jemand hat eine vage Andeutung gehört. Nähere Auskunft ist ihm aber verweigert worden. Er weiß jetzt, daß es etwas gibt, wovon er noch nichts weiß. Damit kann er sich aber nicht abfinden. Und nun sitzt er da, auf sich selbst zurückgeworfen. Das Verlangen nach präzisen Informationen wird zu seinem ständigen Begleiter — einem Begleiter freilich, der unentwegt an seinen Nerven herumsägt. Kaum hat er eine Antwort gefunden, da fallen ihm gleich zehn weitere mögliche Antworten ein. Welche Antwort ist nun die richtige? Erneut wird er mit dem Wissen um sein eigenes Nicht-Wissen konfrontiert. Er fühlt sich wie ein Verdurstender in der Wüste, vor dessen bittenden Augen jemand ein Glas Wasser höhnisch in den heißen Sand gekippt hat. Ihm ist, als hätte man ihm hämisch signalisiert: »Es gibt etwas, das du haben könntest. Aber du bekommst es nicht.«

Wie gesagt: Wer neugierig ist, der kennt diese Qualen. Wer nicht, den werden auch die vagen Andeutungen unserer gemeinsamen Freundin zu Anfang dieses Buches kaum aus seiner gleichmütigen Geistesverfassung gebracht haben. Wir erinnern uns: Sie erwähnte beiläufig, es fiele ihr relativ schwer, während ihrer Ich-Entgrenzungs-Erfahrungen (= Astralreisen)

Bewußtseins-Streifzüge durch unsere vertraute physische Welt zu machen. Häufiger dagegen gelänge es ihr, »andere Treffer zu landen«. Nähere Erläuterungen blieb sie uns schuldig.

Das ist auf Dauer natürlich ein unhaltbarer Zustand. Gehen wir sie also heute wieder einmal besuchen. Mal sehen, ob sie uns jetzt konkretere Details anvertraut. Es ist wieder genau wie damals. Wir sitzen auf dem Sofa und hören zu. Sie erzählt:

»Inzwischen habe ich einige Bücher zu diesem Thema gelesen. Einerseits tat es gut, in diesen Büchern bestätigt zu finden, daß andere Menschen dieselben oder zumindest sehr ähnliche Erfahrungen gemacht haben. Andererseits blieb nach jedem ausgelesenen Buch so ein schaler, fader Nachgeschmack zurück. Mir wurde eigentlich zum ersten Mal wirklich klar, daß selbst das beste Buch dem Leser nur Worte geben kann. Und Worte sind wie die Schatten in Platos Höhlengleichnis: Vage Hinweise auf eine lebendige Realität, von deren Existenz sie ein blasses Zeugnis ablegen. Aber sie haben nicht die Macht, dich mitten in diese andere Realität hineinzukatapultieren. Worte füttern deinen Verstand mit Fakten, aber sie können dir nicht annähernd ein Gefühl dessen vermitteln, wie es wirklich ist, wie es ist, das zu erleben, was die Worte zu beschreiben versuchen.

Vielleicht hast du schon einmal versierten Weinkennern beim Fachsimpeln zugehört. Sie nennen einen Wein beispielsweise ›blumig‹. Blumig — das klingt gut und gibt dir eine Idee davon, daß der Wein wohl ziemlich lecker schmeckt. (Prost!) Aber das Wort ›blumig‹ zaubert dir nicht den Geschmack des Weines auf die Zunge. Ganz zu schweigen davon, daß dieses Wort dich nicht beschwipst machen kann. Es ist halt nur ein Wort. Du kannst dieses Wort verstehen. Dein Verstand kann mit diesem Wort etwas anfangen. Aber deine Sinne werden nicht angesprochen. Dein Wesenskern wird von diesem Wort nicht berührt und bleibt gleichgültig.

Langer Rede kurzer Sinn: Ich will gern versuchen zu erklären, was ich mit ›andere Treffer‹ gemeint habe. Aber mehr als Worte kann ich dir nicht geben. — Das erinnert mich an eine dumme kleine Geschichte. Ich hatte eine Schulfreundin. Wir waren ungefähr 15 Jahre alt, als sie mir erzählte, daß sie mit ihrem Freund geschlafen hatte. Eine sensationelle Mitteilung für mich, damals. Ich begriff sofort: Hier ist die Chance, Informationen aus erster Hand zu bekommen! Deshalb fragte ich sie: ›Wie ist das, mit einem Jungen zu schlafen?‹ Sie lächelte vielsagend, glücklich und ratlos zugleich. Ihre Antwort lautete: ›Schön!‹ Schön — was sollte ich mir darunter vorstellen? Schön war unsere Englischlehrerin, schön das Wetter, schön war es, ein gutes Zeugnis zu bekommen, schön war es, Musik zu hören, schön die Jeans, die ich mir wünschte, schön die Schrift meines Brieffreundes, schön unser Haus oder ein Bild von Botticelli. Ich war mit ihrer Antwort also höchst unzufrieden und hakte nach: ›Was heißt das: schön? Auf welche Weise ist es schön? Was ist schön daran? Womit könnte man es vergleichen?‹ Sie zuckte die Schultern und meinte: ›Keine Ahnung. Man kann es mit Worten irgendwie gar nicht sagen. Es ist eben ganz anders schön, als andere Sachen schön sind.‹ Na, danke! Mit solchen erschöpfenden Auskünften wird wohl niemand etwas Gescheites anfangen können!

Wenn du aber hartnäckig darauf bestehst, bitte, dann füttere ich jetzt also deinen Verstand mit Worten. Worte sind weniger als Schatten. Je mehr du über eine Sache weißt und redest, desto weiter entfernst du dich von ihr. Weshalb? Weil du durch das Reden und Denken in ein polares, antipodisches Verhältnis zu ihr trittst. Dein Verstand grenzt dich dann vom Verstandenen ab. Das Wissen des Verstandes erstickt das wortlose Wissen des Herzens. Vergiß das nicht!

Im Regelfall beginnt solch ein Erlebnis damit, daß eine Art kribbelndes Beben durch deinen entspannt daliegenden Körper geht. Es ist wie ein wellenartiges, zwischen Maximum und Minimum oszillierendes Fluten, das durch dich hindurchströmt. Bei mir beginnt es bei den Füßen und endet im Kopf. In den schlauen Büchern steht zwar immer, es beginne beim

Kopf und ende bei den Füßen, aber diese Bücher sind von Männern geschrieben worden. Vielleicht gibt es auch auf diesem Gebiet einen Unterschied des Fühlens und Erlebens zwischen Männern und Frauen. — Heißt es nicht auch, die Kraft der Frau käme aus der Erde? Nun, wie dem auch sei, eine Empfindung der Kraft und Leichtigkeit pulsiert durch dich hindurch, beinahe so, als befände sich unter den Fußsohlen ein unsichtbares Herz, dessen rhythmische Schläge eine sonderbare Vorfreude und ein Gefühl der Wärme in dich hineinpumpen. Währenddessen oder manchmal auch unmittelbar danach erscheinen vor den geschlossenen Augen helle konzentrische Kreise. Diese Wahrnehmung ähnelt ein bißchen dem, was du siehst, wenn du ein Steinchen in einen Teich wirfst. Statt der Kreise können es aber auch helle Lichtbalken sein, die sich vor deinem inneren Auge bewegen. Sie wandern meistens von oben nach unten und erinnern an ein gestörtes Fernsehbild oder an das, was jemand sehen würde, wenn er bei Nacht eine phosphoreszierende Leiter emporklettern würde — beim Klettern hätte er den Eindruck, daß sich die leuchtenden Querbalken von oben nach unten bewegen — in seiner subjektiven Wahrnehmung jedenfalls.

Als nächstes kommt dann im Regelfall etwas, was man als ›schwankendes Emportaumeln‹ bezeichnen könnte. Es ähnelt vielleicht dem Gefühl, das ein sturzbetrunkener Mensch (vermutlich) hat, wenn er versucht, im Vollrausch eine enge, schmale Wendeltreppe emporzulaufen. Na ja, nicht alles, was hinkt, ist ein Vergleich ... Jedenfalls: Es kann angsteinflößend sein, und man muß seine Angst irgendwie ignorieren. Sonst ist der Ausflug vorbei, ehe er begann. Man meint, in wilden Drehungen emporgerissen zu werden. Alles kreist und schwankt. Man könnte fast glauben: Ich befinde mich in einem spiralförmigen Tunnel, an dessen oberem Ende ein Unterdruck ist, der mich mit Sogwirkung hinaufzieht. Oder: Ich bin ein Wassertropfen, der durch einen spiralig gewundenen Strohhalm nach oben gesaugt wird. Diese Phase habe ich nur selten als schön empfunden. Ich weiß, daß andere Leute diesen Vorgang keineswegs als quälend erleben. Aber jeder Mensch empfindet halt anders. Zum Glück geht diese Phase rasch vorbei. Die Beklemmungen lassen nach, die Angst verschwindet, und man hat nicht mehr das Gefühl, in einen wirbelnden Strudel gerissen worden zu sein. Auch dieses sirrende Zischgeräusch hört auf, dieses irgendwie stechende Dröhnen, das sich knisternd quer durchs Hirn bohrt.

Danach ist es dann wirklich angenehm. Man fühlt sich leicht und frei, wie eine Flaumfeder im warmen Luftstrahl. Man kann, muß aber nicht, seinen eigenen Körper sehen und sich ›körperlos‹ durch die Wohnung bewegen. Man genießt den Zustand. Und plötzlich — ich weiß nicht, wie und warum es geschieht, vielleicht ist es ein Mangel an Konzentration, vielleicht ist ein Gedanke abgeschweift oder man hat irgend etwas falsch gemacht; wie gesagt, ich weiß es nicht. Plötzlich jedenfalls kommt es dann zu dem, was ich die ›anderen Treffer‹ nannte. Es gelingt nicht mehr, die Aufmerksamkeit konzentriert und gebündelt auf die gewohnte Alltagsumgebung zu richten, auf die Wohnung, den Garten oder die Straße. Geschieht das, schwupp, dann findet man sich auf einmal in einer ganz anderen Umgebung wieder.

## Das andere Wissen

Es ist eine völlig andere Umgebung, und doch ist sie noch exakt dieselbe geblieben. Wenn man darüber spricht, klingt es widersinnig, paradox, unlogisch. Es ist mit unseren alltäglichen Denkgewohnheiten nicht zu vereinbaren. Erlebt man es aber, dann ist es die selbstverständlichste, simpelste Sache der Welt. Man wundert sich nicht. Man wundert sich über gar nichts. Es ist, als sei man aus einem wirren Alptraum erwacht, froh und erleichtert, endlich wieder die vertraute Umwelt vorzufinden. Man fragt sich: Wie konnte es nur sein, daß ich die Dinge über einen so langen Zeitraum hinweg vollkommen falsch verstanden habe? Man fühlt sich wie ein Blinder, der wieder sehend geworden ist. Alles ist viel realer. Man weiß: Erst jetzt sehe ich die Welt so, wie sie wirklich ist. Alles ist ganz anderes und doch auch wieder altvertraut. Man begreift Zusammenhänge, man erkennt ursächliche Strukturen, die jenseits unserer Logik liegen. Alles ist so klar und einfach. Gegenstände haben die Bedeutung von Symbolen. Intuitiv ist dir die Botschaft der Symbole klar. Du brauchst nicht lange zu überlegen. Du mußt sie nicht mühselig entschlüsseln. Das Wissen fliegt dir zu. Es ist einfach da, für dich. Du kannst es haben. Und wieder erfüllt dich dieses grenzenlose Staunen: Wie ist es nur möglich, daß ich all das nicht immer schon gewußt habe, was ich jetzt weiß? Alles liegt doch offen zutage! Jedes Geheimnis gibt sich selbst preis. Wie blind bin ich gewesen, es nicht zu erkennen? Wie dumm bin ich gewesen, es nicht zu begreifen? Deine Wahrnehmung hat sich verändert. Du siehst alles in einem völlig neuen Licht; im Licht der Klarheit und der Wahrheit, möchte man fast sagen. Aber das wäre wohl zu pathetisch. Trotzdem trifft es den Kern der Sache.

Du weißt jetzt so viele Dinge; Dinge, die ein Mensch eigentlich gar nicht wissen kann; Dinge, die die Grenzen des menschlichen Verstandes überschreiten. Du weißt, daß es eine höhere Logik gibt. Du wendest sie an. Du staunst, welche großartigen Einsichten diese Logik dir bringt. Deinem Alltagsverstand würden diese Erkenntnisse wie blanker Nonsens erscheinen. Beispiel: Was hat ein Käfer mit dem Gewitter zu tun? Inwiefern enthält eine Grapefruit alle Lehren der Astrologie? Welchen Einfluß nimmt ein Kieselstein im Garten auf das Wachstum deiner Zimmerpflanzen? Dein Alltagsverstand würde sagen: Alles Quatsch, da gibt es keine logischen Zusammenhänge. Und doch es gibt sie. In diesem Zustand veränderter Wahrnehmung sind sie dir völlig klar. Auf welche spielerisch-gesetzmäßige Weise alles miteinander zusammenhängt — jetzt begreifst du es. Du bist ganz durchdrungen von diesem Wissen. Du bist eins mit diesem grenzenlosen Wissen. Es ist herrlich. Es ist unbeschreiblich. Unvergleichlich ist dieses Glück, das im Einssein mit dem vollkommenen Wissen besteht.

Das Schreckliche ist nur: Du darfst dein ›drüben‹ erworbenes Wissen nicht mit zurück in die Alltagswelt nehmen. Du kannst es nicht mit ›über die Grenze‹ schmuggeln. Es gibt buchstäblich ein böses Erwachen. Irgendwann findest du dich wieder, entspannt auf dem Bett liegend. Du weißt nichts mehr. Du bist wieder von der allumfassenden Wahrheit abgeschnitten. Da ist vielleicht noch ein vager Erinnerungsfetzen in dir: ›Alles, alles habe ich gewußt. Die Wahrheit ist klar und einfach. Aber ich habe sie wieder verloren, sie hat mich verloren, wir haben einander verloren.‹ Du fühlst dich abgetrennt, ausgestoßen, ausgesperrt. Es ist, als wärest du aus dem Paradies vertrieben worden. Noch immer bist du ganz erfüllt von dieser Mischung aus Freude und ehrfürchtigem Staunen, obwohl du längst zurückgefallen bist in diese Welt der geistigen Beschränktheit. Du könntest heulen vor Wut. Du tust dir ganz entsetzlich leid. Du triefst nur so vor Selbstmitleid. Besonders dann, wenn du ›drüben‹ an dieser Art ›Unterricht‹ teilgenommen hast oder in Büchern lesen durftest, die es hier auf der Welt nicht mehr oder noch nicht gibt. Denn auch so etwas kannst du ›drüben‹ erleben: Schriftstücke werden dir gezeigt und erläutert. (So zumindest erscheint dir in der Rückerinnerung diese Art der Belehrung.) Es gibt, so merkwürdig es auch klingen mag, ›drüben‹ Einzel- und Gruppenunterricht. Was man dort lernt? Alles das, was man sofort wieder vergißt, sobald man in die physische Welt zurückkehrt. Fakten, die deine Intuition verbessern, die den Fundus deines unbewußten Wissens vergrößern und quasi hinter dem Rücken deines alltäglichen Wachbewußtseins deine Empfindungen und Entscheidungen beeinflussen. Und so bleibt dir nur die quälende Gewißheit: Ich habe alles gewußt, und ich habe alles vergessen. Etwas in dir bäumt sich dagegen auf. Du fühlst dich bestohlen, betrogen, du willst es zurückhaben, dein Wissen. Ein Funken Hoffnung keimt in dir auf: Vielleicht werde ich mich irgendwann ja einmal erinnern. Diese Erinnerungen, wenn sie tatsächlich in dein Alltagsbewußtsein treten, nennt man dann wohl Inspirationen ...

Einmal ist es mir gelungen, ›etwas über die Grenze zu schmuggeln‹, nämlich den Lehrsatz: ›Wer sein Bewußtsein mühelos und elegant entgrenzen will, der muß seinen Willen quadratisch machen.‹ Offen gestanden: Ich habe nicht die geringste Ahnung, was man unter dieser ›Quadratur des Willens‹ zu verstehen hat. ›Hier‹ macht diese Aussage keinen Sinn mehr für mich — ›drüben‹ war sie klar, logisch, einfach verständlich und einleuchtend. Die ›Schmuggelei‹ scheint also, selbst wenn sie mal gelingt, nicht besonders viel zu bringen.

## Der Millionär als Bettler

Stell dir vor, da ist ein Multimillionär. Der Mann hat einen fürchterlichen Alptraum. Er träumt, er sei ein Bettler. Im Traum zählt der reiche Mann zu den Ärmsten der Armen. Er hungert. Er stinkt. Die Zähne verfaulen ihm im Mund. In seinen Lumpen nisten Flöhe und Läuse. Die Bürger verachten ihn. Die Hunde beißen ihn. Die Kinder bewerfen ihn mit Steinen. Er hat kein Bett zum Schlafen. Er hat kein Haus zum Wohnen. Nichts als das nackte Leben hat er. Und selbst das hängt an einem seidenen Faden. Während des Traums identifiziert sich der Multimillionär vollkommen mit der Identität des Bettlers. Er ist jetzt der Bettler. Er lebt, leidet und empfindet wie der Bettler. Als Bettler im Traum durchzuckt ihn plötzlich für Sekundenbruchteile eine Erleuchtung. Der Traum-Bettler weiß intuitiv: ›In Wahrheit bin ich gar kein Bettler. In Wahrheit bin ich ein reicher Mann. Ich habe nur vergessen, wer ich wirklich bin. Ich habe nur vergessen, wie reich ich bin.‹ Das elende Leben des Bettlers muß er zwar weiterführen, solange der Traum dauert. Aber erwachen wird der ›Bettler‹ als reicher Mann — heilfroh, dem Alptraum entronnen zu sein, glücklich darüber, daß er nichts entbehren muß und vielleicht mit der Idee, daß er etwas für die sozial Benachteiligten tun könnte.

Wozu ich diese Geschichte erzähle? Nun, manchmal glaube ich, wir Menschen wären in unseren hellsten, lichtesten Momenten auch solche Bettler, die sich für Sekundenbruchteile vage daran erinnern können, daß ihre wahre, wirkliche Identität eine ganz andere ist.

Nicht immer wird man während dieser ›anderen Treffer‹ unterrichtet. In diesem veränderten Bewußtseinszustand ist alles möglich, buchstäblich alles. Die Art deiner Erlebnisse ›dort drüben‹ hängt, glaube ich, elementar von deiner Stimmung, von deiner Gemütsverfassung ab. Es ist immer wieder gesagt worden: Gleiches zieht Gleiches an. Das stimmt. Überhaupt ist dieser Satz vermutlich viel wahrer, als wir jemals begreifen werden... Jedenfalls habe ich ihn während meiner Experimente immer wieder bestätigt gefunden. Wenn ich innerlich ausgeglichen und in erster Linie an mehr oder minder philosophischen Fragen interessiert war, traf ich ›drüben‹ auf freundliche Lehrer, die mir Auskunft gaben.

Vor kurzem fiel mir Platons ›Phaidon‹ in die Hände. Da wußte ich: Sokrates hatte recht! Er ging fröhlich in den Tod. Sinngemäß sagte er: ›Na, endlich ist dieser Stumpfsinn hier vorbei! Jetzt gehe ich hinüber und kann endlich mal gescheite Gespräche führen. Ich hatte meine Schüler zwar sehr gern, aber ich freue mich doch, drüben auf Leute zu treffen, die etwas mehr auf dem Kasten haben.‹ Auch Sokrates ging davon aus, daß Gleiches Gleiches anzieht. Er war Philosoph, und er wußte, er würde ›drüben‹ auf Philosophen treffen. Die Umgebung, in der du dich während dieser ›anderen Treffer‹ bewegst, spiegelt, so scheint es mir, immer deine momentane Stimmungslage wider. So, wie die Stellung des Knopfes am Radiogerät, mit dem du die Sender suchen kannst, darüber entscheidet, welches Programm du empfängst, genau so versetzt dich deine Gemütsverfassung in eine Art Resonanzverhältnis zu den verschiedenen Welten, Ebenen und Wesen ›drüben‹. Diese Tatsache kann sehr üble Folgen haben. Zu Beginn meiner Experimente kannte ich diese Gesetzmäßigkeit noch nicht. Ich hatte keinen blassen Schimmer, auf was ich mich einließ, als ich eines Tages in denkbar schlechtester Stimmung mit den täglichen Übungen begann.

# Himmel und Hölle?

Unglücklicherweise landete ich an diesem Tag auch noch einen ›Treffer‹! Ausgerechnet an diesem Tag, an dem ich schier platzte vor Angst, Wut, Rachsucht und Selbstgerechtigkeit. Über diese Gefühle hatte ich mich einfach hinweggesetzt und mir obendrein auch noch wunder was auf meine eiserne Selbstdisziplin eingebildet, frei nach dem Motto: ›Schlamperei gibt's bei mir nicht. Was auch passiert, ich ziehe meine Übungen konsequent durch!‹ So etwas kann gefährlich werden.

Ich habe meinen Denkzettel bekommen. Was ist passiert? Plötzlich befand ich mich in einer düsteren Gegend. Die Atmosphäre war verpestet. Angst, Haß und Gewalttätigkeit lagen drückend in der Luft und drohten alles Leben zu ersticken. Ich stand mitten in einer Menschenmenge. Jeder kämpfte gegen jeden. Er wurde erschossen, erschlagen, erwürgt, gefoltert; Körper wurden zerfetzt, gehäutet, ausgeweidet. Jeder bereitete jedem unbeschreibliche Qualen. Es waren ewige Qualen. Denn diese Wesen dort waren ja unsterblich. Kein gnädiger Tod konnte sie von ihrem Leiden erlösen. Die Sinnlosigkeit ihrer Handlungen war ihnen gänzlich unbewußt. Sie waren viel zu blindwütig, zu haßerfüllt, zu selbstgerecht, zu sehr im Blutrausch, um irgend etwas zu begreifen. Die Qual potenzierte sich ständig. Ich befand mich mitten in diesem Gemetzel. Ich wußte: All diese sinnlose Grausamkeit könnte schlagartig aufhören, wenn die Leute nur endlich innehielten und nachdachten über das, was sie da taten. Aber sie machten weiter. Instinktiv war mir klar: Dies ist die Welt derjenigen, die von Haß und Angst erfüllt sind. Kommen hierher die Bestien in Menschengestalt, wenn sie gestorben sind? Müssen sie hier ihren Haß austoben, ehe sie in der nächsten Inkarnation eine neue Chance bekommen? Ich weiß es nicht. Ich weiß nur: Dorthin will ich nie wieder. Nie, nie wieder.

Für mich gibt es keinen Zweifel: Einige dieser Welten oder Ebenen sind faktisch das, was schlichtere Gemüter als ›Höllen‹ bezeichnen würden. Teufel oder Dämonen gibt es dort zwar

nicht; aber jeder ist dort dem Nächsten Teufel oder Folter-
knecht. Alle bereiten einander wechselseitig ewige Qualen.

Andere Welten oder Ebenen werden von glücklicheren Wesenheiten bewohnt. Diese herrlichen Welten ähneln zwar
nicht im entferntesten unseren naiven Paradies- oder Him-
melsvorstellungen, trotzdem sind sie aber wohl so etwas wie
die ›Wohnstätten der Seligen‹. Alle diese Welten sind, glaube
ich, Orte oder Bewußtseinszustände, die sich die Nicht-Inkar-
nierten geschaffen haben, um dort in adäquater Umgebung
auf ihre nächste Inkarnation zu warten.

Mir schien es bisher immer so, daß helle, schöne, farbige Welten von hochentwickelten Wesenheiten geschaffen und bevölkert werden, während die ›Höllen‹ finster, beengend und
irgendwie schmutzig sind. Ein einziges Mal durfte ich bisher
eine — für meine Begriffe — sehr hohe Ebene besuchen. Dort
war alles Farbe, Licht und Klang. Alles war hell und weit. Der
Raum hatte dort eine völlig andere Bedeutung als hier auf der
Erde. Gemeinhin verstehen wir unter ›Raum‹ das, worin sich
alles abspielt, worin wir uns bewegen und worin wir unsere
Erfahrungen sammeln. Dort war es ganz anders. Wie es dort
war? Tut mir leid, ich kann es nicht beschreiben. Es ist im
wahrsten Wortsinn unbeschreiblich. Dort traf ich auf zwei
Wesen. Das eine erschien mir wie ein alter Mann mit einem
langen, weißen Rauschebart. Nein, er war nicht Gott, aber er
war sehr weise, milde und gütig. Das andere Wesen erschien
mir in Gestalt eines Knaben — offenbar der Schüler oder Ge-
hilfe des Alten. Die Welt dieser beiden Wesen war überwälti-
gend. Ich fürchtete mich. Der Alte sprach mit mir — ohne
Worte, und doch so klar und deutlich, wie es klarer und deutlicher nicht geht. Ich schäme mich in Grund und Boden,
wenn ich daran denke, wie kläglich ich dort vor ihm versagt
habe. Der Alte war sehr nachsichtig und liebevoll, trotz meiner sträflichen Dummheit. Die Erinnerung an dieses Erlebnis
ist schön und schrecklich zugleich; schön, weil ich jetzt eine
Ahnung davon habe, wie unsagbar herrlich diese Welten sein
können; schrecklich, weil ich ein unwürdiger Versager war,

›drüben‹, in dieser Welt des Alten und des Knaben. Jedenfalls glaube ich, daß ich mich dort falsch benommen oder irgend etwas falsch gemacht habe.

Aus unserer Sicht gesehen, sind die Bewohner dieser anderen Welten die Toten. Aus ihrer Sicht sind wohl wir es. Wer ist denn nun für wen ›gestorben‹? Wir für sie oder sie für uns? Es ist wohl eine Frage der Perspektive. Für sie sind vermutlich wir die Toten. Für uns sind sie es. Sonderbar!

In einer Hinsicht ist es ›drüben‹ genauso wie hier: Das Mittelmaß ist zahlenmäßig am stärksten vertreten. Ich habe jedenfalls nur wenige ›Höllen‹ und ›Himmel‹ gesehen. Die Zwischenstufen sind wohl am häufigsten: Ebenen, die von Wesen bevölkert werden, die weder völlig böse noch völlig gut, weder vollkommen dumm noch vollkommen weise sind. Meistens sind es — nach meinen Erfahrungen jedenfalls — Orte des Lernens, Weiterbildungsstätten, wenn du so willst. Oft scheint es auch so zu sein, daß verstorbene Menschen, deren Namen hier auf der Erde unvergessen sind, dort auf den mittleren Ebenen als Lehrer fungieren. Sie steigen freiwillig in diese Welten des Lernens und des Mittelmaßes herab, obwohl ihnen der Aufenthalt in höheren Regionen ›zusteht‹. Ihren höheren Entwicklungsgrad begreifen sie offenbar als eine Art Verpflichtung — als Verpflichtung, ihren ›jüngeren Geschwistern‹ als Berater zur Seite zu stehen.

## Lehrer ohne Gesicht

Die faszinierendste Schule, die ich bisher ›drüben‹ besuchen durfte — als Gast —, wurde geleitet von . . . nein, ich bringe es nicht fertig, den Namen zu nennen. In seiner letzten Inkarnation war er ein kluger, unkonventioneller, einsamer Mann gewesen. Zu Lebzeiten hatte er sich zeitweise sehr stark für pädagogische Fragen interessiert. Hier auf dieser Welt, auf ›unserer Seite der Realität‹, halten die meisten Menschen ihn, soweit sie überhaupt seinen Namen kennen, für eine hartherzige, hundsgemeine Bestie. Warum? Weil er Dinge gesagt und geschrieben hat, die bis heute niemand gern hören mag. Er trug also in dieser Schule die Verantwortung für die Lernenden. Allerdings war er kein Lehrer im üblichen Sinne. Er ›schulmeisterte‹ nicht. Er gab kein vorgefertigtes, genormtes Wissen in leichtverdaulichen Häppchen-Lektionen an seine Schüler weiter. Ein Lehrplan existierte nicht. In seiner Schule ging es sehr ungezwungen zu, nämlich folgendermaßen: Die Lernenden erarbeiteten sich selbständig ihren Lernstoff. In kleinen Gruppen experimentierten sie und versuchten gemeinsam herauszufinden, was sie auf welche Weise lernen wollten. Jede Gruppe hatte ein individuelles Lernmodell entwickelt. Es gab keine Zwänge, keinen Leistungsdruck. Alle waren sehr fröhlich und unbeschwert, gleichzeitig aber auch ernst und konzentriert bei der jeweiligen Sache. Manche lernten durch Tanz. Andere saßen still und meditierten, sangen, malten oder stellten dem Lehrer Fragen. Manche führten hitzige Diskussionen, musizierten oder waren auf eine Weise kreativ, für die es hier bei uns auf der Erde (noch?) keine Entsprechungen gibt. Aber gleichgültig, was immer sie auch taten — und das was das Großartige daran! —: Sie wurden klüger durch das, was sie machten. In dieser Schule habe ich etwas Aufregendes gelernt. Es gibt ›drüben‹ Wesen, die unwissender und unvollkommener sind als manche inkarnierten Menschen ›diesseits der unsichtbaren Grenze‹. Um auf die Geschichte vom träumenden Bettler zurückzugreifen: Ich hatte es vorher für selbstverständlich gehalten, daß der Bettler, sobald er aufhört, Bettler zu sein, nach dem Ende des Traumes automatisch wieder in die Rolle des reichen Mannes schlüpft. Das ist jedoch ganz und gar nicht der Fall! Der Traum des Millionärs setzt sich offenbar ›drüben‹ unter veränderten Vorzeichen fort. Der Transit in eine andere Welt, der ›Tod‹, scheint die Wesen nicht zwangsläufig auf eine höhere Entwicklungsstufe hinauf zu katapultieren. Logisch eigentlich, liegt doch auf der Hand, sollte man meinen. Der Tod macht aus dem Trottel kein Genie, aus dem Dogmatiker keinen Freigeist, aus dem Saulus keinen Paulus; wäre es so, wozu bestünde dann die Notwendigkeit des Reinkarnierens? Irrationale Ehrfurcht vor den Toten hatte mich wohl daran gehindert, über dieses Thema gründlicher nachzudenken. In dieser Schule jedenfalls lag das Niveau — falls man das so sagen darf — der lernenden Wesen unter dem durchschnittlichen Niveau meiner inkarnierten Freunde hier auf der Erde. Das verblüffte mich zunächst.

Ebenfalls erstaunt hat mich — allerdings erst im Rückblick, nicht während des Erlebnisses selbst — folgende Tatsache: Die Schüler hatten (so schien es mir jedenfalls) individuelle Gesichter, verschiedene Physiognomien — oder optisch wahrnehmbare Merkmale, die denen entsprechen, die hier bei uns der Bedeutung des menschlichen Gesichts gleichkommen. Du siehst jemandem ins Gesicht und weißt intuitiv: Er ist gütig, hilfsbereit, nachsichtig — oder geldgierig, boshaft und verschlagen. Das Gesicht verrät dir etwas über den Charakter. Der Lehrer aber hatte kein Gesicht. Dort, wo bei Menschen das Gesicht ist, war bei ihm — nichts, absolut gar nichts. Ich habe schon mehrere Begegnungen mit solchen gesichtslosen Wesen ›drüben‹ gehabt. Es handelt sich bei ihnen um sehr hoch entwickelte Wesen, glaube ich. In ihrer Nähe weiß man sofort, mit wem man es zu tun hat. Die persönliche Ausstrahlung ist bei ihnen so stark ausgeprägt, daß es gar keinen Zweifel über ihre Identität geben kann. Sie tragen ihre individuellen Charaktermerkmale unsichtbar mit sich herum — beinahe wie ein Parfüm! Sie sprechen ohne Worte. Du kannst sie nicht anlügen, denn sie kennen dich, sie wissen deine Gedanken, noch ehe du zu denken beginnst. Es gibt nichts, was einer Kommunikation mit diesen Gesichtslosen zu vergleichen wäre. Jedesmal nach einer solchen Begegnung hat man entsetzliche Sehnsucht, quälendes Heimweh. Diese physische Welt, diese Menschen hier auf der Welt, sie erscheinen dir dann so banal, so nichtssagend, wie potemkinsche Wesen: Fassaden mit nichts dahinter. Die Gesichtslosen ›drüben‹ — sie sind so voller Humor, Weisheit, Kraft und Liebe. Nichts ist so schön, wie ihnen zu begegnen. Und nichts so schrecklich, wie nach einer solchen Begegnung wieder in dieser Welt zu Bewußtsein zu kommen und zu wissen: Alles ist hier auf unserer Seite der Realität nur müder Abklatsch, Abglanz, Schatten. Man kann sie durchdringen, diese Gesichtslosen. Man kann für einen kurzen Augenblick ihr Wissen, ihr Wesen teilen.

Nein. Mehr will ich jetzt nicht sagen, sonst heule ich noch Rotz und Wasser und mache dem lieben Gott wieder die bittersten Vorwürfe: ›Lieber Gott, was soll ich hier? Laß mich doch endlich wieder nach Hause, zu denen, in deren Nähe es keine Wünsche mehr gibt!‹ — Siehst du? Das ist der Preis, den du für diese ›anderen Treffer‹ manchmal bezahlen mußt. Glück und nachträgliche Traurigkeit halten sich die Waage. Alles bleibt im Lot. Die Währungen, in denen du zahlst, heißen Sehnsucht und Heimweh. Beide sind schwer zu ertragen. Weshalb ich dann keinen Selbstmord begehe? Die Antwort lautet: Es gibt dort ›drüben‹ offenbar auch eine Welt der Selbstmörder. Ich habe sie gesehen, als ich einen Freund suchte, der sich vor einigen Jahren das Leben genommen hat. Ich fand ihn in einer unendlich traurigen Welt, umgeben von unendlich traurigen Gestalten. Er nahm mich gar nicht wahr. Er war wohl viel zu intensiv mit seiner eigenen Traurigkeit beschäftigt. Es war eine Welt aus Bedauern, Reue, Melancholie. So jedenfalls schien es mir. Ob jeder Selbstmörder automatisch in diese Welt gelangt, weiß ich nicht. Ich weiß nur: Dort auf die nächste Inkarnation warten zu müssen, das sollte man nicht einmal seinem ärgsten Feind wünschen. Deshalb bleibe ich hier. Alles in allem ist unsere physische Welt hier wirklich nicht die schlechteste aller möglichen Welten. Es gibt weitaus schlimmere. Nur hier kann man sein Karma abtragen. Es hat also einen Grund, daß wir hier sind.

Vielleicht ist es gut so, daß die meisten Menschen keine Ahnung von den anderen Welten dort ›drüben‹ haben. Wer weiß, wie viele das Heimweh auf Dauer ertragen könnten? Wie viele würden neurotisch werden aus Angst vor den weniger schönen Welten ›drüben‹? Wie viele würden das Leben auf dieser Welt vernachlässigen und vor den Aufgabenstellungen, mit denen wir hier konfrontiert werden, kapitulieren? Die alten Griechen glaubten, daß jede Seele vor Beginn einer neuen Inkarnation Wasser aus dem Fluß Lethe trinken müsse. Es ist das Wasser des Vergessens. Erinnerungen an ›drüben‹ und an frühere Inkarnationen vergessen und unbelastet in ein neues Leben gehen zu dürfen — das galt als Gnade, als Privileg. Vermutlich hatten sie recht, die alten Griechen.«

## Grenzen und Entgrenzung

Wie? Das soll alles gewesen sein? Sind uns schon wieder die wichtigsten Details vorenthalten worden? Zumindest wissen wir jetzt: Unter »andere Treffer« versteht unsere gemeinsame Freundin den Besuch solcher Realitätsebenen, die parallel zu unserer Welt existieren. Diese Welten liegen nicht irgendwo, weit fort, am anderen Ende des Universums, jenseits der tausend Milchstraßen, jenseits der Milliarden Sonnen. Fragwürdig ist der Versuch, diese Welten lokalisieren zu wollen. Versuchte man dennoch, eine Ortsangabe zu machen, dann müßte man sagen: Die anderen Welten sind hier, jetzt, genau dort, wo Sie jetzt sind, wo ich jetzt bin. Aber wenn diese »Himmel« und »Höllen«, diese Parallelwelten hier und jetzt exakt dort sind, wo auch wir uns zu diesem Zeitpunkt befinden, warum sehen wir sie dann nicht? Weil unser Bewußtsein während der Inkarnation fixiert ist auf die Wahrnehmung dieser physischen Welt, in der wir momentan leben. Wer sich gerade das Programm der ARD anschaut, kann nicht gleichzeitig den Krimi im ZDF sehen. Oder die zahlreichen Kabelprogramme. Wenn das Bewußtsein seine »Antennen« zum »Empfang« dieser physischen Welt ausgefahren hat, kann es nicht zur gleichen Zeit Signale anderer Welten aufnehmen — jedenfalls im Regelfall nicht. Empfängt das Bewußtsein dennoch mehrere »Programme«, verschiedenartige Informationen aus unterschiedlichen Realitätsebenen zugleich, dann kann es leicht geschehen, daß durch den gestörten Empfang Verwirrung entsteht. Es gibt Menschen mit »gestörtem Empfang«, Menschen, die Informationen aus mehreren Welten gleichzeitig aufnehmen. Manche von ihnen hält man für Genies. Die meisten aber gelten als krank. Man sperrt sie in psychiatrische Anstalten. Stellen Sie sich vor, auf Ihrem Fernsehbildschirm liefen drei Programme zugleich; drei Bilder überlagerten sich, drei Geräuschkulissen vermischten sich miteinander. Unser Verstand müßte wohl kapitulieren. Er wäre überfordert. Er fände sich nicht zurecht.

Aber warum hat dann unsere gemeinsame Freundin nicht den Verstand verloren? Augenscheinlich erfreut sie sich doch bester geistiger Gesundheit! Antwort: Sie empfängt ja die unterschiedlichen »Programme« nicht gleichzeitig. Nur gleichzeitiger Empfang führt zu einem dauerhaften Überlastungszustand, zur Kapitulation des Verstandes vor der Reizüberflutung. Unsere Freundin schaltet gewissermaßen um. Bildhaft gesprochen: Sie hat den »Knopf« gefunden, an dem man drehen muß, um andere »Programme« zu empfangen. Solange nur ein »Programm« zur Zeit gesehen wird, ist der Verstand nicht überfordert. Er bleibt gesund und leistungsfähig. Zwar wird er immer wieder mit Fakten konfrontiert, die sein derzeitiges Verständnis überschreiten. Doch solche ständigen Herausforderungen halten ihn fit; fit wie einen Muskel, der hart trainiert wird.

Und wie ist es möglich, daß einige Menschen diese parallelen Realitätsebenen, diese anderen Welten besuchen können? Was geht da vor sich? Was geschieht mit diesen Menschen, in diesen Menschen? Antwort: Sie entgrenzen ihr Ich. Sie kennen aus eigenem Erleben, aus ureigenster Erfahrung ein Geheimnis, dessen wirkliche Bedeutung sich den meisten Menschen (noch) nicht erschließt. Es ist ein offenes Geheimnis. Und weil es so offen zutage liegt, für jedermann zugänglich, übersehen und unterschätzen es die meisten Menschen (noch immer). Das Geheimnis lautet: Das Tor zu den anderen Welten ist nicht transplutonisch, nicht unterirdisch, überirdisch oder außerirdisch. Es ist in uns. Sobald wir es außerhalb unserer selbst zu suchen beginnen, entfernen wir uns von ihm. Es ist nicht im Himalaya. Es ist nicht in der mexikanischen Wüste. Es liegt weder in der Vergangenheit noch in der Zukunft. Es ist jetzt und hier. Sie selbst — Sie sind es. Und wenn Sie diese Wahrheit nicht begreifen, werden Sie es überall suchen, nur nicht dort, wo es zu finden ist.

Läge das Tor zu den anderen Welten auf dem Gipfel eines Berges — kein Problem, Sie könnten den Berg besteigen. Läge es in einer unterirdischen Tropfsteinhöhle — kein Problem, Sie könnten den Eingang zur Höhle aufspüren, freilegen und hinabsteigen. Läge es inmitten einer australischen Schlucht oder am Ufer eines schottischen Sees — kein Problem, Sie könnten sich ein Ticket kaufen und hinfliegen. So einfach ist es aber nicht; tatsächlich ist es sehr viel einfacher. Gerade in dieser Ur-Einfachheit aber wurzeln unsere Schwierigkeiten. Unsere eigene Kompliziertheit macht die Sache so kompliziert für uns. Das Tor ist in uns, die Schwierigkeiten und Hindernisse sind es auch. Wir können dialektisch denken, differenzieren, analysieren, prognostizieren, problematisieren, argumentieren. Wir können mathematische Gleichungen lösen. Wir können Atomkerne spalten und den Weltraum erforschen. Das Schwere fällt uns leicht. Entsprechend tun wir uns jetzt mit dem Leichten schwer. (»Das nennt man Fortschritt«, könnte man polemisch hinzufügen.) Wer einmal nur Satori erlebt hat, sei es auch bloß für Sekunden, der weiß, welche unendlichen Komplikationen wir uns in den Weg legen als Stolpersteine auf dem schmalen Pfad zur Einfachheit, zur sancta simplicitas, zum Ur-Da-Sein. Dabei: »Knocking on heaven's door« — genaugenommen ist doch jeder Schlag deines Herzens ein Klopfen an die Himmelstür!

Und warum öffnet sich manchen Menschen dieses innere Tor, während es anderen vielleicht eine ganze Inkarnation lang verschlossen bleibt? Kafkas Geschichte »Vor dem Gesetz« gibt die Antwort. Sie erzählt Ihnen von Ihrer Angst, Ihren Irrtümern und Ihrem Zaudern. Das wird Ihnen mißfallen. Gute Medizin ist oft gallebitter. Zaudern, Zagen und Zögern verdichten sich zu einem unüberwindlichen Hindernis, nehmen Gestalt an, kristallisieren zur gestrengen Wächterfigur. An der Schwelle des Tores, dem ersten Wächter gegenüber, steht ein zweiter. Ihn hat Kafka nicht beschrieben, Kafka konnte ihn nicht kennen. Denn dieser zweite Wächter hätte sich ihm nie in den Weg gestellt. Von diesem zweiten Wächter haben wir schon gehört. Wir nannten ihn Hagen.

Fast jeder hat ihn als Kind geträumt, den Tarnkappen-Tagtraum: »Ich möchte mich unsichtbar machen können. Dann könnte ich alle Leute beobachten, aber niemand würde es merken. Ich wüßte über alles Bescheid. Niemand könnte mich anlügen. Ich wüßte nämlich all die Dinge, von denen andere Leute meinen, daß ich sie nicht wüßte.« Es ist durchaus nicht die reine, unschuldige kindliche Neugier, die aus diesem Wunschtraum spricht. Es ist der nackte Allmachtswahn. Man muß bevormundet, belogen, hintergangen, gedemütigt und enttäuscht worden sein, um ihn zu entwickeln. Ohnmächtiger Zorn muß in den tiefsten Abgründen der Seele gebrodelt haben; wehrlos einem fremden Willen ausgeliefert muß man gewesen sein. Sonst träumt man diesen Tagtraum nicht. Das Erleben der eignen Ohnmacht läßt den Wunsch nach Allmacht aufkeimen. Allwissenheit ist Allmächtigkeit. Wer mehr weiß als die anderen, der kann sich seinen Informationsvorsprung zunutze machen. Er ist den anderen gegenüber im Vorteil. Er ist allen anderen überlegen. Er kann die Pläne seiner Mitmenschen durchkreuzen; einen Strich kann er ihnen durch die Rechnung machen. Wer sich unsichtbar machen kann, der braucht nie mehr zu leiden. Jeder unbehaglichen Situation kann er entfliehen, indem er sich in Luft auflöst. Niemand kann ihn zur Verantwortung ziehen, niemand ihn bestrafen, niemand ihm übel zusetzen. Er wäre allwissend, allmächtig und unverwundbar.

# Hagen als Wächter

Wer Allmachtswünsche hegt (und damit indirekt eingesteht, daß er sich den Anforderungen des Alltags nicht gewachsen fühlt), der darf das Tor nicht passieren. Das Tor verwandelt sich dann (Achtung: Symbol!) in einen undurchdringlichen Spiegel, von dessen Oberfläche dir Hagens finstere Fratze entgegengrinst. (Und bei Gott — der Bursche ist dermaßen häßlich, daß dir das Blut in den Adern gefriert!) Du siehst die Personifizierung deiner schmutzigen Motivationen. »Bis hier her und nicht weiter. Solange ich in dir bin, kommst du an mir nicht vorbei«, schnarrt Hagen mit deiner eigenen Stimme. Wenn ich nur deshalb Astralreisen bzw. Entgrenzungs-Erfahrungen machen möchte, um andere Leute auszuspionieren oder gar den Toten ihre Geheimnisse zu entlocken, die sie mit ins Grab genommen haben, wenn ich nur in den Genuß eigennütziger Vorteile gelangen will, dann befinde ich mich noch immer auf der ersten Stufe unseres korrigierten Vier-Körper-Modells. Wenn meine materiellen, egoistischen Wünsche dominieren, bin ich durch sie exakt an das festgekettet, wovon ich mich bei einer Astralreise bzw. bei einem Entgrenzungs-Erlebnis ablösen muß, nämlich an die eingeschränkte Perspektive des Körpers und seiner Bedürfnisse.

Das hieße: Wer diese Fähigkeit mißbrauchen würde, der käme erst gar nicht in ihren Genuß? Exakt so ist es. Das ist die Hürde, an der die meisten Menschen immer wieder scheitern. Man kann sie »Sch(m)utzschicht« nennen oder »Hagen«. Auf den Namen kommt es nicht an. Ein Egozentriker, der weder souverän noch intelligent, noch selbstironisch, noch weitblickend genug ist, um seine kleingeistigen, subjektiven Standpunkte und Interessen zu relativieren (der also den Hagen in sich nicht geläutert hat), kettet sein Bewußtsein, das er doch eigentlich vom Körper ablösen wollte, immer fester an seine individuelle, eingeschränkte Perspektive. Wer nicht loslassen kann, der wird auch nicht losgelassen — wird nicht losgelassen von seinem Ehrgeiz, seiner Habgier, seiner Herrschsucht, seinem Egoismus. Er festigt die Fessel, die er eigentlich lösen wollte. Je größer die Machtgier oder die Besessenheit von eigensüchtigen Interessen, desto fester die Bindung des Bewußtseins an den Körper; desto geringer dann auch die Chance, eine Astralreise bzw. die Erfahrung der Bewußtseins-Entgrenzung zu machen. Es ist das alte »Sch(m)utz-Paradoxon«, Hagens subtile Identität mit dem, wovor er uns schützt. Er verkörpert den berechnenden, kurzsichtigen Eigennutz, der uns davon abhält, Fähigkeiten zu erwerben, die wir miß-brauchen könnten. Der auf seinen persönlichen Vorteil be-dachte Egoist mag vieles besitzen, eines aber nicht, nämlich die Fähigkeit zur selbstvergessenen Hingabe an ein höheres Ziel. Gerade diese Selbstvergessenheit, dieses gott- und selbst-vertrauensvolle Desinteresse am dicken Plus unterm Strich der Kosten-Nutzen-Rechnung ist (Achtung: noch ein Pa-radoxon!) zweierlei zugleich: Es ist das Mittel zur Verwand-lung Hagens *und* der verwandelte Hagen. Wer diesen Satz ver-standen hat, hat etwas verstanden, was zu verstehen sich lohnt. Der Egoist wird's nie begreifen. Er hat sich höchstper-sönlich zu lebenslanger Kerkerhaft verurteilt, die er im selbst-geschmiedeten goldenen Käfig seiner eigenen Banalität ab-büßt. Weil er die geheime Wahrheit der Paradoxa nicht kennt, wird er desto ärmer werden, je größer sein Reichtum ist. Je un-besiegbarer er sich glaubt, desto größer wird seine Verwund-barkeit. Je mehr Menschen er zu beherrschen meint, desto grausamer wird er sich selbst versklaven. Daß die Kraft des Starken in der Schwäche liegt; daß nur der über Menschen herrschen kann, der dienen will; daß nur der wahrhaft reich ist, der alles gibt; daß nur der alles bekommt, der nichts für sich selbst verlangt — wer's nicht begreift, der kommt an Ha-gen nicht vorbei.

Wenn die diabolische Lust auf eigennützigen Mißbrauch einer Fähigkeit überwunden ist, braucht Hagen sein Wächteramt nicht länger zu bekleiden. Er ist erlöst, ein treuer Freund, ein zuverlässiger Begleiter auf allen Wegen. Deine eigene Trans-formation ist auch seine, denn du und er, ihr seid in Wahrheit eins. Solange er durch die Trägheit sowohl des Hirns wie auch des Herzens dazu verdammt ist, die Schurken-Rolle des grimmigen Wächters zu spielen, verbirgt Hagen dreierlei vor uns. Bildhaft gesprochen: Jenseits des Tores zweigen von der Hauptstraße zwei Seitenwege ab. Wer sich weder für die linke noch für die rechte Abzweigung entscheidet, sondern unbeirrbar geradeaus geht, der verzichtet auf die Ausübung von Salomos Kunst. Er gleicht einem Menschen, der sich nicht mit dem kleinen Finger begnügt, wenn er auch die ganze Hand haben kann. (Er hält das Astralwandern für kindische Mätzchen und amüsiert sich, wie Ramakrishna, über solche Leute, die noch immer vom scheinbar Sensationellen fasziniert sind und dadurch für das eigentlich Faszinierende blind geworden sind.) Die eine Abzweigung von der Hauptstraße führt den Wanderer zu allen gewünschten Schauplätzen der materiellen Welt. Ein Astralwanderer bzw. Bewußtseins-Entgrenzer, der diesen Pfad einschlägt, bewegt sich außerkörperlich auch weiterhin in unserer vertrauten irdischen Umgebung. Er kann, wie Salomo, unsichtbarer Zeuge der verschiedensten Ereignisse werden, die weit entfernt von seinem physischen Körper stattfinden. Er kann, während sein physischer Körper in einen schlafähnlichen Ruhezustand versunken ist, entlegene Weltgegenden besuchen als unsichtbarer Tourist. Die andere Abzweigung von der Hauptstraße dagegen führt in die immateriellen Parallelwelten. Wer diesen Weg einschlägt, der landet, um es mit den Worten unserer Freundin zu sagen, die »anderen Treffer«. Diese »anderen Treffer« sind es, mit denen wir uns in diesem Kapitel beschäftigen wollen. Was gibt es über sie zu sagen? So viel, daß man eigentlich lieber schweigen sollte ...

## Abrahams Schoß

Man nennt die immateriellen Parallelwelten Astral-Ebenen, Astrale oder Astral-Welten. Wer von der realen Existenz des »feinstofflichen« Astralkörpers überzeugt ist, würde die Frage nach der Beschaffenheit der nichtphysischen Parallelebenen folgendermaßen beantworten: Sie bestehen aus »Feinstoff«. Diese Meinung kann man teilen oder bestreiten. Mögen die Benennungen oder Erklärungsmodelle auch radikal voneinander abweichen, so herrscht doch grundsätzliche Einigkeit über das Benannte und Erklärte: Es gibt unendlich viele immaterielle Welten. Sie überlagern einander, ohne sich miteinander zu vermischen, überlagern dies Sonnensystem und werden von nicht-physischen Wesen bewohnt, die dort auf ihre nächste Inkarnation warten (oder Tätigkeiten nachgehen, die uns größtenteils unverständlich sind). Beschreibungen dieser Welten tauchen immer wieder in den Berichten reanimierter Patienten auf. Wer nach seinem klinischen Tod einen flüchtigen Blick auf diese Welten werfen durfte, dem bleibt dieses überwältigende Erlebnis ein Leben lang in lebhafter Erinnerung. In diesen Welten — oder zumindest in vielen von ihnen — finden wichtige Lernprozesse statt. Die Lebenden, seien es Patienten, die durch Reanimation in diese physische Welt zurückkehren sollen, seien es Astralwanderer, haben dort ›drüben‹ strenggenommen gar nichts zu suchen. Im Regelfall aber wird auch der lebende »Astral-Tourist« dort gastfreundlich aufgenommen.

Die Astrale sind keineswegs eine neuzeitliche Entdeckung. Ihre Existenz ist seit Menschengedenken bekannt. So schrieb beispielsweise der Kirchenvater Tertullian um das Jahr 207 unserer Zeitrechnung über die Astrale — damals nannte man sie, viel poetischer als heute, »Abrahams Schoß«: »Es gibt eine Vorstellung von einem Raum, der zwar nicht himmlisch, aber doch über den unteren Regionen anzusetzen ist und den man als Abrahams Schoß bezeichnen kann. Er nimmt die Seelen der Menschen auf, um die Seelen der Gerechten zu erquicken bis zur Erfüllung aller Dinge in der allgemeinen Auferstehung.« Thomas von Aquin pflichtet dieser Ansicht circa 1000 Jahre später bei. Er sagt: »Diese Rast, die dem Menschen nach dem Tode vergönnt ist, heißt Abrahams Schoß.« Die Astrale — Durchgangsstation und Zwischenaufenthalt bis zur nächsten Inkarnation: So würden wir es heute auffassen, abweichend von und zugleich in Anlehnung an Tertullian.

Die Astral- oder Parallelwelten können so unterschiedlich sein wie Tag und Nacht, wie Himmel und Hölle. Man verlernt dort das Staunen, denn hinter jedem Wunder verbirgt sich ein noch größeres. Als grobes Orientierungsraster hat sich die herkömmliche Einteilung in »hohe« und »niedere« Astrale bewährt. Unter den hohen Astralen versteht man solche Welten, die von Wesen mit hochentwickeltem Bewußtsein bewohnt (und vermutlich auch: geschaffen) werden. Je höher das Entwicklungsniveau dieser Wesenheiten, desto schwerer fällt es einem Besucher einer solchen Welt, seine Erfahrungen und Eindrücke nach Beendigung des Entgrenzungs-Erlebnisses in unsere Begrifflichkeit zu übersetzen. Beispiel: Jemand durfte eine Parallelwelt besuchen, die aus Tönen, Klängen, Lauten, Geräuschen besteht. Klangfarben haben dort die Bedeutung dessen, was in unserer physischen Welt die sinnlich wahrnehmbare Materie ist. Obwohl dort alles Akustik ist, werden dennoch alle Sinne gleichermaßen angesprochen: Klang wird sichtbar, Töne lassen sich anfassen, Geräusche haben einen Duft, Laute ein Aroma. Melodien haben individuelles Bewußtsein; sie leben; alles Leben und Bewußtsein ist Klang, Tonfolge. Man müßte schon ein gottbegnadeter Poet sein, dem alle Wortgewalt der menschlichen Sprache zur Verfügung steht, um das Erlebnis einer solchen Welt adäquat zu verbalisieren!

Unter den niederen Astralen versteht man solche Welten (oder kollektiven Bewußtseinszustände), in denen sich Nicht-Inkarnierte von geringem Entwicklungsniveau aufhalten. Wer diese Welten besucht hat, kann seine Eindrücke relativ problemlos in Worte fassen. Die Mentalität, die Denkgewohnheiten und Emotionen derjenigen Wesen, die die niederen Astrale bevölkern, ähneln stark unseren eigenen — insbesondere denen, die wir gern unterdrücken und verdrängen. Es geht dort bisweilen, der Bericht unserer Freundin bestätigt es, weder besonders human noch übermäßig gesittet zu.

Reiseberichte unterschiedlicher Astralwanderer können, ja müssen sogar erheblich voneinander abweichen, denn es gibt unendlich viele Parallelwelten, und Gleiches zieht Gleiches an. Deshalb werden Astralreisende oft in solche Welten hineingezogen, die den derzeitigen Zustand sowie Entwicklungsgrad ihres Bewußtseins (und Unterbewußtseins!) widerspiegeln. Ein treuherziger, gutmütiger, naturverbundener Astralwanderer wird sich oft in üppig wuchernden, exotischen Vegetationen wiederfinden, die so bunt und phantastisch sind, als habe Henri Rousseau sie gemalt. Gleiches zieht Gleiches an — dieser Satz gilt auch und gerade für Bewußtseins-Entgrenzer. Ein Verdrängungskünstler, gleichgültig, wie charakterlich integer er im Alltag auch sein mag, wie liebevoll, sanftmütig und sensibel er seinen Mitmenschen auch begegnet — will oder kann er beispielsweise die animalische Seite seines Wesens mit seinen moralischen Vorstellungen nicht vereinbaren, so führen seine verdrängten Triebe ein Eigenleben im Unterbewußtsein. »Drüben« aber kann solch ein Verdrängungskünstler der verleugneten Seite seines Wesens begegnen. Niemand kann vor sich selbst davonlaufen, niemand seinem Schatten entfliehen. Eine als Flucht konzipierte Astralreise nach ›drüben‹ kann eine schockierende Konfrontation mit den eigenen ungelösten Konflikten bedeuten. (*Kann*, muß aber nicht.) Ein bekannter Astralwanderer, dessen Mut und bewundernswerte Aufrichtigkeit in seinen beiden sehr lesenswerten Büchern dokumentiert sind, geriet zu Beginn seiner Exkursionen gelegentlich in solche Welten, in denen es nicht gerade jugendfrei zuging. Er hatte damals offenbar ein ungeklärtes Verhältnis zu seiner eigenen Sexualität. Mit dieser Problematik wurde er nun ›drüben‹ so lange konfrontiert, bis sie ihm bewußt wurde. Wer ein unkompliziertes Verhältnis zum eignen Körper und zur Sexualität hat, der kann in eine solche »wilde Welt« vermutlich nicht hineingeraten. Wie sollte er auch? Gleiches zieht Gleiches an. Was nicht in mir ist, damit kann ich auch »drüben« nicht konfrontiert werden.

Die Verschiedenartigkeit der »Astral-Reportagen« steht nicht im Widerspruch zur verblüffenden Gleichartigkeit der Erinnerungsberichte reanimierter Patienten. Der Tod ist zwar ein großer Gleichmacher; soziale, ethnische, kulturelle oder religiöse Unterschiede interessieren ihn nicht. Seine Nivellierungstätigkeit erstreckt sich allerdings ausschließlich auf den Sterbevorgang als solchen. Weiter reicht seine Macht nicht. Was »danach« und »drüben« erfahren wird, hängt wieder, genau wie im Fall der Astralwanderer, vom inneren Entwicklungsgrad des Individuums ab. (Für den Bergbauern ist das »Paradies« eine herrliche, blühende Alm; für den Indianer ist es vielleicht der »ewige Jagdgrund«, für den Philosophen ein riesiger Debattierclub.)

Vertreter der Hypothese vom »feinstofflichen« Astralkörper haben die These aufgestellt, die Astralwelten seien die eigentliche, wahre Heimat des Astralkörpers, genau so, wie unsere materielle Welt die natürliche Umgebung des physischen Körpers sei. Aus diesem Grunde, so die Experten, fällt es dem Astralwanderer leicht, im Astralkörper die Astralwelten zu besuchen, schwerer dagegen, unsichtbar und körperlos diese physische Welt zu durchstreifen. Diese These scheint sich mit der Aussage unserer Freundin zu decken. Auch sie hatte festgestellt, daß es leichter sei, »andere Treffer« zu landen, das heißt, nichtphysische Parallelwelten zu besuchen. Außerkörperliche Erfahrungen in unserer Welt, in dieser vertrauten physischen Umgebung zu sammeln, gelang ihr dagegen nach eigenem Bekunden erheblich seltener. Wie läßt sich dieses Phänomen erklären, ohne auf die Feinstoff-Hypothese zurückzugreifen? Zugegeben, die konventionelle Erklärung klingt plausibel, besagt sie doch im Kern: Da Gleiches Gleiches anzieht, wird auch der feinstoffliche Astralkörper von den feinstofflichen Astralwelten angezogen.

Obwohl (oder gerade weil) diese These so entsetzlich überzeugend klingt, wollen wir auch hier wieder unsere obligatorische Ketzerfrage stellen: Gibt es alternative Erklärungsmodelle? Auch diesmal soll nicht das Phänomen selbst, sondern nur die konventionelle Interpretation dieses Phänomens mit einem dicken roten Fragezeichen versehen werden.

# Die Allmacht der Gedanken

Experten und Astralwanderer bzw. Bewußtseins-Entgrenzer stimmen darin überein, daß in den Astralen, d. h. in den immateriellen Parallelwelten, das Sein durch das Bewußtsein bestimmt wird. Gedanken und Gemütsbewegungen beeinflussen »drüben« unmittelbar die Gegenstände der Wahrnehmung. Sie haben die Kraft, gestalterisch produktiv zu werden. Was in diesen Welten gesehen und erlebt wird, entspricht vielleicht einem nach außen projizierten Abbild der Gemütsverfassung des jeweiligen Astralwanderers. Was ich bin, was in mir ist, verwandelt sich in ein äußeres Szenario. Hege ich beispielsweise tiefe Schuldgefühle und besteht in mir ein unbewußtes Bedürfnis nach Strafe — wie es (vermutlich) in jener Welt der Suizidanten der Fall war, von der unsere Freundin berichtete —, so fürchte ich buchstäblich die Personifizierungen meiner nagenden Gewissensbisse herbei: Mein Entsetzen gebiert Dämonen. Meine Angst bringt mich in Gefahr und setzt mich dem aus, woran ich monomanisch denke und was ich mir einbilde, verdient zu haben: Marter, Folter, Qual und Pein. Exakt auf diese Weise schafft sich manches arme Sünderlein posthum seine eigene Hölle, in der es schmoren müßte bis zum Jüngsten Tag, gäbe es nicht die Gnade. Aber es gibt sie ja. Gott sei Dank. Frage: Schmort das Sünderlein nun wirklich in den Höllenschlünden? Antwort: Ja und nein. Die Astrale befinden sich oberhalb, außerhalb, jenseits der Polaritäten. Die Grenzen zwischen subjektiver und objektiver Wahrheit existieren hier nicht. Innenwelt und Außenwelt sind nicht voneinander getrennt. Sie sind eins. Es gibt keine Subjekt-Objekt-Trennung, wie wir sie kennen, mehr. Der Erkennende und das Erkannte sind vollkommen identisch. (Erlöst ist, wer das begreift; so steht es ja auch schon — sinngemäß — im Bardo Thödol, dem Tibetanischen Totenbuch.)

Was bedeutet das alles? Nun, salopp formuliert: »Drüben« findet »Selbsterfahrung der total verschärften Art« statt. Gnadenlos und unbarmherzig, mit der seelenlosen Präzision eines

Uhrwerks den »jenseitigen Naturgesetzen« folgend, verschmelzen Innenwelt (Emotionen, Gedanken, Erwartungen, Erfahrungen) und Außenwelt miteinander. Gedanken können ein Eigenleben führen; jede Angst kann Gestalt annehmen; jeder Wunsch sich umgehend erfüllen; jede Hoffnung sich verwirklichen. »Drüben« gibt es eine elementare Lektion zu lernen. Sie lautet: *Deine Identität ist reiner Geist.* Du bist die Summe deiner Gedanken. Du bist dein eigenes Denken, dein eigener Gedanke — ein Gedanke, der unermüdlich neue Gedanken schafft. (Wer Ohren hat zu hören ...)

Sind Liebe, Freude und Begeisterung in dir, so werden auch sie präzise und detailgetreu nach außen projiziert. Sie verwandeln sich in ein Szenario überwältigender Schönheit, paradiesischer Seligkeit, grenzenlosen Glücks. Das Innere wendet sich nach außen. Das Innere *ist* das Äußere. Die eigenen Gedanken und Gefühle werden als Landschaften, Gestalten und Gegenstände erfahren. Jede Idee »materialisiert« sich im Handumdrehen. Ein Wunsch kann in Erfüllung gehen, noch bevor der Gedanke an das Gewünschte zu Ende gedacht ist. Eine Schreckensvorstellung kann wahr werden, kaum daß sie in dir aufgekeimt ist. Nichts und niemand schützt dich vor dir selbst, vor dem Chaos deines Innenlebens. Du hast Angst vorm bösen Wolf? Voilà, da ist er schon und beißt dir genüßlich in die Waden. Du sehnst dich nach dem rettenden Engel, der dich mit flammendem Schwert befreit? Voilà — sofort ist er zur Stelle, dein geflügelter Retter.

Feinstoffler erklären, wir deuteten es bereits an, dieses Phänomen folgendermaßen: Sie sagen, der menschliche Geist habe die Macht, formgebend-gestalterisch auf den Feinstoff einzuwirken. Vulgo: Der Geist prägt dem Feinstoff seinen Stempel auf, er formt ihn quasi »nach seinem Bilde«. Zwischen zwei Inkarnationen oder manchmal auch auf einer Astralreise nach »drüben« modelliere der menschliche Geist (in seinem Vehikel, dem Astralkörper) den amorphen Feinstoff dergestalt, daß eine subtile Identität zwischen psychischer Befindlichkeit des Betreffenden und äußerer Umgebung entstünde.

Der Satz »Gleiches zieht Gleiches an« erfährt also eine geringfügige Abwandlung und lautet nun: »Gleiches stellt Gleiches her.«

Man sieht, die Errichter und Bewohner des Gedankengebäudes vom Feinstoff bleiben keine Antwort schuldig. Ihr Konzept ist sowohl in sich schlüssig als auch in der Lage, jede Frage zufriedenstellend zu beantworten. Wie also könnte ein alternatives Gegenmodell aussehen?

Zunächst müssen wir uns die fundamentalen Prämissen der Feinstoffler noch einmal vergegenwärtigen. Die Feinstoff-Ideologie gründet sich auf Dualismen. An erster Stelle steht der Dualismus »Geist — Feinstoff«; er impliziert ein polares Spannungsverhältnis zwischen dem immateriellen Geist (aktiv) auf der einen und der »feinstofflichen« Materie (passiv) auf der anderen Seite. Aus diesem Polaritäten-Paar leitet sich ein zweiter Antagonismus ab, nämlich die einander unversöhnlich gegenüberstehenden Begriffe »Innen — Außen«. Denn wenn der Feinstoff als quasi-materielle Substanz vorgestellt wird, befindet er sich zwangsläufig außerhalb des immateriellen Geistes. Und umgekehrt: Der Geist befindet sich dann außerhalb des Feinstoffs. (Da könnte man sich beinahe fragen: Haben wir es hier mit einer verspäteten Sumpfblüte aus den morastigen Niederungen des Manichäismus zu tun?!) Die vom Geist geprägte Astralwelt wäre dann eine Außenwelt, getrennt vom Bewußtsein und abgesondert vom Geist eine eigenständige Existenz führend. Und spiegelte ihre Form auch noch so getreulich die Beschaffenheit des Geistes wider, der ihr Gestalt verlieh — der unüberbrückbare Dualismus zwischen ihr und ihrem Schöpfer, dem bewußten Geist, bliebe ehern bestehen. Astraler Feinstoff wäre mithin nichts anderes als eine Art knet- oder modellierbare Rohmasse, eine externe Matrix, dem Formwillen des immateriellen Geistes unterworfen wie ein Klumpen Ton, der in den Händen des Töpfers die Gestalt eines Kruges annimmt.

# Feinstoff — oder nicht?

Nun wissen wir aber: Begriffliche Dualismen, das heißt, polar-symmetrische, einander spiegelbildlich entsprechende Kontrast-Paare zu schaffen, wobei die Negation des einen Elements die Definition des anderen darstellt, ist eine der linken menschlichen Großhirnhemisphäre zugeordnete Verstandestätigkeit des inkarnierten Menschen. Unser Linkshirn-Bewußtsein spaltet zum Zweck rationalistischer Erkenntnisgewinnung die Totalität absoluten Seins fein säuberlich in sorgfältig voneinander abgegrenzte disjunktive Gegensatzpaare auf. Diese auf dem Prinzip zunehmender Differenzierung basierende Technik zur Produktion isolierter Fakten, die ihrerseits wieder in den unterschiedlichsten Varianten neu miteinander kombiniert werden können, so daß eine Vielzahl möglicher Interpretationen von Wirklichkeit entsteht: Diese Technik des Intellekts nun zeitigt Ergebnisse, deren Gültigkeit, man kann es gar nicht oft genug betonend wiederholen, eine eingeschränkte ist! Innerhalb der engen Grenzen, die der menschlichen Erkenntnisfähigkeit in diesem, unserem Segment der multidimensionalen Realität gesetzt sind, das wir während der Inkarnation für Welt und (einzige) Wirklichkeit halten, mögen die Artefakte des Intellekts durchaus Sinn machen. Die Astrale aber bzw. die zahllosen Parallelwelten befinden sich de facto und per definitionem außerhalb, oberhalb, jenseits dieses Wirklichkeitssegments. Das heißt: »Dort drüben« haben unsere intellektualistischen Erkenntniskategorien weder Funktion und Legitimation noch auch nur den geringsten Nutzen. Sie greifen buchstäblich ins Leere. Den Wind mit Netzen einzufangen und ihn in einen Gitterkäfig zu sperren, dürfte ein Kinderspiel sein im Vergleich zur vollkommenen Unmöglichkeit, mit Hilfe unserer auf Subjekt-Objekt-Trennung basierenden Intellektualität sinnvolle Aussagen zu machen über die Beschaffenheit einer Welt, in der es die Subjekt-Objekt-Trennung gar nicht gibt!

Wie sähe also ein mögliches Alternativ-Konzept aus? Um eventuelle Mißverständnisse gar nicht erst aufkommen zu lassen, sei folgendes vorausgeschickt: Es soll hier nicht die unverfrorene Behauptung aufgestellt werden, unser alternatives Gegenkonzept sei unanfechtbar und wahr, das Feinstoff-Modell dagegen ein albernes Ammenmärchen, das denkfaule Hohlköpfe von Generation zu Generation weitererzählt haben. Uns geht es darum, dem gesunden Zweifel an der hochheiligen Unwiderlegbarkeit altehrwürdiger Gedankengebäude ein Hintertürchen offenzuhalten. Zwar stehen die derzeit verbreiteten Feinstoff-Vorstellungen auf tönernen Füßen; was uns als Feinstoff-Hypothese präsentiert wird, gleicht einem kunstvoll errichteten Kartenhaus, das beim ersten Wehen des kritischen Geistes in sich zusammenzufallen droht. Nicht leichtfertig ausgeschlossen werden darf aber die zumindest theoretisch bestehende Möglichkeit, daß die Feinstoffler, auch wenn der »feinstoffliche« Astralkörper nur schützende Illusion oder illusionärer Schutz sein sollte, im Falle der immateriellen Parallelwelten korrekte Fakten lediglich verzerrt dargestellt, mißinterpretiert oder mit höchst mangelhaften Argumenten zu untermauern versucht haben. Ihre derzeitigen Erklärungen taugen vielleicht nicht besonders viel. Man kann sie zu widerlegen versuchen. Damit sind jedoch nur die Argumente widerlegt — was nicht notwendig bedeutet, daß auch das, was die Argumente untermauern sollten, unrichtig sein muß. Denkbar beispielsweise wäre es, daß die Feinstoffler falsche Argumente für eine existierende und unbekannte Sache vorgetragen haben. Irgend etwas, das mehr oder weniger dem entspricht, was derzeit als »Feinstoff« bezeichnet wird, könnte es irgendwo in den unendlichen Weiten des Universums durchaus geben. Vermutlich aber sind die Feinstoff-Hypothesen dann nicht optimal geeignet, um als Grundlage sinnvoller Aussagen über dieses »Etwas«, diese unbekannte Materie, herzuhalten.

Unser Gegenmodell gründet sich auf folgende Überlegungen:

1. Logisch-intellektualistische Denkkategorien liefern Interpretationen von Wirklichkeit, die ausschließlich innerhalb dieser als physisch empfundenen Welt, auf deren Wahrnehmung unser Bewußtsein während einer Inkarnation fixiert ist, Sinn machen.

2. Die Subjekt-Objekt-Trennung sowie rationalistisches Denken, dem polare Begriffsbildungen zugrundeliegen, basieren auf den Funktionen der linken Großhirnhemisphäre. Während eines außerkörperlichen Erlebnisses aber löst sich das wahrnehmende Bewußtsein von seinem physischen Korrelat, dem Hirn. Es ist dann nicht mehr den durch intellektualistische Linkshirn-Dominanz verursachten Erkenntnis- und Wahrnehmungsbegrenzungen unterworfen. Wirklichkeit wird im Zustand der Bewußtseins-Entgrenzung daher ganzheitlicher, komplexer, nicht-dualistisch erfahren.

3. Die immateriellen Parallelwelten befinden sich oberhalb, außerhalb, jenseits unserer als materiell erfahrenen Welt; physisch bedingte Einschränkungen sowie Denkkategorien, die durch die Anpassung des Bewußtseins an diese Einschränkungen entstanden sind, haben dort keine Gültigkeit.

Alle drei Überlegungen besagen im Kern dasselbe, nämlich: »Drüben in den Astralen ist sowieso alles vollkommen anders als hier.« Daraus folgt unter anderem:

1. Aufgrund der in den Astralen nicht existierenden Subjekt-Objekt-Trennung ist die Wahrnehmung dort eine sich der exakten begrifflichen Definition entziehende, die als multiperspektivische Selbstbetrachtung des ungeteilten, bewußten Geistes bezeichnet werden könnte.

2. Transzendenz und Immanenz sind dort auf eine Weise miteinander identisch, die vom Verstand des inkarnierten Menschen nicht rational nachvollzogen werden kann.

3. Interaktion ermöglichende Energiegefälle, die der mensch-

liche Intellekt unter Anwendung logischer Gesetze als Polaritäten definieren müßte, haben in den Astralen die Funktion symbolischer Projektionen, die eine nicht subjekt-objekt-getrennte Erkenntnis innergeistiger Unausgewogenheiten ermöglichen. Sie sind — nach unseren Begriffen — sowohl existent als auch inexistent, zugleich aber weder das eine noch das andere.

4. Die multiperspektivische Selbstbetrachtung des ganzheitlichen Bewußtseins setzt sich aus individuell verschiedenen Einzelwahrnehmungen zusammen, die dennoch eine ungeteilte Einheit bilden. Das bedeutet: Die Individualität lebt auch in den Astralen weiter, löst sich aber gleichzeitig im überindividuellen Urgrund totalen Seins auf.

Wer das nicht auf Anhieb begreift, der braucht sich nicht zu schämen. Unser Verstand kann so etwas nämlich eigentlich gar nicht verstehen können.

## Ist der Mond aus Käse?

Im Grunde genommen kann es auf die Frage nach der Beschaffenheit der Astrale nur eine einzige wirklich aufrichtige Antwort geben. Sie lautet, um mit Wittgenstein zu sprechen: »Wovon man nicht sprechen kann, darüber muß man schweigen.« Trotz dieses ernstzunehmenden Schweigegebots darf zumindest eine bescheidene Vermutung geäußert werden, nämlich die, daß es herzlich wenig Sinn macht, die Beschaffenheit immaterieller Parallelwelten unter Zuhilfenahme polarer menschlicher Begriffskriterien wie »Geist — Materie« oder »Innen — Außen« beschreiben zu wollen.

Zugegeben, unser alternatives Konzept ist ekelhaft abstrakt. Es basiert zwar auf der Annahme der unbegrenzten, für uns wohl unvorstellbaren Allmacht des Geistes bzw. Bewußtseins und zeichnet sich insofern durch eine gewisse intellektuelle Demut aus. Es beantwortet aber keine Frage, im Gegenteil, es wirft tausend neue Fragen auf. Es macht ratlos. Es befremdet. Es ist durch und durch unbefriedigend. Man kann sich nichts, aber auch rein gar nichts Konkretes darunter vorstellen. Es überfordert den Verstand, es beleidigt den Verstand, denn es stellt ihm ein Armutszeugnis aus. Es erklärt ihn schlichtweg für inkompetent. Und das mißbilligt seine Majestät der Verstand schärfstens. Er ist empört. Er schmollt und grollt. Und um nun noch den Gipfel der Majestätsbeleidigung zu erklimmen: Allein schon die bloße Tatsache, daß der Verstand mit unserem Alternativ-Konzept erheblich weniger anfangen kann als mit dem herrlich griffigen, stimmigen Feinstoff-Modell, spricht dafür, daß es sich hierbei um einen — wenn auch nur geringfügig — größeren Annäherungswert an die Wahrheit handeln könnte. Zumindest aber treibt dies Konzept dem Intellekt seine Omnipotenz-Flausen aus. Es zwingt ihn zu der erhabensten Erkenntnis, derer er fähig ist: »Scio ut nesciam«, nämlich: »Ich bin mir meiner eigenen Unwissenheit bewußt, ja mehr noch, ich weiß, daß ich gar nichts wissen *kann*.« Wie anmaßend und größenwahnsinnig ist unser Intellekt eigentlich mittlerweile geworden, daß er selbst im Angesicht des (für ihn) Unerklärlichen noch immer nicht seine eigenen Grenzen akzeptiert und lieber unsinnige Thesen bastelt, als offen zu bekennen, daß wir Menschen — zumindest während einer Inkarnation — gar nicht in der Lage (und nicht berechtigt?) sind, alle Phänomene zu begreifen? Was würden wir uns denn vergeben, wenn wir unsere Unwissenheit über die Beschaffenheit der Astrale eingestünden? Ist die Kategorie »Beschaffenheit« nicht auch nur wieder menschlich-allzumenschlich? Muß tatsächlich alles »irgendwie beschaffen« sein, nur weil innerhalb unserer Realität alle Dinge eine spezielle Beschaffenheit haben? Fällt uns etwa ein Zacken aus der Krone, wenn wir die Antwort auf eine vollkommen unbeantwortbare (oder sogar völlig falsch gestellte und von irrigen Prämissen ausgehende) Frage lieber schuldig bleiben, als eine falsche, aber wohlklingende Antwort zu geben? Ist eine möglicherweise falsche Erklärung wirklich besser als gar keine?

Bestenfalls können wir negative Aussagen über die »Beschaffenheit« der Astrale machen: Sie sind in absolut rein gar keiner Hinsicht so wie unsere physische Umgebung. Sie sind ganz anders. Und wir in ihnen sind ganz andere als die, die wir in dieser als physisch wahrgenommenen Welt während der Dauer einer Inkarnation sind. In den Astralen ist, gemessen an unseren begrifflichen Vorstellungen, alles »Innen« und »Geist«. Polare Gegenbegriffe wie »Außen« und »Materie« können dort keinen, aber auch absolut gar keinen Sinn machen! (»Innenwelt? Außenwelt? Die Frage wird gegenstandslos«, schreibt Jean Améry in einem anderen Kontext — oder, ohne es zu wissen, in unserem ...) Auf diesen Polaritäten aber baut, wie wir gesehen haben, das Feinstoff-Modell auf. Es steht auf den tönernen Füßen polar-antagonistischer Begriffssymmetrien. Zwar befriedigt es den Heißhunger unseres Intellekts auf schlüssige Erklärungen. Aber es stellt ein Sammelsurium verschiedener Schlußfolgerungen dar, die aus (vermutlich) falschen Prämissen gezogen wurden. Wenn ich von der Prämisse ausgehe, daß der Mond aus Käse besteht, kann ich die Schlußfolgerung ziehen, daß der Gouda in meinem Kühlschrank möglicherweise ein Klumpen Mondgestein ist. Die Schlußfolgerung ist korrekt. Die Prämisse aber ist es nicht, und damit fällt auch die herrlich logisch abgeleitete Konklusion wie ein Kartenhaus in sich zusammen.

Einigen wir uns also darauf: Wenn es stimmt, daß der Mond aus Käse besteht, nun, dann ist es auch wahr, daß die Astrale aus feinstofflicher Substanz zusammengesetzt sind.

## Traum oder Wirklichkeit?

*For in that sleep of death what dreams may come / When we have shuffled off this mortal coil?* (HAMLET)

Kann es dumme Fragen geben, oder gibt es nur dumme Antworten? Falls es dumme Fragen — oder formulieren wir etwas höflicher: Falls es Fragen gibt, die, je häufiger sie an ein und denselben Adressaten gerichtet werden, ihm desto dummerhaftiger erscheinen, dann fällt unter diese Kategorie eine oft wiederholte treuherzige Bitte um Auskunft, die, wenn sie immer und immer wieder vorgetragen wird, den mehr oder minder strapazierfähigen Geduldsfaden eines jeden Astralwanderers einer harten Prüfung unterzieht. Sie lautet: »Auch ich habe bisweilen wirre Träume, denen ich allerdings keine besondere Bedeutung beimesse. Kann es sein, daß Sie nur lebhaft geträumt haben? Worauf stützt sich Ihre Behauptung, es gäbe immaterielle Parallelwelten, und Sie hätten diese jenseitigen Welten besucht?«

(Wer einmal eine Dichterlesung in der tiefsten Provinz erlebt hat, der kennt die vergleichbar scharfsinnige Frage, mit der die Geduld moderner Lyriker immer wieder einem schweren Belastungstest ausgesetzt wird. Sie lautet: »Ihre Gedichte sind ja wirklich ergreifend. Aber wenn ich denke: Früher, bei Goethe und so, da haben sich die Gedichte immer hinten, am Zeilenende, so schön gereimt. Warum nicht auch bei Ihren Gedichten?« Gott schütze uns vor solchen Fragestellern!)

Tja, was antwortet da der geduldige Astralwanderer? Robert Monroe zum Beispiel erteilt folgende Auskunft: »Die meisten Menschen tun das Erlebnis, wenn sie es bemerken, tatsächlich als einen bewegten Traum ab. Einige stellen es, wenn es kommt, als einen luziden Traum hin. (...) Es ist die extreme Wirklichkeit der außerkörperlichen Erfahrung, die sie vom Traum unterscheidet. Sie ist ebenso ›wirklich‹ wie jede physische Erfahrung des täglichen Lebens.«

Traum oder nicht Traum —: das ist hier die Frage. Was spricht für, was gegen die Annahme, es könne sich im Falle außerkörperlicher Exkursionen in die Astrale lediglich um Träume handeln? Wir richten diese »dumme« Frage an unsere Freundin. Ihre Antwort lautet:

»Ich finde diese Frage durchaus nicht dumm, und zwar schon deshalb nicht, weil ich sie mir ja zu Beginn selbst gestellt habe. An dieser Frage kommt niemand vorbei, der einmal ein außerkörperliches Erlebnis gehabt hat. Es stimmt, was Monroe sagt: Zunächst ist man tatsächlich geneigt, solch ein Erlebnis für einen Traum zu halten. Man könnte fast sagen: Der Verstand handelt in Notwehr, wenn er einer außerkörperlichen Erfahrung den Stempel ›Traum‹ aufdrückt. Dein Verstand sagt dir: ›Du hast dich in einem schlafähnlichen Entspannungszustand befunden. Lebhafte Geistestätigkeiten, die während einer solchen körperlichen Ruhephase stattfinden, nennt man und sind mithin nun einmal: Träume!‹ Das klingt vernünftig, logisch, rational nachvollziehbar und irgendwie auch beruhigend. Aber gleichzeitig ist dir unbehaglich zumute, und eine Stimme in dir meldet Widerspruch an. Sie gibt dir zu verstehen, daß du deinen Verstand dazu mißbraucht hast, um dich selbst mit einer frommen Lüge zu beruhigen. In gewisser Weise ähnelt diese Stimme der Stimme des Gewissens. Man kann sie zwar gewaltsam zum Schweigen bringen, aber sie meldet sich immer wieder zu Wort. Wer weiß, vielleicht ist es auch tatsächlich die Stimme des Gewissens bzw. deiner eigenen höheren Kontroll-Instanz. Wie dem auch sei, wer oder was sie auch sei, sie sagt jedenfalls folgendes zu dir: ›Ach, erzähl doch keinen Unsinn! Du kennst doch deine Träume ganz genau. Du weißt sehr wohl, wie es ist, wenn du träumst. In diesem Fall war es aber ganz anders. Dieses Erlebnis war *kein* Traum!‹ Du kannst dich drehen und wenden, wie du willst, es hilft alles nichts. Du mußt dir widerwillig eingestehen, daß du längst weißt und was du nicht wahrhaben wolltest: Diese Stimme hat recht. Sie überzeugt allein dadurch, daß sie erst gar keine Versuche unternimmt, dich durch spitzfindige Vernünftelei zu überzeugen. Argumente, Erklärungen oder Gründe vorzubringen, hat sie nicht nötig. Ihre irgendwie unschuldige Autorität ist buchstäblich über jeden Zweifel erhaben, denn sie dringt von jenseits der Alltagsvernunft in dein Bewußtsein ein. Sie spricht die Sprache deiner Seele, die Sprache deiner urinnersten Wahrheit. Jedes Wort, gesprochen in dieser Sprache, ist für dich Gesetz, Ausdruck der Eigengesetzlichkeit deines Wesenskerns. Du weißt genau, was geschieht, wenn du gegen dies Gesetz verstößt: Unerklärliches Unbehagen ist die Folge, wütend-rastlose Unzufriedenheit macht sich in dir breit, eine subtile Ratlosigkeit stellt sich ein — Anzeichen dafür, daß du von deinem eigenen Weg abgewichen bist.

Deine Vernunft sträubt sich also vielleicht noch immer dagegen, es zu akzeptieren, aber etwas in dir, das stärker und wahrhaftiger ist als alle Vernünftelei, hat von Anfang an gewußt: Es war kein Traum. Es war hyperreal, megareal, wirklicher als die gewohnte Wirklichkeit. Aber was war es denn dann, wenn es kein Traum war? Du weißt es noch nicht. Du weißt nur: Dieses Erlebnis war das genaue Gegenteil eines Traumes. Es war die Ursache oder Folge des höchstmöglichen Grades an Wachheit und Bewußtheit. Im Traum bist du der immanenten Eigendynamik der Traumereignisse ausgeliefert. Als Träumender hast du keine Möglichkeit, die Vorgänge willentlich zu steuern. Deine Reaktionen sind dumpf. Entscheidungen kannst du nicht treffen, sie sind schon getroffen. Es ist, als hättest du im Traum keinen eigenen Willen mehr. Oft tust du im Traum Dinge, die du weder verstehst noch willst, für die du dich zu keinem Zeitpunkt bewußt entschieden hast. Du bist wie eine Schachfigur, deren Bewegungen fremdgesteuert sind. Du ähnelst einer Marionette. Wer zieht die Fäden? Wer spielt welches Spiel mit dir? Du weißt es nicht. Nur eines ist klar: Du selbst bist es nicht.

Während eines Traumes bist du dir der Tatsache, daß du träumst, gänzlich unbewußt. Deine Alltagsidentität hast du vergessen. Du weißt nicht mehr, wer oder was du außerhalb der Traumkulisse bist, ja du hast sogar vergessen, daß dein wirkliches Leben in Wahrheit außerhalb des Traumes stattfindet. Das weißt du erst wieder, wenn du erwachst.

Stell dir vor, du wachst schweißgebadet aus einem Alptraum auf. Dein erstes Gefühl: Erleichterung. Dein erster Gedanke: Es war ja nur ein Traum. Du bist vielleicht vor grausigen Monstern davongelaufen, die dich zähnefletschend verfolgt haben und an deren niederträchtigen Metzgers-Absichten gar kein Zweifel bestand. Die blutrünstigen Unholde wollten dich schlachten. Nun: Hättest du während dieses Alptraums gewußt, daß du träumst, dann wäre die wilde Hatz rasch vorbei gewesen. Statt kopfscheu um dein Leben zu laufen, hättest du den Monstern trotzig entgegengeschleudert: ›Ätsch, ich träume ja nur. Ihr könnt mir gar nichts, und deshalb könnt ihr mich mal!‹ Resultat: Die Bestien hätten sich in Luft und Wohlgefallen aufgelöst. So war es aber nicht. Warum? Weil du während des Traumes eben gerade *nicht* wußtest, daß du träumst. Und deshalb warst du den Monstern und deiner eigenen Panik schutzlos ausgeliefert.

## Luzide Träume

Monroe erwähnt in seiner Antwort die luziden Träume. Was sind luzide Träume? Sie sind eine Art Niemandsland. Im luziden Traum hast du die Grenzen des gewöhnlichen Traumes schon hinter dir gelassen, du hast sie überschritten und träumst genaugenommen gar nicht mehr. Die Grenzen zum außerkörperlichen Erlebnis aber liegen noch vor dir. Im luziden Traum sind die Grenzen zum außerkörperlichen Erlebnis geradezu lächerlich leicht zu überwinden!

Das luzide Träumen ist eine unvorstellbar komplizierte Sache für den, der es noch nicht kann; und kinderleicht für den, der den Trick herausgefunden hat. Man kann sich selbst dazu bringen, daß man sich während eines Traumes der Tatsache bewußt wird, *daß* man träumt. Manche können es auch ohne Training, einfach so. Im Regelfall braucht man aber etwas Geduld, um die Fähigkeit zum luziden Träumen zu erlangen. Schafft man es dann endlich, kann man den Inhalt seiner Träume selbst bestimmen. Zu Beginn seiner Versuche kann man auf ziemlich witzige Weise kläglich scheitern. Bei mir war es so: Ich hatte mir jede Nacht beim Einschlafen vorschriftsmäßig einsuggeriert ›Sobald ich heute nacht träume, werde ich mir der Tatsache bewußt sein, daß ich träume. Ich habe dann die Fähigkeit zum luziden Träumen‹. Ergebnis: Ich träumte, daß ich zwei guten Freunden ellenlange Vorträge über das luzide Träumen hielt. Ich erklärte den Begriff, beantwortete ihre Fragen, schilderte ihnen die Vorteile, die das luzide Träumen mit sich bringt, kurzum, ich schwatzte ununterbrochen auf sie ein. Alles, was ich über das luzide Träumen wußte, habe ich ihnen im Traum erzählt. Das Problem war halt nur, daß ich durch diese großartigen Belehrungs-Vorträge durchaus nicht zum Bewußtsein der Tatsache gelangte, daß ich träumte. Ich redete nur davon, einen ganzen Traum lang — wie ein Eunuch über die Wonnen der Liebe...

Irgendwann stellen sich dann natürlich auch mal erste Erfolge ein. Man wird sich dann im Traum seiner wirklichen Identität bewußt. Das eingeschränkte Traum-Bewußtsein erweitert sich, so daß du nun über dein vollständiges Wachbewußtsein verfügst. Du weißt (im Traum), wer du (außerhalb des Traumes) bist, verfügst über deinen freien Willen und weißt, daß du träumst. Beispiel: Einmal träumte ich, ich läge auf dem Dach eines großen Lastwagens, den Kopf in Fahrtrichtung. Der Wagen brauste im Höllentempo eine Landstraße entlang. Plötzlich begann mein Traum-Ich sich zu wundern. Es fragte sich — oder muß ich schon sagen: ich fragte mich?! —: ›Herrgott, das ist ja halsbrecherisch! Was mache ich auf diesem Lastwagen? Ich bin doch kein Stuntman. Irgend etwas stimmt hier doch nicht!‹ Es war mir also im Traum gelungen, an der Traumrealität zu zweifeln. Schlagartig wurde mir klar, daß ich träumte, denn ich weiß, daß ich nicht tollkühn genug bin, auf dem Dach eines Lastwagens mit Tempo 200 durch die Gegend zu brausen. Das ist — oder besser, so beginnt luzides Träumen. Ich wußte, was jetzt zu tun war. Ich bestimmte selbst das Traumgeschehen. Ich ›befahl‹, daß der Lastwagen nach der nächsten Kurve vor einem alten Backsteinhaus, das dort gefälligst an der Straße zu stehen hätte, anhalten sollte. Vor dem Haus sollte ein kleines blondes Mädchen auf mich warten. So lautete meine Instruktion. Was soll ich sagen? Genau so geschah es! Der Lastwagen hielt vor einem Backsteinhaus, und dort wartete auch schon ein kleines blondes Mädchen auf mich, genau so, wie ich es ›angeordnet‹ hatte. Ich war mächtig stolz, zugleich aber auch überrascht, wie prima es funktioniert hatte. Spätestens ab jetzt war der Traum kein Traum mehr. Ich hatte mich aus der halbbewußten Traum-Dumpfheit ausgeklinkt. Mein Bewußtsein war hellwach und munter — wacher und munterer übrigens als jetzt! Ich wußte genau, wer ich bin, daß mein Körper zu Hause im Bett liegt und schläft und daß ich jetzt die Chance hatte, ein außerkörperliches Erlebnis herbeizuführen. Das habe ich dann natürlich auch getan. Eine solche Chance läßt man sich ja schließlich nicht entgehen!

## Der Bewußtseins-Quantensprung

Monroe hat recht. Ein ›Anfänger‹ könnte sein erstes außerkörperliches Erlebnis tatsächlich mit einem luziden Traum verwechseln. Warum? Weil die Grenzen zwischen beiden oft sehr fließend sind. Beide haben vieles miteinander gemeinsam. Sowohl im luziden Traum als auch während eines außerkörperlichen Erlebnisses ist man sich seiner Alltags-Identität vollkommen bewußt. In beiden Fällen verfügt man — ganz im Gegensatz zum gewöhnlichen Traum — über uneingeschränkte Willensfreiheit. Für den luziden Traum und die Astralreise gilt gleichermaßen: Das Bewußtsein ist so ungetrübt, so kristallklar, der Realitätssinn ist so geschärft, die Wahrnehmung so deutlich und intensiv, wie man es im Alltag nie oder nur höchst selten erlebt.

Am faszinierendsten aber ist folgende Analogie zwischen außerkörperlichen Erlebnissen und luziden Träumen. Betrachten wir die Angelegenheit nämlich einmal rein funktional, dann stellt sich heraus, daß es sich in beiden Fällen um ein und dasselbe Prinzip handelt, das lediglich auf verschiedenen Bewußtseinsebenen wirksam wird. Denn das luzide Träumen ist ja im Grunde genommen nichts anderes als eine gigantische Bewußtseins-Erweiterung des Traum-Ichs. Im luziden Traum ist das Traum-Ich mit dem Wachbewußtsein, mit der Alltags-Identität verschmolzen. Dadurch erhält das Traum-Ich sensationelle Entscheidungs- und Handlungsmöglichkeiten, die es vorher nicht gekannt hat. Es erlebt zum ersten Mal die Willensfreiheit. Man könnte auch sagen: Es ›erwacht‹ gewissermaßen zu seinem höheren Bewußtsein, zu seiner übergeordneten Ich-Instanz, nämlich der Alltags-Identität mit seinem ungleich größeren Erfahrungsschatz und seiner Willensfreiheit.

Exakt dasselbe geschieht zu Beginn eines außerkörperlichen Erlebnisses — nur halt auf der nächsthöheren Bewußtseinsstufe deiner multidimensionalen Gesamt-Identität. In diesem Fall nämlich verschmilzt dein Alltags-Wachbewußtsein mit der nächsthöheren Instanz deines Wesens, einer Instanz, die dir im Alltag genauso unbekannt ist wie deinem Traum-Ich deine Alltags-Identität. Diese höhere Instanz verhält sich zu deinem Alltags-Wachbewußtsein so, wie sich dein Alltags-Wachbewußtsein zum dumpf-unbewußten Traum-Ich verhält. Tatsächlich haben wir es in beiden Fällen, also sowohl beim luziden Traum als auch beim außerkörperlichen Erlebnis, mit ein und demselben Prinzip zu tun, nämlich mit dem Prinzip der Verschmelzung einer Bewußtseinsstufe mit der nächsthöheren Bewußtseinsstufe!

Diese Idee läßt sich beliebig weiterdenken. Beispiel: Im Traum hast du keine vollkommene Entscheidungsfreiheit. Du kannst keinen Einfluß auf den Gang der Traumereignisse nehmen — es sei denn, du träumst luzid! Nun, analog könnte man vielleicht sagen: Während einer Inkarnation wird dein Schicksal durch dein Karma oder die Gestirnskonstellationen — was ja im Grunde dasselbe ist — bestimmt; es sei denn, du erreichst einen Grad an Bewußtheit und Selbstbestimmtheit, der sich zum dumpfen Alltags-Bewußtsein so verhält, wie das luzide Traum-Ich zum gewöhnlichen Traum-Ich.

Einen Schritt weiter gedacht: Wer sich im luziden Traum seiner Wach-Identität bewußt ist, der kann die Traumhandlung willentlich lenken und steuern. Er bestimmt nun selbst, er ist der Herr seines Traum-Schicksals. Wem es, analog, aber auf der nächsthöheren Bewußtseinsstufe, gelungen ist, sein höheres Bewußtsein genauso mit dem Alltags-Ich zu verschmelzen, wie sein Traum-Ich im luziden Traum mit dem Wach-Bewußtsein — ja, sollte so jemand nicht auch in der Lage sein, gestaltend und verändernd auf unsere Ebene der Realität einzuwirken? — Dies wohlgemerkt nur unter der Voraussetzung, daß er den ›Bewußtseins-Quantensprung‹ gemacht hat, das heißt, daß er sich während der Inkarnation, jetzt und hier und dieser als physisch wahrgenommenen Realitätsebene, des nächsthöheren Teils seiner multidimensionalen Identität vollkommen bewußt ist und genauso über die Fähigkeiten und den Wissensschatz der nächsthöheren Instanz verfügt, wie das Traum-Ich im luziden Traum über das Wissen und die Fähigkeiten deiner Alltags-Identität verfügt. Wem das gelingt — und es gibt und gab ja immer Menschen, denen dieser ›Bewußtseins-Quantensprung‹ gelungen ist, der kann Dinge bewirken, die genauso weit über das hinausgehen, was der Alltags-Mensch mit seinem beschränkten Alltags-Bewußtsein zu leisten imstande ist, wie die Handlungsmöglichkeiten des luziden Träumers die Grenzen des beschränkten Traum-Ichs überschreiten.

Ist das, was wir ›Leben‹ nennen, am Ende vielleicht nichts anderes als ein Traum, den die nächsthöhere Instanz unserer multidimensionalen Gesamt-Identität träumt? Du erinnerst dich vielleicht an das Gleichnis vom Millionär, der träumt, er sei ein Bettler. Bin ich der Traum meiner Seele? Sind alle Menschen die Träume ihrer eigenen Über-Instanzen? Und ist die Seele, die Über-Instanz, vielleicht selbst auch nur wieder der Traum einer ihr übergeordneten Bewußtseins-Instanz? Diese Idee würde zu einer sedimentartig geschichteten Realitäts-Konzeption führen. Wirklichkeitsschicht folgte auf Wirklichkeitsschicht, bis ganz hinab — wie weit? Bis ganz hinauf — wie weit? Gott? Dieser Gedanke erinnert entfernt an die kabbalistische Vorstellung vom unendlich verschachtelten Kosmos, vom ›Baum im Baum im Baum im Baum im Baum . . .‹.
Aber laß uns noch einmal gemeinsam überlegen. Das Erwa-

chen aus einem gewöhnlichen, nichtluziden Traum könnte man in Analogie setzen zum Tod. Das Aufwachen beendet den Traum, der Sterbevorgang beendet das Leben, das ja eventuell auch eine Art nicht-luzider Traum ist. Tatsächlich wachen ja die Verstorbenen, wie die reanimierten ›klinisch Toten‹ bestätigt haben, in den Astralen wieder zu einem anderen, nicht-physischen Leben auf.

Eine weitere Analogie ließe sich aufstellen. Nämlich: Das Wachbewußtsein steht genauso in Wechselwirkung zur Summe seiner Träume, wie die Seele bzw. die nächsthöhere Über-Instanz zur Summe ihrer ›Träume‹, das heißt der verschiedenen Inkarnationen. Unser Wachbewußtsein, unsere Gedanken und Gefühle im Alltag werden ja auf subtile Weise, oft ohne daß wir es wissen, auch von unseren Traumerlebnissen beeinflußt. Analog wirken vielleicht die unterschiedlichen ›Träume‹ der Seele bzw. Über-Instanz prägend auf sie ein! Die Summe deiner Träume verhielte sich dann zur Summe deiner Inkarnationen wie dein Wachbewußtsein zu deiner Seele bzw. Über-Instanz.

Nach diesen Abschweifungen zurück zur Ausgangsfrage: Woher nimmt ein Astralwanderer diese unerschütterliche Gewißheit, daß er nicht geträumt hat? Wer diese Frage gestellt bekommt, der könnte leicht in Versuchung geraten, mit einer Gegenfrage zu kontern: ›Sehr geehrter Herr, hochgeschätzte gnädige Frau, woher wissen Sie, daß Sie jetzt, in diesem Augenblick, nicht träumen?‹ Darauf werden die Leute entweder beleidigt schweigen, oder sie werden sagen: ›Wieso? Es steht doch völlig außer Zweifel, daß ich wach bin!‹ Dem könnte man entgegnen: ›Sehen Sie, ganz genauso außer Zweifel steht es, daß die Exkursionen in die Astrale keine Träume sind!‹ — Ein rhetorischer Taschenspieler-Trick, zugegeben; damit kannst du die Leute vielleicht eine Zeitlang zum Schweigen bringen. Überzeugen kannst du sie auf diese Art natürlich nicht. Doch wozu überhaupt missionarischen Eifer entwickeln? Wozu mit Schaum vor dem Mund den Amoklauf des Fanatikers antreten, die Leute beim Kragen packen und ihnen die eigene Wahrheit aufzwingen? Ist denn die Wahrheit nur dann wahr, wenn möglichst viele Menschen von ihr überzeugt sind? Wäre es so, dann würde es ja im Umkehrschluß bedeuten: Eine Sache, von der viele Menschen überzeugt sind, ist zwangsläufig wahr. Viele Menschen beispielsweise glauben (oder glaubten), der Sinn des Lebens bestünde in erster Linie im Geldverdienen. Ist das wahr? Wahr allein deshalb, weil diese Ansicht bei einer demokratischen Abstimmung vermutlich mehr als fünfzig Prozent der Stimmen auf sich vereinigen könnte? Wahrheit ist kein Sauerbier. Man muß sie nicht anpreisen. Denn das ist ja das Kennzeichen der Wahrheit: Daß sie gilt, für jeden, und daß jeder, der sie sucht, früher oder später auch von allein auf sie stoßen wird. Deshalb ist es gar nicht nötig, für die Wahrheit Reklame zu machen. Hat man schon jemals von einem großangelegten Werbefeldzug gehört, der die Vorteile des Atmens anpreist: ›Leute, atmet Luft, damit ihr lebt‹? Unsinn! Solche Werbefeldzüge sind überflüssig. Spätestens dann, wenn jemand posthum als Dauergast in die Astrale übersiedelt, wird er aufhören, nach Erklärungen und Argumenten zu fragen. Dann braucht ihn niemand mehr zu überzeugen. Nebenbei: Wenn jemand die Reiseberichte aus den Astralen hartnäckig als Träume abtut, nun, dann wird er dafür seine Gründe haben, die man respektieren muß. Ich kenne eine Frau, deren größter Wunsch es ist, daß es nach dem Tod kein Weiterleben der Seele geben möge. Sie hat gute Gründe, sich das zu wünschen. Bestimmte Dinge, die sie getan hat, kann sie sich selbst nicht verzeihen. Sie fürchtet: Wenn es ein Leben nach dem Tode gibt, könnte sie unerbittlich zur Rechenschaft gezogen werden für das, was sie getan hat. Da sie sich selbst nicht verzeihen kann, glaubt sie, nichts und niemand im ganzen Universum könne ihr verzeihen. Deshalb hofft sie, daß mit dem Tod alles vorbei ist. Sie hat Angst vor der Hölle. Dabei ist ihr Leben längst die Hölle. Jeden Bericht eines Reanimierten oder Astralwanderers würde sie als Bedrohung empfinden. Solch einen Menschen gewaltsam von der Existenz der Astrale überzeugen zu wollen, ohne ihn vorher

von seinen krankhaften Schuldkomplexen und Bestrafungs-
ängsten befreit zu haben, wäre unsensibel, brutal und hunds-
gemein.

Traum oder nicht Traum — meiner Meinung nach hat diese
Frage in erster Linie einen indikatorischen Charakter. Sie zeigt
nämlich, daß der Fragende entweder nur über unzureichende
Informationen aus zweiter Hand verfügt, auf die er sich noch
keinen Reim machen kann, oder daß er erst eine einzige außerkörperliche Erfahrung gehabt hat, so daß sein Verstand, ich
sagte es schon, gewissermaßen in Notwehr handelt, wenn er
zur Klassifizierung dieses Erlebnisses nichts Besseres als die Kategorie ›Traum‹ vorzuschlagen weiß. Spätestens nach der
zweiten, dritten außerkörperlichen Erfahrung wird diese Frage ganz von selbst gegenstandslos.«

So weit unsere Freundin.

Rudolf Steiner schreibt in seinem Aufsatz »Die Erkenntnis
vom Zustand zwischen dem Tode und einer neuen Geburt«
folgendes: »Ein gesundes Sinnenleben kann die echte Wahrnehmung von der Vision oder Halluzination auf dem äußeren
Gebiete durch unmittelbares Erleben unterscheiden; ein gesund entwickeltes Seelenleben kann die geistige Wirklichkeit,
der sie sich entgegenträgt, in ähnlicher Art von der Phantastik
und Träumerei unterscheiden.«

Handelt es sich bei den Exkursionen in die Astrale um Träume? Man muß sich diese Frage einmal auf der Zunge zergehen
lassen: Sie hat einen gallebitteren Nachgeschmack. Hinter
dem biederen Gewand höflicher Neugier nämlich verbirgt
sich auch die unausgesprochene Unterstellung, es könne sich
bei all den vielen tausend Menschen, die bisher die Astrale besucht haben, sei es als Astralreisende, sei es als »Rückkehrer«,
also Reanimierte, um »Träumer« — sprich: um ebenso harmlose wie bemitleidenswerte Kreaturen handeln, denen bedauer-
licherweise die Fähigkeit zur Unterscheidung zwischen
Traum und Wirklichkeit abhanden gekommen ist. Ja, fast
schon fordert die Frage den Gefragten auf, den Beweis seiner
geistigen Gesundheit zu erbringen!

Der Prozentsatz derjenigen Astralwanderer bzw. Bewußt-seins-Entgrenzer, die den Nachweis ihrer geistigen und seeli-schen Gesundheit erbringen können, dürfte mindestens eben-so groß sein wie der prozentuale Anteil geistig und seelisch ge-sunder Menschen aus der Gruppe derjenigen, die (noch) keine außerkörperlichen Erfahrungen gemacht haben. Der Astral-wanderer Robert Monroe, Familienvater und erfolgreicher Un-ternehmer, hat dem Anhang seines Buches »Der zweite Kör-per« ein psychiatrisch-psychologisches Gutachten beigefügt. Es wurde erstellt von den Doktoren Twemlow und Gabbard. Beide haben Monroe eingehend untersucht. Ergebnis (unter Auslassung der Fachtermini simplifizierend im Klartext zu-sammengefaßt): Monroe ist kein Irrer.

## Zusammenfassung

Außerkörperliche Erlebnisse lassen sich zwei verschiedenen Kategorien zuordnen. Außerkörperliche Erlebnisse der ersten Kategorie treten fast immer als einleitende Vorstufe zu sol-chen der zweiten Kategorie auf.

1. Bewußtseins-Exkursionen können an jeden beliebigen Ort unserer vertrauten physischen Welt unternommen wer-den. Diese Form des »Astral-Tourismus« erfordert einige Konzentration und Gedankenkontrolle. Exkursionen die-ser Art können relativ rasch langweilig werden.
2. Im Vergleich zur ersten Kategorie scheint die zweite Art des außerkörperlichen Erlebnisses bei den meisten Astral-wanderern bzw. Bewußtseins-Entgrenzern häufiger aufzu-treten. Hierbei handelt es sich um Bewußtseins-Exkursio-nen in die Astrale, das heißt, in immaterielle Realitätsebe-nen, die unter anderem von zur Zeit nicht inkarnierten We-sen bewohnt (und teilweise vermutlich auch geschaffen) werden.

Zwischen der Fähigkeit zum luziden Träumen und Salomos Kunst, nämlich der angeborenen oder erworbenen Begabung, außerkörperliche Erlebnisse bewußt und willentlich herbeizuführen, scheint ein strukturelles Verwandtschaftsverhältnis zu bestehen. Wer das eine kann, der kann auch das andere. Eventuell handelt es sich in beiden Fällen um ein und dasselbe Prinzip, das lediglich auf verschiedenen Bewußtseinsstufen wirksam wird.

# KAPITEL 5

## Schutzengel?

Ein gelblich schimmerndes Oval, scheinbar aus Licht bestehend, umschließt eine Anzahl intensiver gefärbte, stärker leuchtende kugelförmige Gebilde. Es verfügt über Bewußtsein und taucht im Bericht unserer Freundin über ihr erstes außerkörperliches Erlebnis als lenkende oder sogar verursachende Kraft auf. Unsere Freundin unterstellte diesem Oval pädagogische Absichten. Handelte es sich bei diesem Licht-Oval um einen kurzfristig nach außen projizierten Teil ihrer selbst? Oder um eine nicht-physische Wesenheit mit »Lehr-Auftrag«, also beispielsweise um einen zur Zeit nicht inkarnierten Meister, der sich in Lichtgestalt offenbarte, um unsere Freundin zu eigenständigen Experimenten zu ermuntern? Oder hatte sie es in Wirklichkeit mit einer Gruppe bewußtseinstragender Wesenheiten zu tun? Repräsentierte vielleicht jede der intensiver leuchtenden Kugeln innerhalb des Ovals ein Individuum mit eigenem Bewußtsein, eigener Identität und eigenem Willen? Waren diese in Gestalt schimmernder Kugeln wahrgenommenen Wesenheiten eine Art Zweckbündnis eingegangen, bildeten sie so etwas wie eine Arbeitsgemeinschaft? Wir stehen vor einem Rätsel, das wir vermutlich (noch?) gar nicht lösen können. Dennoch wollen wir in diesem Kapitel gemeinsam den Versuch unternehmen, uns einer möglichen Erklärung fragend anzunähern — unter bewußter Inkaufnahme des Risikos, daß spätere Generationen, die umfassender informiert sind als wir, sich über unser unbeholfenes Gestammel fürstlich amüsieren werden.

In ihrem Buch »Über den Tod und das Leben danach« schreibt Elisabeth Kübler-Ross: »Was die Kirche den kleinen Kindern hinsichtlich ihrer Schutzengel erzählt, beruht auf Tatsachen, denn es ist ebenfalls bewiesen, daß jeder Mensch von seiner Geburt bis zu seinem Tod von Geistwesen begleitet wird.« Ihre jahrzehntelangen Forschungen überzeugten sie von der Existenz von »Führungskräften, die einer schwerelosen Welt entstammen und die uns immer umgeben und auf Gelegenheit warten, uns nicht nur Wissen und Hinweise zukommen zu lassen, sondern uns auch in dem Verstehen behilflich zu sein, weshalb wir leben.« Diese Helfer sind es auch, die einem Verstorbenen in Gestalt einer lichten, hell strahlenden, humorvoll-freundlichen Wesenheit erscheinen und ihm den Übergang in die anderen Welten (die Astrale) erleichtern. Handelte es sich bei dem Licht-Oval um einen solchen Helfer oder um eine Gruppe von Helfern, die unserer Freundin aus Gründen, die wir nicht kennen, schon zu Lebzeiten und nicht erst nach ihrem Tod erschienen sind? Helfer, die dich durch jede Sekunde deiner Inkarnation begleiten, ohne daß du dir ihrer Anwesenheit bewußt wärest? Helfer, die wir nur in Ausnahmefällen zu Gesicht bekommen, ein einziges Mal vielleicht nur im Leben — und dann erst wieder »danach«? Helfer vom Schlage der sagenumwobenen Melchisedek-Gestalt des Alten Testamentes, deren Aufgabe in der Initiation bestimmter Individuen besteht? Helfer vom Schlage der Töchter des »Erlkönig«, die in Goethes berühmtem Gedicht den sterbenden Knaben spielerisch und freundlich in die »andere Welt« hinüberlocken, so daß zu keinem Augenblick Todesfurcht in dem kranken Kind aufkeimen kann? Helfer vom Schlage der wissenden Wesenheiten, die durch Channel-Medien zu uns sprechen und die uns ihre Informationen zur Verfügung stellen möchten? »But when you need me be assured I won't be far away«, sagte die schöne »Lady in Black« dem Sänger zum Abschied —: »Ich werde immer in deiner Nähe sein, wenn du mich brauchst«; auch sie eine Helferin?

# Unbekannte Formen der Selbstinitiation?

Robert Monroe ist, so schreibt er in seinem ersten Buch (»Der Mann mit den zwei Leben«) fest davon überzeugt, daß ihm »einer oder mehrere von Zeit zu Zeit bei meinen Experimenten geholfen haben. Vielleicht sind diese Helfer ständig bei mir, und ich nehme sie nur nicht wahr.« Dieser Vermutung würde, wie wir gesehen haben, Elisabeth Kübler-Ross vorbehaltlos zustimmen.

Wer sind nun diese Helfer? Monroe hat sich diese Frage gestellt, und er glaubt: »Eines Tages werden sich die Helfer vielleicht zu erkennen geben. Ich vermute, daß die Antwort eine Überraschung sein wird.«

Allerdings! Und was für eine! Eine Überraschung, wie sie überraschender wohl kaum sein kann. Was für erstaunliche Entdeckungen er noch machen sollte, das konnte Monroe zur Zeit der Niederschrift seines ersten Buches noch gar nicht wissen. Denn zwischen seinen frühen außerkörperlichen Erlebnissen, die er im ersten Buch beschrieben hat, und den späteren, von denen sein zweites Buch handelt, lagen (buchstäblich!) Welten. Hätte er, als er seinen kleinen prophetischen Satz zum Thema »überraschende Antworten« schrieb, auch nur einen Bruchteil dessen geahnt, was ihm später zur Gewißheit werden sollte — er hätte, zwischen ehrfürchtigem Staunen und unbändigem Lachreiz hin- und hergerissen, gar nicht weiterschreiben können. Die Ironie seines selbstgeschmiedeten Schicksals (oder die immanente Ironie der zugleich vergangenen und zukünftigen Ereignisse) hätte ihn ebenso verblüfft wie amüsiert. Denn: Einer seiner Helfer war niemand anderes als — *er selbst!* Wie kann das sein?

Während einer außerkörperlichen Exkursion durch Raum und Zeit, die Monroe, fast schon im Rentenalter, als erfahrener Astralwanderer (oder: Bewußtseins-Entgrenzer) in Begleitung befreundeter unphysischer Wesenheiten unternommen hatte, war man gemeinsam an ein Haus gekommen. Es wurde Monroe zu verstehen gegeben, daß in diesem Haus eine derzeit als Mensch inkarnierte Wesenheit lebe. Dieses Wesen war vor seinen irdischen Inkarnationen der beste Freund einer derjenigen unphysischen Intelligenzen gewesen, in deren Gesellschaft Monroe sich während dieser Astralreise befand. Das Wesen war als weißer Amerikaner inkarniert. Es hatte seine außerirdische Herkunft und seine wahre Identität vergessen. Es hatte auch jede Erinnerung an seine »alten Freunde« verloren, die es vorgezogen hatten, lieber nicht als Menschen auf diesem Planeten zu inkarnieren.

Dem vergeßlichen Wesen sollte nun ein wenig auf die Sprünge geholfen werden. Der Amerikaner in diesem Haus sollte einen kleinen Denkanstoß bekommen. Dadurch, so hofften die unphysischen Intelligenzen gemeinsam mit Monroe, würde das derzeit inkarnierte Wesen vielleicht dazu ermuntert werden, sich seine vergessenen Erinnerungen zurückzuerobern.

Volltreffer! Denn kurz nach dieser Astralreise, die Monroe als »Mann in den besten Jahren« gemeinsam mit seinen unphysischen Reisebegleitern unternommen hatte, fiel ihm ein: Irgendwie kam ihm das Haus des vergeßlichen Amerikaners bekannt vor. Woher kannte er es nur? Hatte er das Haus nicht irgendwo, irgendwann schon einmal gesehen, lange schon vor dieser Astralreise? Endlich begriff Monroe das Unbegreifliche: Dies Haus war einmal sein Haus gewesen. Hier hatte er mit Anfang Zwanzig gewohnt, als junger Mann, genau zu der Zeit, als er seine ersten außerkörperlichen Erfahrungen gemacht hatte. Damals war ihm intuitiv klar gewesen: Irgend etwas oder irgend jemand hat mir auf die Sprünge geholfen; irgend etwas oder irgend jemand erwartet von mir, daß ich außerkörperliche Erfahrungen sammeln soll. Aber wer? Damals hatte es der junge Monroe nicht gewußt. Jetzt wußte es der alte Monroe. *Er selbst* hatte sich gewissermaßen nachträglich selbst initiiert. Ja — geht denn so etwas? Kann denn mein zukünftiges Ich im zeitlichen Rückgriff korrigierend oder lenkend in mein jetzige Leben, das heißt, in seine eigene Vergangenheit eingreifen? Dieser Gedanke ist im wahrsten Wortsinn undenkbar für jeden, der außerstande ist, die engen Grenzen seiner linearen Zeitvorstellung zu sprengen. Für die anderen ist es — ein gigantischer Spaß, theoretisch wie auch praktisch.

So neu ist dieses Wissen um die Möglichkeit des nachträglichen Eingreifens in die eigene Vergangenheit übrigens auch gar nicht. Wer sich ein wenig in den gnostischen Evangelien auskennt, erinnert sich vielleicht an einen ähnlichen Fall, geschildert in der »Pistis Sophia«: Nach der Kreuzigung fährt Jesus in der Unterweisung einer handverlesenen Jüngerschar fort. (Sein begabtester Schüler ist übrigens eine Frau, Maria Magdalena!) Was ist geschehen in der Zeit, die zwischen der Kreuzigung und der Rückkehr Jesu zu seinen Lieblingsjüngern in Gestalt eines nichtphysischen Lehrers lag? Jesus gibt einen ausführlichen Bericht, der in folgender Schilderung gipfelt (O-Ton Jesus, zitiert nach dem achten Kapitel der »Pistis Sophia«):

»Es geschah nun danach, da blickte ich auf Befehl des ersten Mysteriums auf die Welt der Menschheit hinab und fand Maria, welche ›meine Mutter‹ gemäß dem materiellen Körper genannt wird; ich sprach mit ihr in Gestalt des Gabriel, und als sie sich in die Höhe nach mir gewandt hatte, stieß ich in sie hinein die erste Kraft, welche ich von der Barbelo genommen hatte, das heißt den Körper, welchen ich in die Höhe getragen habe. Und an Stelle der Seele stieß ich in sie hinein die Kraft, welche ich von dem großen Sabaoth, dem Guten, der sich in dem Orte der Rechten befindet, genommen habe.«

Parallele Vorgänge: Der unphysische Monroe »in den besten Jahren« initiiert den jungen Mann, der er selbst einmal gewesen war, also sich selbst. Der alte Monroe greift in seine eigene Vergangenheit ein. Aus der Perspektive des jungen Monroe stellt sich der Vorgang entsprechend umgekehrt dar: Er wird initiiert von der hochentwickelten Wesenheit, die er einmal sein wird. Jesus als ebenfalls unphysische Wesenheit geht sogar noch einen Schritt weiter: Er bereitet seine eigene Inkarnation vor, eine Inkarnation, die er zum Zeitpunkt der Vorbereitung längst hinter sich hat. Vorher und Nachher, Zukunft und Vergangenheit — sie bilden keine unversöhnlichen Gegensätze mehr. Unfaßbar? Unvorstellbar? Durchaus nicht. Schon Salomo sagt (Prediger Salomo 3,15): »Was geschieht, das ist schon längst gewesen, und was sein wird, ist auch schon längst gewesen.«

Wer mag, der lese in diesem Kontext und unter diesem Gesichtspunkt einmal das Kapitel »Der Genesende« aus Nietzsches »Zarathustra«. Dort findet sich der Kernsatz: »Ich komme wieder, mit dieser Sonne, mit dieser Erde, mit diesem Adler, mit dieser Schlange — *nicht* zu einem neuen Leben oder einem besseren Leben oder ähnlichen Leben — ich komme ewig wieder zu diesem gleichen und selbigen Leben, im Größten und auch im Kleinsten, daß ich wieder aller Dinge Wiederkunft lehre.« — Ein anderer Aspekt desselben Rätsels, das wir schon bei Monroe und in der »Pistis Sophia« beschrieben fanden; mit dem einzigen Unterschied, daß Zarathustra (oder Nietzsche selbst?!) nicht weiß (oder *noch* nicht weiß?!), daß — und vor allem: wie der Kreis zu durchbrechen ist…

Wir können jetzt eine zweite Erklärungs-Variante vorschlagen, eine weitere mögliche Antwort geben auf die Ausgangsfrage dieses Kapitels: »Wer oder was war das Oval mit den Kreisen?« Möglicherweise hat unsere Freundin einen Besuch aus ihrer eigenen Zukunft erhalten. Ihr zukünftiges Ich, das weiter entwickelt sein wird (oder schon »jetzt« weiterentwickelt ist, denn »was sein wird, ist auch schon längst gewesen«), hat sich den Spaß erlaubt oder die Notwendigkeit erkannt, sich selbst zu seiner eigenen Ursache zu machen. Es hat quasi nachträglich die Voraussetzung seiner eigenen Existenz geschaffen, indem es in seine eigene Vergangenheit eingriff. Diese Erklärungsvariante ist natürlich nur akzeptabel für diejenigen unter uns, die sich unter dem Begriff »Zeit« auch etwas anderes als einen linearen Strahl vorstellen können.

Edgar Cayce, der berühmte »schlafende Prophet«, hat einmal folgende aufregende Aussage zum Thema Astrologie gemacht. Sinngemäß sagte er: Sowohl unser Sonnensystem als auch die menschliche Seele seien in Wirklichkeit achtdimensional. Während unserer Inkarnation hier auf der Erde befinden sich, so Cayce weiter, die übrigen sieben Bestandteile unserer multidimensionalen Persönlichkeit auf den anderen Planeten unseres Sonnensystems. Von dort aus beeinflussen sie als Bewohner anderer Dimensionen auf subtile Weise unser Schicksal hier auf der Erde. Wir menschlichen Wesen sind weit mehr, als uns auch nur ansatzweise bewußt ist. Das Bewußtsein des inkarnierten Menschen ist oft mit einem Eisberg verglichen worden. Nur ein Siebtel des Eisbergs ragt aus der Meeresoberfläche hervor. Der größte Teil des Eisberges bleibt unsichtbar unter Wasser. Das menschliche Wachbewußtsein ähnelt dem sichtbaren Siebtel und erfaßt nur einen Ausschnitt, einen Bruchteil der Realität. Der größte Teil seines wirklichen Wesens bleibt dem Menschen während der Inkarnation auf der Erde unbewußt. Wenn Cayce recht hat (und seine Aussagen nicht symbolisch zu verstehen sind), dann befindet sich jetzt ein Teil Ihrer multidimensionalen Persönlichkeit auf dem Merkur, ein anderer auf der Venus, der nächste auf dem Mars, ein weiterer auf dem Jupiter, dem Uranus, dem Pluto. Von dort aus lenken sie Ihr Schicksal — oder korrekter gesagt: Von dort aus lenken Sie selbst, ohne daß Ihr Bewußtsein etwas davon weiß, Ihr eigenes Schicksal. Man könnte fast sagen: Sie sind Ihre eigene Marionette, Ihr eigenes Versuchskaninchen. Demnach sind wir Menschen multidimensionale Geschöpfe, die auf mehreren Planeten und/oder Realitätsebenen zugleich existieren? Und jeder von uns bevölkert alle Dimensionen und Planeten gleichzeitig? Wie heißt es doch so schön: »Wir sind nicht nur von dieser Welt!« Wir haben unsere multidimensionale Identität zwar vergessen; unbeschadet dessen unterliegen wir aber der Führung durch die höherentwickelten Teile unserer multidimensionalen Gesamtpersönlichkeit. Im Hinblick auf die Fragestellung, mit der wir uns in diesem Kapitel auseinandersetzen, ließe sich jetzt also eine weitere mögliche Antwort vorschlagen: Die Kugeln innerhalb des Licht-Ovals könnten, wenn Cayce recht hat — er irrte selten —, Komponenten der multidimensionalen Gesamtidentität unserer Freundin sein. Aus Gründen, über die wir nichts wissen, haben die höherentwickelten Persönlichkeitsbestandteile unserer Freundin eventuell den Beschluß gefaßt, ihren am kümmerlichsten entwickelten Teil, das heißt konkret: unsere Freundin, dazu aufzufordern, sich die komplexe, vielschichtige Identität ihres multidimensionalen Wesens bewußt zu machen. Sie taten dies in Gestalt intensivgelber Lichtkugeln. (Wie man immer häufiger hört, machen sich die »höheren Aspekte« der multidimensionalen Psyche anderer Inkarnierter unsere — teilweise wohl noch immer recht naiven — Vorstellungen von den UFOs zunutze. Sie lassen sich als »Außerirdische« wahrnehmen, als diese netten kleinen Männlein mit den riesigen, dunklen, schrägstehenden Augen. Nach der Initiation meint der Inkarnierte, in ein Raumschiff entführt und eventuell operiert worden zu sein. In Wahrheit aber wurde ihm (vermutlich) ein außerkörperliches Erlebnis ermöglicht, und seine Chakren wurden vielleicht aktiviert. — Diese Interpretation sei nur so am Rande zur Diskussion gestellt.)

## Geheime Weltregierung?

Denkbar wäre aber auch folgende Erklärung: Bei den Kreisen, die sich innerhalb des Ovals befanden, könnte es sich um eine Gruppe derzeit hier auf der Erde inkarnierter Astralwanderer handeln. Gemeinsam unternehmen sie vielleicht »Missions-Exkursionen«, das heißt, sie besuchen vielleicht während ihrer außerkörperlichen Reisen geeignete Individuen, die sich gerade im Zustand meditativer Entspannung befinden, um sie auf die Möglichkeit des Astralwanderns (oder Bewußtseins-Entgrenzens) aufmerksam zu machen. (Bücher zu schreiben, Vorträge zu halten und Seminare zu veranstalten — das genügt ihnen vielleicht nicht mehr. Eventuell wollen sie eine neue Form der Lehrtätigkeit anwenden, die kostenlos, wirksam und überzeugend ist!) Sie könnten unsere Freundin auf diese Weise — salopp formuliert — eingeladen haben, ihrem »Verein« beizutreten.

Robert Monroe hielt, zumindest während der Niederschrift seines ersten Buches, die Existenz eines solchen »Vereins« für durchaus möglich. Dieser Gedanke war ihm allerdings nicht recht geheuer. Er schreibt: »Wir wollen einmal annehmen, daß nur ein Mensch unter einer Million bewußt und konsequent im Zweiten Körper experimentieren kann. Das bedeutet, daß es im Augenblick über dreitausendfünfhundert jetzt lebende Menschen gibt, die sich ihres Zweiten Körpers bedienen können, vermutlich besser als ich. Ein solche Gruppe könnte, wenn sie organisiert wäre, das Geschick der Menschheit kontrollieren. Das führt zu der Frage: Sind einige von ihnen vielleicht schon jetzt organisiert und kontrollieren sie unser Geschick?«

Unsere masochistisch und paranoid veranlagten Freunde, die sich gern mit Big-Brother-Horrorvisionen quälen, werden ihr helles (oder sagen wir besser: ihr finsteres) Entzücken an den weiteren Ausführungen Monroes zu diesem Thema haben. Die anderen mögen sich beruhigen. Nehmen wir nämlich einmal an, diesen »Verein« gibt es wirklich. Wir können mit an Sicherheit grenzender Wahrscheinlichkeit davon ausgehen, daß seine Zielsetzungen weder inhuman noch destruktiv sind. Dieser Verein bestünde weder aus einer willfährigen Handlangerschar der Atom-Lobby noch aus neurotischen Miniatur-Hitlers, die von der absoluten Weltherrschaft des Faschismus träumen. Die geistigen Kinderkrankheiten einer jungen Seele, wie Machtlüsternheit oder Geldgier, wären für sie kein Thema mehr — oder bestenfalls noch ein Thema, über das sie ihre gutmütigen Witze machen. Woher wissen wir das? Wir wissen, daß niemand an Hagen vorbeikommt, der nicht den »Hagen in sich« transformiert hat. Dies scheint ein elementares Grundgesetz des Astralwanderns (Bewußtseins-Entgrenzens) zu sein. Anders ausgedrückt: »Man wird immer finden, daß diejenigen, die wirklich wissen, die bescheidensten Menschen sind, und daß ihnen nichts ferner liegt als dasjenige, was die Menschen Machtgelüste nennen.« (Rudolf Steiner in seinem Buch: »Wie erlangt man Erkenntnisse der höheren Welten?«)

Eine himliche Weltregierung gibt es ja übrigens auch schon längst. Die multinationalen Konzerne haben schon jetzt so viel wirtschaftliche — und somit indirekt auch politische — Macht akkumuliert, daß sie einflußreicher sind als jede demokratisch gewählte Regierung. Unter diesem Aspekt betrachtet, könnte man fast sagen: Na, *hoffentlich* gibt es diesen »Verein«, der aus hochentwickelten Individuen besteht, die weder korrupt noch bereit sind, um der Profite willen über Leichen zu gehen! Ja, sogar noch einen Schritt weiter: Falls es diesen »Verein« (noch) nicht gibt, nun, dann sollte er schleunigst gegründet werden!

## Ausflug zu den Ahnen

Dumm, anmaßend, aber leider noch immer ziemlich weit verbreitet ist die Ansicht, unsere Damen und Herren Vorfahren aus heidnischer Zeit hätten sich noch nicht ihre Köpfe über differenzierte philosophische Probleme zerbrochen. Ihr Wissen um subtile Wahrheiten und Zusammenhänge überstieg den eher kümmerlichen Kenntnisstand eines durchschnittlichen modernen Mitteleuropäers. Trügen wir unseren Vorfahren die Frage nach der Identität des Ovals und der darin sich befindlichen Kugeln vor, so erhielten wir folgende poetisch-symbolische Auskunft:

> Eiris sazun idisi, sazun hera douder
> suma hapt heptidun, suma heri lezidun
> suma clubodun umbi couniouuidi:
> insprinc haptbandun, invar vigandun!

Dies kunstvoll in Versform gegossene Konzentrat esoterischen Wissens (fast möchte man es für eine geraffte Kurzfassung der Bhagavad Gita halten!) ist heute unter dem Titel »Erster Merseburger Zauberspruch« bekannt und belegt vermutlich einen Spitzenplatz auf der Liste der am meisten verkannten und unterschätzten literarischen Zeugnisse unserer kulturellen Tradition. Schenken wir den Germanisten Glauben, so handelt es sich hier lediglich um einen stabgereimten Ritual-Hokuspokus zur magischen Befreiung von Kriegern, die in Feindeshand und Gefangenschaft geraten sind. Für alle, die (Späßchen für Spezis!) zusammen mit ihren früheren Inkarnationen auch ihre alten Sprachen vergessen haben, hier die Übersetzung der Antwort unserer heidnischen Altvorderen:

> Einst setzten sich die Idisen nieder, hierhin und dorthin,
> Manche zurrten die Fesseln fester, manche hemmten das
>   Heer,
> Manche lösten die Fesseln der Kühnen:
> Entspring den Fesseln, entfahre dem Feind!

Der trunkenen Schwelgerei in germanischen Mythen haben wir aus guten historischen Gründen zu mißtrauen gelernt. Wer jedoch C. G. Jungs sehr lesenswerten Aufsatz über Wotans Wiederkehr in Gestalt des Hitler-Faschismus kennt, der weiß: Nur jene können im fauligen Giftschlamm braunen Ungeistes versinken, die sich ihres kollektiven seelischen Erbes unbewußt sind.

Also: Was ist uns hier überliefert worden? Auf der ersten Verständnis- und Interpretationsebene ersteht vor uns das Panorama eines archaischen Schlachtfeldes. Zwei Heere, bis an die Zähne bewaffnet, stehen einander feindselig gegenüber. Während des Kampfgetümmels geraten Krieger beider Seiten in Gefangenschaft. Nun greifen die Idisen (unphysische Wesenheiten, den Walküren vergleichbar) parteilich zugunsten des einen Heeres ins Geschehen ein. Gleichmäßig verteilen sie sich über das Schlachtfeld. Den Tapfersten verhelfen sie zum Sieg. Sie bewachen die Gefangenen, die das von ihnen protegierte Heer gemacht hat, und befreien gleichzeitig ihre Schützlinge aus den Händen der Feinde.

Zweite Verständnis- und Interpretationsebene: »Die Mythen bewahren und vermitteln die Paradigmata, die beispielhaften Vorbilder, für das gesamte verantwortliche Handeln des Menschen. Kraft dieser beispielhaften Vorbilder, die den Menschen in mythischen Zeiten offenbart wurden, werden Kosmos und Gesellschaft periodisch wiedergeschaffen.« (Mircea Eliade im Vorwort zur amerikanischen Ausgabe seines Buches »Kosmos und Geschichte«.)

Auf dieser Betrachtungsebene sagt uns der Erste Merseburger Zauberspruch (im Klartext): »Was einmal geschehen ist, das kann und wird wieder geschehen. Die Idisen haben den Tapfersten helfend zur Seite gestanden. Sie werden es immer wieder tun. Wer mutig ist und sich aufrichtig bemüht, stets sein Bestes zu geben, der kann fest auf Protektion durch höhere Wesenheiten rechnen.«

Der Volksmund sagt mit seinen »geflügelten Worten« noch heute genau dasselbe: »Hilf dir selbst, dann hilft dir Gott« — was durchaus nicht als zynische Bankrotterklärung des gesunden Gottvertrauens zu verstehen ist, sondern, ganz im Gegenteil, als konstruktive Aufforderung, das eigene Schicksal verantwortungsbewußt in die Hand zu nehmen, beherzt und in der unerschütterlichen Gewißheit, daß jedem geholfen werden wird, der seinen dumpfen Fatalismus überwindet: »Wer immer strebend sich bemüht, den können wir erlösen«, so heißt es; *den* und *nur* den! Einem Fatalisten kann niemand helfen. Der Fatalist hat einen undurchdringlichen Wall aus Trägheit und weinerlicher Selbstgerechtigkeit um sich herum errichtet. Daran prallt jede Hilfsbereitschaft ab, möge sie nun von Menschen kommen oder von wohlmeinenden höheren Mächten.

Dritte und subtilste Verständnisebene: Unsere dualistisch-antagonistische Welt der Polaritäten ähnelt einem Schlachtfeld. Immer und überall prallen Gegensätze aufeinander. Der Mensch wird in diesen Strudel der Oppositionen hineingerissen wie ein Krieger in den Kampf. Er verstrickt sich immer weiter in gedankliche Fesseln, in die unfrei machenden Verstrickungen polaren Denkens. Denen aber, die ernsthaft und ausdauernd darum ringen, sich aus diesen Fesseln zu befreien, wird stets geholfen werden. Unphysische Wesenheiten gewähren ihnen freundliche Unterstützung; wo sie aufrichtige Bemühungen sehen, da honorieren sie das menschliche Erkenntnisstreben durch Hilfestellungen. Sie fördern und ermuntern jeden, der von sich aus die ersten Schritte unternommen hat. Das also sagt uns der Merseburger Zauberspruch über uns selbst, über unsere Entwicklung: Wenn du den manchmal schweren und nicht immer bequemen Erkenntnisprozeß auf dich nehmen und auch hart an dir arbeiten willst, dann wird dir, verlaß dich darauf, von wohlwollenden Wesenheiten, die du weder sehen noch anfassen kannst, geholfen werden. (Wie verläßlich diese Zusage ist, weiß jeder aus ureigenster Erfahrung, der die ersten Schritte schon unternommen hat — günstige »Zufälle« pflastern seinen Weg ...)

Unsere Damen und Herren Vorfahren aus heidnischer Zeit hätten (haben) also die Frage nach der Identität des Ovals und der Kugeln etwa folgendermaßen beantwortet: »Liebe Nachfahren! Auch wir haben uns schon mehrfach von der Existenz dieser unphysischen Wesenheiten überzeugen können. Wir haben ihnen viel zu verdanken und wissen, daß sie uns immer dann helfend zur Seite stehen, wenn wir uns ausdauernd und aufrichtig um Erkenntnis bemühen. Wir glauben, daß diese Wesenheiten weiblich sind und nennen sie — irgend einen Namen muß man ihnen ja geben, wenn man über sie reden will — Idisen. Für weiblich halten wir sie deshalb, weil unserer Meinung nach alles Gebende, Wohltätige, liebevoll sich Verströmende weiblich ist. Wir haben diese Wesenheiten als wohltätig kennengelernt. Deshalb sind sie für uns weiblich. Wir nennen sie zwar Idisen, wissen aber, daß wir im Grunde genommen nichts über sie wissen — nur eines: Sie helfen. Und dafür sind wir ihnen dankbar, dafür verehren wir sie.«

Daraus folgt: Wer oder was immer diese Helfer auch sein mögen, gewiß ist jedenfalls, daß sie die Entwicklung der Menschheit nicht erst seit vorgestern wohlwollend beobachten. Sie scheinen nur auf günstige Gelegenheiten zu warten, um einzelnen Menschen (oder Gruppen), die offen genug sind für den Empfang freundlicher Hilfestellungen, ihre (Achtung: Symbol!) helfenden Hände entgegenzustrecken. Diese (unphysischen!) »Hände« sind überall und jederzeit da, für jeden, der bereit ist, vertrauensvoll nach ihnen zu greifen.

# Friedas Bild

Bevor wir von unserem Ausflug in die heidnische Zeit zurück-kehren in die Gegenwart, machen wir kurz Zwischenstation im Jahre 1938. Wir besuchen eine faszinierende, intelligente Künstlerin. Sie heißt Lady Frieda Harris. Vor einiger Zeit hat ein gewisser Herr Edward Alexander (»Aleister«) Crowley sie unter allen Künstlerinnen auserkoren, die »Mutter« seines ge-planten Tarot-Decks zu werden. Sie soll seine in Bild-Symbole übersetzten Kommentare zum Kabbalistischen Baum »zur Welt«, sprich: auf die Leinwand bringen. Frieda Harris ist mit ihrer »Erwählung« einverstanden — freilich unter einer Bedin-gung. Freund Crowley muß sich hoch und heilig verpflichten, während der Dauer ihrer künstlerischen Arbeit keinerlei schwarzmagischen Unfug zu treiben. Das Werk soll nicht be-sudelt werden. Crowley willigte in die Bedingung ein. (Crow-ley als Faust-Kontrast: Er schloß keinen Teufels-, sondern ei-nen »Engels-Pakt« . . .) Er wußte nicht, was er tat. Das Projekt entwickelte sich außerplanmäßig. (Daß Scheherezade mehr als tausend Geschichten in petto hatte, war ja auch nicht vor-auszusehen gewesen.) Crowley jedenfalls war stillschweigend von der Voraussetzung ausgegangen, »Mutter« Harris werde »das gemeinsame Kind« binnen weniger Monate »zur Welt bringen«. Irrtum! Frieda Harris arbeitete von 1938 bis 1943 an den Bildern; zähneknirschend mußte Crowley fast fünf Jahre lang »clean« bleiben. Diese Anstrengung hat er dann auch nicht lange überlebt. Er starb 1947. Ginge es mit rechten Din-gen zu, dann müßte der Kartensatz eigentlich »Harris-Tarot« heißen. Aber die Kinder erhalten stets den Namen des Vaters. So wollen es die Spielregeln des Patriarchats. Er hatte die Idee, sie hatte die Arbeit, und nun sind die Karten als Crowley-Tarot bekannt.

Irgendwann zwischen 1938 und 1943: Auf dem europäischen Festland wüten Terror und Wahnsinn. Frieda malt. Jedes Bild, gleichgültig, wann und von wem gemalt, enthält — ja mehr noch: *ist* eine Aussage. Eine Aussage kann wahr, präzise und einleuchtend sein. Oder auch das Gegenteil. (Der Philosoph und Schriftsteller Hermann Broch beispielsweise hielt alle Bilder des Malers Salvador Dali für abgefeimte Lügen.)

Wir sehen Frieda bei der Arbeit zu. Das Bild, das sie soeben fertigstellt, enthält nämlich eine Antwort auf die Frage, mit der wir uns in diesem Kapitel beschäftigen. Es stellt den Hohepriester dar, den sechsten Trumpf des Tarot, die laufende Nummer 5. Diese Karte sagt uns auch etwas über Europa — Frieda lebt und arbeitet schließlich nicht im luftleeren Raum. Eigentlich wollten wir Frieda ja nach der Identität des Licht-Ovals fragen. Da Umwege aber bekanntlich die Ortskenntnis erhöhen, gönnen wir uns zunächst mal wieder einen kleinen Exkurs. Was hat die Crowley/Harris-Karte 5 (Hohepriester) mit Europa zu tun?

Crowley deutet in seinem Kommentar zu dieser Karte auf den Zusammenhang hin. Mit lässiger Eleganz schleudert er uns die Stichworte »Pasiphae« und »Stier« vor die Füße. Um diesen Hinweis zu verstehen, müssen wir etwas tiefer in die griechische Mythenkiste greifen.

Bekanntlich hat vor urlanger Zeit der Gott Zeus/Jupiter in Gestalt eines schönen Stieres die nicht minder schöne Jungfrau Europa geraubt, um mit ihr den weisen Gesetzgeber Minos zu zeugen. Eine gerechte Zivilisation sollte gegründet werden. Zeus/Jupiter leistete also tätige Zivilisations-Entwicklungshilfe, indem er sich mit Fräulein Europa vergnügte. (So viel Spaß kann Politik machen!) Schon in der dritten Generation geriet das Entwicklungsprojekt außer Kontrolle. Der Enkel des halbgöttlichen Zeus/Jupiter-Sohnes nämlich, auch er trug den Namen Minos, lebte als König auf der Insel Kreta. Pasiphae war seine Frau Gemahlin. Minos der Enkel war seinem halbgöttlichen Großvater offenbar weder an Weisheit noch an Frömmigkeit ebenbürtig. Er verärgerte seinen Ur-Ur-Onkel, den Gott Neptun. Deshalb kam es nun in der Minos-Familie zu einem zweiten Fall von Sodomie. Neptun ließ seinem Reich, dem Meer, einen herrlichen Stier entsteigen. Ergebnis: Königin Pasiphae gebar den Minotaurus. Nun war ihr gehörnter

Gatte mit einem Bastard gestraft. Das hat man davon, wenn man sich mit den Göttern anlegt! Der Bankert Minotaurus war nicht nur unehelich, sondern obendrein auch noch häßlich und ein Menschenfresser. Was tun? Einsperren, na klar! Und zwar ins Labyrinth, damit man Neptuns Rache nicht ständig vor Augen hatte. Wer erbaute das kretische Labyrinth, diese erste Verwahranstalt für schwererziehbare, milieugeschädigte Jugendliche? Es war Dädalus, der Vater des berühmten abgestürzten Fliegers. Der Rest ist bekannt: Irgendwann tauchte der Held Theseus auf. Ariadne gab ihm den mittlerweile sprichwörtlich gewordenen Faden, und der Minotaurus konnte ordnungsgemäß geschlachtet werden. Das befreite Volk jubelte — endlich gab es keine menschenfressenden Mitglieder des Königshauses mehr auf der Insel!

Was erzählt uns diese Geschichte über Europa, jenen Kontinent, der von einem Volk terrorisiert wird, das blutrünstig nach Menschenopfern schreit, weil es seine kulturellen und humanistischen Werte vergessen hat und sich zur europäischen Völkerfamilie so verhält, wie der Minotaurus zum kretischen Königshaus — während Frieda malt?

Zweimal gebiert eine Menschenfrau den Sohn eines Stieres. Die Jungfrau Europa wird die Mutter eines weisen, gütigen Regenten, der den Menschen Frieden, Gerechtigkeit und Sicherheit schenkt. Pasiphae, die Ehebrecherin (Kalippa!) bringt eine blutrünstige, animalische Bestie zur Welt, die das Volk in Angst und Schrecken versetzt. Der Minotaurus verkörpert Terror, Wahnsinn und Tyrannei.

Abstrakter: Am Anfang entsteht aus der Verbindung der reinen, unschuldigen, »jungfräulichen« (die Jungfrau Europa steht hier als symbolisches pars pro toto) Menschheit mit dem Göttlichen eine humane Zivilisation. (Der Stier symbolisiert immer die göttliche, sich manifestierende Urkraft. Deshalb ist der Stierkampf auch auf der symbolischen Ebene eine ungeheure Freveltat: Ein halbgebildeter, mittelmäßiger Menschenmann erdreistet sich, symbolisch einen Gott zu töten!) Derselbe Vorgang wiederholt sich einige Generationen später, nun allerdings unter unheilvollen Vorzeichen und in widerwärtig pervertierter Form. Wieder veranlaßt ein Gott — diesmal ist es Neptun — eine Verbindung der Menschheit mit der urgewaltigen Schöpferkraft. Diesmal jedoch sind die Vorzeichen düster und bedrohlich. Die Menschen sind verdorben, und der Gott will sie bestrafen, damit sie wieder zur Vernunft kommen. Königin Pasiphae, dunkles Spiegelbild der Jungfrau Europa, ist eine Ehebrecherin. Als Stellvertreterin der schuldbeladenen Menschheit wird sie zum Werkzeug der Rache. Sie glaubt, aus eigenem Willen zu handeln. Tatsächlich jedoch ist sie nur eine Marionette in der Hand eines strafenden Gottes. Eine animalische Ausgeburt der Hölle entspringt der Verbindung zwischen Menschheit und göttlicher Urkraft — symbolisiert durch den Minotaurus.

Wer mag, kann nun eine Tabelle der Zuordnungen und Analogien erarbeiten. Dann wird auch klar, was Crowley und Frieda Harris für die Zukunft Europas voraussahen: Die Befreiung von der menschenvernichtenden Bestie muß von außen kommen — wie der Theseus im Mythos (= die Alliierten). Kollektive Läuterungsprozesse werden stattfinden. Dem unbeschreiblichen Grauen folgen friedvollere Zeiten, denn erst nach der Katastrophe wird den Überlebenden langsam bewußt, welche unabsehbaren Folgen der Abfall von der (zeus- oder gottgewollten) Herrschaft der Gerechtigkeit und Menschlichkeit nach sich zieht.

Crowley und Frieda Harris gehen in ihren Zukunftsprognosen aber noch einige Schritte weiter. Friedas Darstellung des Hohepriesters ist der gelungene Versuch eines symbolisch-allegorischen Porträts der unphysischen Helfer. Das Bild zeigt nicht das (vermutlich in dieser Form eh nicht sichtbare) Äußere dieser Wesenheiten, sondern ihre Wirkung auf den Menschen. Es zeigt den Charakter und die Absichten dieser Wesenheiten. Wenn wir nämlich die dargestellte Figur näher betrachten — auf den ersten flüchtigen Blick scheint es sich um einen riesenhaften blassen, bärtigen Greis zu handeln —, dann stellen wir fest: Dieses Wesen hat gar kein Gesicht, keine individuelle

Physiognomie! Was wir zunächst für das Gesicht gehalten haben, ist in Wahrheit — eine Maske! Was verbirgt sich hinter der Make? Licht! Die Arme der Wesenheit, kraftvoll zwar und muskulös, sie sind nicht aus Fleisch und Blut. Sie bestehen aus matt-irisierendem Licht und erinnern an den Glanz eines Opals oder Mondsteins. Die Augen der Wesenheit sind leer. Ohne Pupillen sehen sie den Betrachter durchdringend an, höhnisch und gütig zugleich. Behütend und segnend steht dieses Wesen hinter seinem Schützling, einer schönen, starken Frau. »Die Frau«, schreibt Crowley im Kommentar zu Friedas Bild, »repräsentiert die Venus des Neues Zeitalters; nicht länger das bloße Vehikel ihres männlichen Gegenstücks, sondern bewaffnet und kriegerisch.« Haben wir es wirklich noch mit einer Venus zu tun? Hatten wir es überhaupt jemals mit Venus zu tun? War nicht immer schon die Göttin (der Planet), die (den) wir »Venus« nannten, in Wahrheit Pallas Athene? Pallas Athene, Jupiters Kopfgeburt?

## Friedas Vision

Am 18. April 1955 stirbt Albert Einstein. Neben seinem Sterbebett steht ein Nachttisch. Darauf liegt ein Buch. Der Verfasser, ein Freund Einsteins, heißt Immanuel Velikovsky. Er ist heute relativ unbekannt. Vergessen, zu Unrecht, ist Einsteins letzte Lektüre. Manche hielten Velikovsky für ein Genie. Manche hielten ihn für einen hochbegabten, spinnerten Kauz. Den Wissenschaftlern (Einstein war mal wieder, wie so oft, eine Ausnahme) war Velikovsky ein rotes Tuch. Velikovsky hatte nämlich die außerordentlich lästige Angewohnheit, argumentativ gut abgesicherte Thesen aufzustellen, die in keiner, aber auch schon rein gar keiner Hinsicht mit den anerkannten Lehrmeinungen der Wissenschaft vereinbar waren. Er war ein origineller, konsequenter Querdenker. Heinrich Schliemann nahm die Dichtungen Homers ernst und fand Troja. Velikovsky nahm die griechischen Mythen ernst, rezipierte sie als astronomische Überlieferungen und stellte folgende These auf: Circa sechshundert bis achthundert Jahre vor unserer Zeitrechnung ereignete sich in unserem Sonnensystem eine kosmische Katastrophe. Eine Sensation geschah im Weltraum. Der Planet Jupiter teilte sich. Das abgesplitterte Bruchstück Jupiters trudelte wie ein irrlaufender Komet auf Kollisionskurs sonnenwärts. Zwischen Merkur und Erde fand dieser »neugeborene« Planet schließlich seine Umlaufbahn. Diesen Planeten nennen wir heute Venus. Ist unsere Benennung falsch? Müssen wir diesen Planeten, falls es sich bei ihm wirklich um die »Kopfgeburt« Jupiters handelt, Pallas Athene nennen — die starke Frau? Die neue, starke Frau? Haben wir uns über 2500 Jahre lang geirrt und das wahre Wesen dieses Planeten und seiner Einflüsse mißverstanden? Wird es jetzt Zeit zum Umdenken, zur Neudefinition dieses Planeten, seines Charakters und seines Einflusses auf uns? (Kabbalisten müßten neu über Netzach nachdenken!) Nicht mehr Venus, sondern Pallas Athene?

Frieda würde sagen: Ja. Crowley würde zustimmen. Die Implikationen wären sensationell. Wir bilden uns am besten noch gar keine Meinung zu diesem Thema, behalten Velikovskys These aber im Hinterkopf.

Zurück zu Friedas Bild: Schützend, segnend und wohlwollend, voll sanfter Ironie, steht hinter unserer Pallas Athene (der Neuen Frau) der große, unphysische Helfer. Er thront auf einem Stier, dem Symbol schöpferischer göttlicher Urkraft. Wieder ist eine Menschenfrau (als pars pro toto für die sich öffnende Menschheit) erwählt worden, erwählt wie einst im Mythos die Jungfrau Europa und die Ehebrecherin Pasiphae. In der rechten Hand (die rechte Hand wird von der linken, intellektuellen Hirnhälfte kontrolliert!) trägt sie ein Schwert, das Symbol des Verstandes. Das Schwert (= ihr Verstand) wird erleuchtet von einem Lichtstrahl, der aus der Quelle allen Lichtes kommt. Diese Quelle verbirgt sich hinter der Maske des großen bärtigen Wesens. In der linken Hand trägt die Frau eine Mondsichel, Symbol der Intuition. Diese Frau hat Herz und Verstand. Sie ist inspiriert. Sie ist unbesiegbar stark, denn sie steht unter dem Schutz des unphysischen Wesens. Ein neues Kind (= eine neue Menschheit) soll geboren werden; es ist schon erkennbar, auf der Brust des unphysischen Wesens, nahe seinem Herzen. Dieser Frau (= der durch sie repräsentierten Menschheit) gehört die Zukunft. Sie ist die »Neue Europa«, die Mutter einer neuen, weltweiten Zivilisation. Und das unphysische Wesen selbst? Die Maske, hinter der es sich verbirgt, entspringt einem Lichtkreis, der Quelle des Lichts. Umsäumt wird dieser Lichtkreis von einer Schlange und einer Taube (O-Ton Jesus: »Darum seid klug wie die Schlangen und ohne Falsch wie die Tauben.« Matthäus 10,16). Schlange und Taube haben sich auf Friedas Bild miteinander vereint. Verstand und Gefühl (oder vielleicht sogar auch: linke und rechte Hirnhälfte?!) sind eins geworden.

Nach all diesen Umwegen zurück zu unserer Frage: Was sagt uns Frieda mit ihrem Bild über die mögliche Identität des Licht-Ovals? Sie sagt: »Abbildend darstellen, konkret und photo-realistisch, kann man diese Wesenheiten nicht. Am ehesten läßt sich noch in allegorischer Symbolsprache eine Aussage über sie treffen. Diese Wesenheiten sind groß, kraftvoll, weise und ironisch. Sie sind voller Güte, aber in ihre Güte mischt sich immer auch ein Hauch gutmütigen Spottes. Vermutlich wirken wir Menschen mit unserem derzeitigen Bewußtseins-Niveau genauso auf sie, wie auf uns kleine Kinder oder Welpen wirken: tapsig, rührend irgendwie und auch wieder belustigend in ihrer Hilflosigkeit. Die unphysischen Helfer wollen uns den Weg in die Neue Zeit ebnen. Nach der grauenvollen Wiederholung des Pasiphae-Fehltritts (Faschismus) wird sukzessive eine radikale Erneuerung in Europa stattfinden. Dann werden die unphysischen Wesenheiten als starke Kraft (Stier) erneut ein Bündnis mit den Menschen (Frau) schließen und gemeinsam mit ihnen den Weg in die Neue Zeit, in die Neue Welt gehen, genau so, wie Jupiter es gemeinsam mit Europa tat. Diesmal aber geht es um die ganze Erde. Weisheit, Güte, Gerechtigkeit und Liebe werden regieren.«

Nun, wem Friedas Prognose zu kühn erscheint, der möge sich gesund ernähren und nicht zuviel Sport treiben (Churchill auf die Frage, wie er es nur geschafft habe, so alt zu werden und dabei intellektuell so aktiv zu bleiben: »First of all: no sports!«), damit er recht alt wird. Denn dann hat er eine faire Chance, noch in dieser Inkarnation mitzuerleben, wie Friedas Vision Wahrheit wird. Wie eine reife Frucht in den Schoß fallen freilich wird uns diese Neue Welt nicht. Wir werden kämpfen müssen. Nicht ohne Grund ist die Frau auf Friedas Bild bewaffnet. Klug wie die Schlangen und ohne Falsch wie die Tauben — so werden sie sein, die neuen Kriegerinnen und Krieger. (Die Hopis nennen sie »rainbow warriors«.) Sie können nur siegen, denn hinter ihnen stehen, na, wer wohl? Die Helfer, unphysische Wesenheiten, die ihren Schützlingen stets zur Seite stehen, wie einst (und wieder) die Idisen.

## Die ko(s)mischen Lehrer

Jeder hat ihn schon einmal gehört, den berühmten Satz: »Ist der Schüler bereit, dann kommt der Lehrer.« Was heißt das? Wird sich ein erleuchteter Guru (mit zünftigem Rauschebart und wallenden Gewändern) in dein Dorf oder in deine Stadt verirren, mit schlafwandlerischer Sicherheit dein Haus aufspüren und unvermutet an deine Tür klopfen? Wird einer wie Ramakrishna auf deinem Schaukelstuhl thronen und dir alles erzählen, was er weiß? Wird dir ein zweiter Gurdjieff kostenlosen Privatunterricht erteilen? Wird sich ein neuer Bhagwan so lange in deinem Gästezimmer einquartieren, bis er deinen Geist endlich zur Erleuchtung emporgehievt hat?
Nichts von alledem wird geschehen! Die Dinge sind nicht so primitiv wie unsere Vorstellungen von ihnen. — Gott sei Dank! Leise und unspektakulär wird es beginnen, kaum merklich und ohne großes Getöse. Du zermarterst dir vielleicht dein armes Hirn und suchst die Antwort auf eine Frage, die dich brennend interessiert. Es ist, als prallten deine Gedanken

immer wieder gegen eine unsichtbare Mauer. Du kommst mit deinen Überlegungen nicht weiter, sosehr du dich auch bemühst. Plötzlich weißt du intuitiv: Ich muß jetzt den Fernseher einschalten. Dein Verstand rebelliert vielleicht dagegen. Aber »etwas in dir« sagt ohne Worte: Tu's einfach, du wirst ja sehen, was es dir bringt! Also gut — du gehorchst deiner inneren Stimme. Du weißt nicht, wieso du es tust, aber du machst es einfach. In der Sendung, die du jetzt siehst, fällt plötzlich ein ganz bestimmter Satz. Die Sendung selbst hat gar nichts mit dem Thema zu tun, über das du nachdachtest. Aber dieser eine Satz, der da fiel — irgendwie enthielt er eine Botschaft, ganz allein für dich bestimmt. Es ist, als habe er eine geistige Barriere für dich aus dem Weg geräumt. Dieser eine Satz gab dir eine Antwort, einen Hinweis, ein Stichwort, das deine Überlegungen in eine neue Richtung lenkt. Und plötzlich liegt die Lösung deines Problems klar vor dir.

Ein anderes Mal sagt »etwas in dir« vielleicht ohne Worte: Du mußt jetzt in die und die Straße gehen. Wieder beginnt das alte Frage-und-Zweifel-Spiel. Dein Verstand rebelliert: Ich bin doch nicht wahnsinnig, bei strömendem Regen quer durch die Stadt zu rennen! Aber »etwas in dir« kontert: Tu's einfach, dann wirst du ja sehen, was es dir bringt! Sei's drum, du gehst halt hinaus, du hattest ja eh noch eine Besorgung zu erledigen, da kannst du dann das Notwendige mit dem »Verrückten« verbinden. Du gehst also in die genannte Straße, patschnaß wie ein begossener Pudel. Da ist eine Kneipe, und »etwas in dir« sagt: Geh hinein, wärm dich auf, bestell dir einen heißen Tee. Das tust du dann auch. Und wer will eben in diesem Moment die Kneipe verlassen? Mit wem prallst du da zusammen? Mit deinem alten Freund, der jahrelang im Ausland war und morgen schon wieder abreisen wird. Na, so ein »Zufall«! Solche »Zufälle« häufen sich. Aus purer Bequemlichkeit gewöhnst du es dir irgendwann ab, an deinen plötzlichen Eingebungen zu zweifeln. Du vertraust ihnen, denn es ist dir ja nie irgend etwas geraten worden, was dir selbst oder anderen Menschen schaden könnte. Manchmal weißt du nicht, was sie bedeuten.

Monate später stellt sich vielleicht erst heraus, welchen tieferen Sinn sie hatten. Da war zum Beispiel die Eingebung: Leg den Telefonhörer beiseite, damit dich niemand anrufen kann. Na gut, du begreifst zwar nicht, was das soll, aber nach einigen Wochen erfährst du: An diesem Tag wollte dich dein bester Freund anrufen. Ein dummes, ärgerliches Mißverständnis hatte ihn wütend gemacht. Er war stinksauer auf dich. Hätte er dich an diesem Tag telefonisch erreicht, dann wären zwischen euch beiden vielleicht Worte gefallen, die man nie mehr hätte zurücknehmen können. Zum Glück konnte dieses Gespräch aber nicht stattfinden, weil ja dein Apparat »ewig besetzt« war.

In einigen Fällen wirst du vielleicht nie begreifen, weshalb du eine Sache tun und die andere lassen solltest. (Die Gründe liegen halt nicht immer so offen zutage wie in den bekannten spektakulären Fällen, in denen ein Fluggast auf dem Airport intuitiv weiß, daß er die nächste Maschine nicht nehmen darf. — Und hinterher stellt sich dann heraus: Dieses Flugzeug, mit dem er fliegen wollte, aber glücklicherweise nicht geflogen ist, stürzte ab...) Du lernst, deine Eingebungen von bedeutungslosen Gedankenfetzen zu unterscheiden. Du lernst, ihnen zu vertrauen. So beginnt es. Und das ist erst der Anfang. Schritt für Schritt geht es weiter. Du mußt vielleicht ein wichtiges Gespräch führen und hast entsetzliches »Lampenfieber«, denn du weißt: Wenn es mir nicht gelingt, die richtigen Worte zu finden, dann habe ich eine große Chance verpatzt. Das Gespräch beginnt. Und plötzlich geschieht etwas Sonderbares. Du hast das sichere Gefühl: Nicht ich spreche, sondern »es spricht aus mir« — und wie klug »es« spricht! (»...so sorget nicht, wie oder was ihr reden sollt; denn es soll euch zu der Stunde gegeben werden, was ihr reden sollt. Denn ihr seid es nicht, die da reden, sondern eures Vaters Geist ist es, der durch euch redet.« Matthäus 10,19f.) Die passenden Worte liegen dir fertig auf der Zunge. Du brauchst sie nur noch auszusprechen. Fragen, die dir gestellt werden, beantwortest du so intelligent und ausführlich, als hättest du wochenlang Zeit ge-

habt, dir in aller Ruhe eine brillante Erwiderung zurechtzule-
gen. Wahnsinn! War denn das ich? — so fragst du dich. Was ist
da geschehen mit mir, in mir? Und du fühlst: Mir ist geholfen
worden.

Wer oder was ist dir zu Hilfe gekommen? Du weißt es nicht,
aber du bist von Herzen dankbar. Solche oder ähnliche Erlebnisse häufen sich. Du magst es dir vielleicht noch nicht offen
eingestehen, aber im Grunde gibt es längst schon keinen Zweifel mehr: Da ist etwas, das meint es gut mit dir. Nach einiger
Zeit bist du ganz durchdrungen von einem tiefen Vertrauen.
Du hast aufgehört, dir unnötig den Kopf darüber zu zerbre-
chen, wer oder was da immer im entscheidenden Augenblick
für dich da ist. Es ist einfach da, und es ist Verlaß darauf. Du
wirst deswegen aber nicht nachlässig oder faul — im Gegenteil: Irgendwie stimuliert dich die Gewißheit, daß du dir ruhig
etwas mehr zutrauen darfst, weil dir ja, wenn du nicht weiter
weißt, irgendwie ein kleiner Hinweis zukommen wird. Nie
bist du aufgefordert worden, etwas zu tun, was du nicht mit
deinem Gewissen vereinbaren könntest. Die ganze Sache ist
zwar sonderbar und (noch) unerklärlich für dich — aber sie ist
okay. Du profitierst ja davon, und manchmal profitieren auch
andere Menschen davon, durch dich. Deine Entwicklung auf
allen Gebieten macht gute Fortschritte. Du bist dankbar und
stellst irgendwann vielleicht fest: Offenbar gibt es einen oder
mehrere Helfer. Du weißt auch: Sie sagen mir alles, was ich zu
diesem Zeitpunkt meiner Entwicklung wissen muß. Wenn sie
mir noch nicht sagen, wer sie sind — nun gut, dann brauche
ich es wohl auch noch nicht zu wissen. Sobald ich es wissen
muß, werden sie es mir schon sagen, denn sie lassen mich ja
nicht im Stich.

Die Verläßlichkeit des Helfers (oder der Helfer) wird im Laufe
der Zeit zunehmend offensichtlicher. Früher oder später beginnt man sogar, ihren ko(s)mischen Sinn für Humor zu verstehen. Wer oder was immer sie auch sein mögen, eines steht
fest: Sie haben Sinn für Humor. Je näher du sie kennenlernst,
desto häufiger ulken sie mit dir herum. Sie können Eulenspie-

geleien mir dir treiben und dich sogar ganz gehörig durch den Kakao ziehen. (Vielleicht ist das ihre Art, uns auf unsere Fehlerchen und geistigen Beschränktheiten hinzuweisen.) Aber sie meinen es nie böse mit dir. Sie verurteilen dich nicht. Sie wollen dich nicht kränken, sondern fördern, auch und gerade dann, wenn sie ihre Witze auf deine Kosten machen, damit du lernst, über dich selbst zu lachen. Schließlich begreifst du den tieferen Sinn des Satzes: »Ist der Schüler bereit, dann kommt der Lehrer.« Ja, was heißt denn hier: er »kommt«? Er war doch die ganze Zeit über da, jahrelang hat er zu dir gesprochen, bis du endlich hellhörig genug geworden bist, seine subtile Sprache zu verstehen.

Du erkennst, daß der Satz »Ist der Schüler bereit, dann kommt der Lehrer« nur eine Hilfskrücke war. Durch ihn wurdest du angespornt, Geduld, Ausdauer und Zuversicht zu entwickeln, ja mehr noch, bewußte Verantwortung für deine eigene Entwicklung zu übernehmen. Denn indirekt sagt der Satz ja: »Es liegt ganz allein bei dir, ob du Unterstützung bekommst oder nicht. Untätigkeit jedenfalls wird nicht honoriert. Gefördert werden kann nur derjenige, der von sich aus die ersten Schritte unternommen hat.«

Strenggenommen ist der Satz ja völlig falsch. Korrekt müßte er heißen: »Der Lehrer steht dem Schüler jederzeit und überall zur Seite; doch solange der Schüler dies ignoriert, kann er keine nennenswerten Fortschritte machen.« Dies begriffen zu haben bedeutet, die Hilfskrücke fortzuschleudern. (Ein guter Lehrer, so heißt es, macht sich selbst überflüssig. So betrachtet, ist der Satz »Ist der Schüler bereit ...« ein *sehr* guter Lehrer!)

## Zusammenfassung

In diesem Kapitel wollten wir versuchen herauszufinden, wer oder was dieses Licht-Oval war, von dem unsere Freundin berichtet hat. Wenn wir ehrlich sind, dann müssen wir jetzt eingestehen: Wir wissen es (noch) nicht genau. Einige mögliche Antworten haben wir vorgeschlagen. Die Liste der Erklärungsvorschläge erhebt keinen Anspruch auf Vollständigkeit.

Wir erinnern uns: »Eines Tages«, so hatte Robert Monroe prophezeiht, »werden sich die Helfer vielleicht zu erkennen geben. Ich vermute, daß die Antwort eine Überraschung sein wird.«

Lassen wir uns also überraschen!

# KAPITEL 6

## Neues aus alten Briefen

Eigentlich gehört es sich ja nicht, fremder Leute Post zu lesen. Da wir aber davon ausgehen dürfen, daß weder der Absender noch der Adressat etwas gegen unsere Neugier einzuwenden haben, lesen wir jetzt in einem Brief. Dieser Brief ist sehr alt. Fast zweitausend Jahre sind vergangen, seit er geschrieben wurde. Absender: der Zeltmacher und Theologe Saulus von Tarsus, der nach seinem sensationellen Erlebnis auf der Reise nach Damaskus, wo er auf Christenhatz zu gehen beabsichtigt hatte, sowohl die Lehren Christi als auch denjenigen Namen annahm, unter dem er später berühmt werden sollte — Paulus. Adressat: die christliche Gemeinde zu Korinth. Der Brief, den wir lesen wollen, ist der zweite, den Paulus an die Korinther schrieb. Er enthält zwei interessante Textstellen, die im Kontext unserer Fragestellung dieses Kapitels besonders aufschlußreich sind. Uns interessiert nämlich: Gibt es Zeugnisse und Hinweise, aus denen hervorgeht, daß Salomos Kunst (das Astralwandern bzw. Bewußtseins-Entgrenzen) zu allen Zeiten und in allen Kulturen bekannt war? Es gibt sie, und es wird sie immer geben, solange der Mensch den Drang in sich verspürt, seine aufwühlendsten und bemerkenswertesten Erfahrungen auch anderen Menschen mitzuteilen.

Paulus spricht in seinem Brief sicherlich allen Schülern, die Salomos Kunst erlernen möchten, aus der Seele, wenn er schreibt: »Wir sind aber getrost und haben vielmehr Lust, außer dem Leibe zu wallen« (Zweiter Brief des Paulus an die Korinther 5,8). Wohl wahr! Und wie wir Lust haben!

Doch lesen wir weiter. Kurz nach dieser aufregenden Textstelle werden wir erneut fündig. Paulus bekennt sich jetzt zu seiner eigenen Identität als Astralwanderer. Er gibt sich nicht einmal besonders viel Mühe, dieses Bekenntnis hinter geheimniskrämerischen Wortschleiern zu verbergen. Er will sich mit seinen außerkörperlichen Erfahrungen, so sagt er, nicht brüsten. Zwar glaubt er nicht, daß es verwerflich sei, offen über außerkörperliche Erlebnisse zu reden. Aber er sagt: Ich will nicht, daß die Leute mich für etwas Besonderes halten, nur weil ich ein Astralwanderer bin. Wichtig bin nicht ich als Person oder als Astralwanderer. Wichtig ist die Botschaft, die ich verbreiten soll. Deshalb will ich jetzt auch nicht von meinen eigenen außerkörperlichen Erlebnissen reden — obwohl ich es könnte! —, sondern von denen eines Freundes. O-Ton Paulus: »Ich kenne einen Menschen in Christus; vor vierzehn Jahren — ist er im Leibe gewesen, so weiß ich's nicht; oder ist er außer dem Leibe gewesen, so weiß ich's auch nicht; Gott weiß es —; da ward derselbe entrückt bis an den dritten Himmel. Und ich kenne denselben Menschen — ob er in dem Leibe oder außer dem Leibe gewesen ist, weiß ich nicht; Gott weiß es —; der ward entrückt in das Paradies und hörte unaussprechliche Worte, welche ein Mensch nicht sagen darf. Von demselben will ich rühmen; von mir selbst aber will ich nichts rühmen, nur meine Schwachheit. Doch wenn ich mich rühmen wollte, täte ich darum nicht töricht; denn ich würde die Wahrheit sagen. Ich enthalte mich aber dessen, auf daß mich nicht jemand höher achte, als er an mir sieht oder von mir hört.« (Zweiter Brief des Paulus an die Korinther 12,2ff.) Spricht Paulus hier wirklich von dem Erlebnis eines Freundes? Oder schildert er sein erstes eigenes außerkörperliches Erlebnis in Gestalt einer fiktiven Nacherzählung dessen, was »ein Mensch in Christus« ihm angeblich anvertraut hat? Führt die Bescheidenheit ihm die Feder, wenn er seine eigenen Erfahrungen als die eines anderen ausgibt?

Einige Passagen dieses Textes muten uns seltsam vertraut an. Da sind zunächst die (zweimal vorgetragenen!) grüblerischen Fragen, worum es sich bei diesem Erlebnis wohl gehandelt haben mag: um eine Vision oder um eine außerkörperliche Erfahrung? Solche Fragen, wir wissen es bereits, stellt sich jeder, der völlig unvermutet sein erstes außerkörperliches Erlebnis erfährt: Was ist mit mir geschehen? Was ist mit mir passiert? Wie soll ich das verstehen? Habe ich wirklich meinen Körper verlassen? — Wir sehen: Diese Fragen sind beileibe nicht neu. Seit mindestens zweitausend Jahren werden sie schon gestellt.

Bekannt kommt uns auch die Schilderung vom Hören der »unaussprechlichen Worte« während der außerkörperlichen Exkursion in die Astrale vor. Denn dorthin, in die Astrale — Paulus spricht vom »dritten Himmel« und vom »Paradies«, mithin von jenen Welten, die wir als Astrale oder unphysische Realitätsebenen bezeichnet haben — ging die erste außerkörperliche Reise des »Menschen in Christus«. Was sind »unaussprechliche Worte«? Es sind Worte, Sätze, Botschaften, die weder ein physischer Mund sagen noch ein physisches Ohr hören kann: über- oder außersinnlich (durch eine Art Gedanken-Direktübertragung) empfangene Mitteilungen, die sich nicht oder nur höchst mangelhaft in menschliche Sprache übersetzen lassen. Unsere Freundin hat ja schon mehrfach von dieser Form der nonverbalen Kommunikation berichtet.

## Ein kleiner Gauner wird entlarvt

Wie bibelfest waren sie eigentlich, die Herren Inquisitoren vom päpstlich autorisierten Gesinnungs-TÜV? Zugestanden: Wer in eifriger Pflichterfüllung ständig zwischen Folterkeller und Scheiterhaufen hin- und herpendelt, dem bleibt nicht viel Zeit zum Studium der Heiligen Schrift. Auch der Tag eines emsigen Inquisitors hat halt nur 24 Stunden. So erklärt sich vielleicht ein höchst sonderbares Phänomen. Denn neben all den Psychopathen, Zauberlehrlingen, heilkundigen Kräuterweiblein, Querdenkern, Abweichlern und den zahllosen unglückseligen Kreaturen, die hundsgemeine Zeitgenossen sich durch Denunziation auf elegante Weise von Hals schaffen wollten, ließen die canes domini ([Blut-]Hunde des Herrn) auch solche Menschen verfolgen, ergreifen, hochnotpeinlich verhören und verbrennen, deren »Schuld« darin bestand: Sie hatten Salomos Kunst ausgeübt. Außerkörperliche Erfahrungen zu sammeln — das hatte, wie wir wissen, schon dem großen König Salomo sowie dem Apostel Paulus Spaß gemacht, und man könnte sich fragen: Kann es wirklich Sünde sein, dasselbe zu tun, was schon die großen Gestalten unserer religiösen Tradition getan haben? Ist ein Menschenkind vom bösen Antichrist besessen, wenn es die Einladung zur Nachfolge Christi dankend annimmt und sich ein Hobby zulegt, das schon Jesus amüsant fand? Denn auch Jesus unternahm, wie jeder einigermaßen bibelfeste Mensch weiß, hin und wieder ganz gern einmal eine kleine Astralreise (bzw. Bewußtseins-Entgrenzungs-Exkursion). Blättern wir von den Paulus-Briefen ein paar Dutzend Seiten im Neuen Testament zurück, dann finden wir folgende liebevoll-ironische Geschichte (Johannes 1,43f.):

Nach der Begegnung mit seinem »Vor-Arbeiter« und Propheten (Johannes dem Täufer) beginnt Jesus mit der Rekrutierung seiner engsten Vertrauten, Schüler und Mitarbeiter (»Jünger«). Gerade eben hat er Philippus gefunden, erkannt und angesprochen. Schier berstend vor Glück und Begeisterung, läuft Philippus zu Nathanael. Philippus erlebt eine Eruption der Euphorie, und es quillt aus ihm hervor: »Wir haben den gefunden, von welchem Mose im Gesetz und die Propheten geschrieben haben, Jesus, Josephs Sohn von Nazareth.« Philippus kann sein Glück gar nicht fassen. Er weiß: Die Begegnung mit Jesus ist die wichtigste seines Lebens. Nathanael — wir stellen uns vor: Er ist vor der sengenden Mittagsglut (und seinem eigenen schlechten Gewissen...) geflohen, um im kühlen Schatten eines Feigenbaumes ein Nickerchen zu halten — er ist mürrisch und skeptisch. Der Funken der Begeisterung springt durchaus nicht von Philippus auf ihn über. Nathanael denkt vielleicht: »Kaum kommt ein neuer Guru daher, da sehen auch schon alle den Messias in ihm! Das Volk will wohl betrogen sein, wenn es jedem Wanderprediger hinterherläuft, als sei er der liebe Gott in Person!« Doch Philippus läßt sich durch Nathanaels mauliges Gebrummel nicht irritieren. Er ist ganz und gar durchdrungen von einer Gewißheit, die über jeden Zweifel und Skeptizismus erhaben ist. Na gut, ansehen kostet ja nichts; Nathanael läßt sich also vom begeisterten Philippus zu diesem neuen Wunderrabbi schleppen.

Jesus sieht Philippus kommen, der den mauligen Nathanael im Schlepptau hat. Ein ironisches Lächeln umspielt seine Mundwinkel, als er Nathanael mit den Worten begrüßt: »Siehe, ein rechter Israelit, in welchem kein Falsch ist.« Jesus lacht. Nathanael wird es mulmig zumute. Er denkt an das, was er gemacht hat, bevor er unter dem Feigenbaum ausruhte. Nun, ein »rechter Israelit, in welchem kein Falsch ist« — das ist er nun wirklich nicht. Jedenfalls hat er sich diesen Ehrentitel heute vormittag weiß Gott nicht verdient. Will ihn dieser Typ da, dieser neue Wunderrabbi, durch den Kakao ziehen? Ach, Unsinn, das kann ja gar nicht sein. Der weiß ja nicht, wo ich vorhin war und was ich gemacht habe. Andererseits: Er sieht mich so sonderbar an. War da nicht eben ein verschwörerisches Zwinkern in seinen Augen? Ich habe das Gefühl, er macht sich über mich lustig. Er weiß mehr, als er sagt. Weiß er etwa auch, daß ich ... Und wie er mich mustert: Beinahe so, als hätte er jedes Wort gehört, das ich zu Philippus gesagt habe auf dem Weg hierher.

Nathanael fühlt sich unbehaglich. Die Situation ist ihm peinlich. Er fühlt sich durchschaut, ertappt, entlarvt. Nun will er es genau wissen: Hat er das Zwinkern dieses Wunderrabbis richtig verstanden? Oder hatte der nur zufällig so geblinzelt, weil die Sonne ihn blendete? Nathanael fragt sicherheitshalber mal nach: »Woher kennst du mich?« Und Jesus antwortet, wieder mit diesem gutmütig-ironischen Lächeln: »Ehe denn dich Philippus rief, da du unter dem Feigenbaum warst, sah ich dich.« Au weia! Ist denn das möglich? Der Mann weiß tatsächlich, was ich vorhin gemacht habe, bevor ich mich unter den Feigenbaum setzte. Die Art, wie er mich belustigt angrinst, läßt gar keinen Zweifel zu. Er weiß genau über mich Bescheid. Wie peinlich! Das ist einem ja direkt unheimlich! Niemand kann ihm gesagt haben, wo ich war und was ich tat. Das weiß ich ganz genau. Schließlich habe ich ja dafür gesorgt, daß ich unbeobachtet bin. Aber er da — er sagt es mir auf den Kopf zu, er spielt darauf an. Ein hochanständiger Typ eigentlich; er hätte mich ja auch vor allen Leuten bloßstellen können. Aber nein, er beläßt es bei einer Andeutung, und die Sache bleibt unter uns.

Einerseits ist Nathanael tief beschämt. Andererseits ist er voller Bewunderung. Er weiß jetzt: Philippus hatte recht. Moses hatte recht. Die Propheten hatten recht: Da steht er, leibhaftig, der Messias. Und er, Nathanael, darf ihn mit eigenen Augen sehen.

Was ist hier passiert? Da ist ein Mann. Er heißt Nathanael. Er gilt als fromm und gerecht. Seine Geschäfte sind nicht immer ganz sauber, und mit der Moral nimmt er es nicht allzu genau. Aber das weiß zum Glück niemand. Man achtet und respektiert ihn, denn bisher ist ihm niemand auf die Schliche gekommen. Nun schleppt Philippus ihn zu einem neuen Wunderrabbi. Und der sagt ihm auf den Kopf zu: Nathanael, ich weiß ganz genau, wo du gewesen bist, bevor Philippus dich unter dem Feigenbaum ansprach. Aber hallo! Nicht nur, daß dieser neue Wundermann weiß, wo Philippus ihn angetroffen hat — das allein wäre ja schon erstaunlich genug gewesen. Nein, darüber hinaus weiß dieser Rabbi auch, wo Nathanael war, *bevor* Philippus ihn angesprochen hat. Woher weiß dieser Rabbi das alles? Er kann es doch gar nicht wissen. Niemand kann es wissen. Und trotzdem: Er weiß es. Und statt zu sagen: »Seht, da kommt ein mieser Heuchler, wie er im Buche steht«, begrüßt er ihn (wenn auch nicht ohne Ironie) als einen braven, gottesfürchtigen Mann. Mit seinem liebevollen Spott hat Jesus mehr erreicht als mit der donnerndsten Strafpredigt. Nun steht fest: Die Sauerei von heute Vormittag war die letzte, die Nathanael in seinem ganzen Leben gemacht hat.

Woher wußte Jesus, daß Nathanaels Aktivitäten nicht ganz koscher waren? Er sagt es selbst: Er hat Nathanael zugesehen. Nathanael hat davon weder etwas gewußt noch gemerkt. Kunststück — wer rechnet denn auch schon damit, daß einem ständig ein Astralwanderer auf die Finger schaut!

Jesus hat außerkörperliche Erfahrungen gesammelt und ist mit den Informationen, die er auf diese Weise erhielt, außerordentlich verantwortungsbewußt umgegangen, wie der Fall Nathanael beweist. Er hat sich durch seine Fähigkeit, Salomos Kunst auszuüben, keine persönlichen Vorteile verschafft. Dem Nathanael hat er sogar sehr geholfen. Denn wer weiß, was aus Nathanael geworden wäre, wenn er unverdrossen so weitergemacht hätte wie bisher und dann eines Tages entlarvt worden wäre? Sein Ruf wäre ruiniert gewesen, seine bürgerliche Existenz vernichtet, niemand hätte mehr etwas mit ihm zu tun haben wollen. Er hätte sich aufhängen können. So aber ist er noch einmal mit einem blauen Auge davongekommen. Wir dürfen wetten: Nach dieser aufwühlenden Begegnung mit Jesus ist Nathanael der anständigste, zuverlässigste und vertrauenswürdigste Mann im Umkreis von zehn oder sogar zwanzig Kilometern geworden!

Durch seine Astralreisen in die Zukunft wußte Jesus haargenau, was ihm in Jerusalem am Vorabend der großen Passah-Feierlichkeiten blühen würde. Er wußte es, denn er hatte es gesehen: Sie nehmen mich fest. Sie zerren mich vor die Richter. Sie stellen mir altkluge Fragen. Sie quälen mich, verspotten mich, sie demütigen mich. Das Blut rinnt mir über das Gesicht. Ich bin allein. Niemand steht mir bei. Kein Trost, kein gutes Wort, nur Haß und Häme. Oh, mein Gott — ich bin so verlassen, wie es ein Mensch nur sein kann. Gestern noch haben die Massen mir zugejubelt. Heute wenden sie sich von mir ab. Nur einer, einer ist da, der trägt mein Kreuz ein Stück weit, weil ich zusammengebrochen bin. Nein, freiwillig tut er's nicht. Die Uniformierten müssen ihn schon dazu auffordern. Da, durch diese Hand, treiben sie einen Nagel. Und einen zweiten Nagel durch die andere Hand. Und noch einen durch die Füße. Oh, mein Gott, mein Vater, hol mich weg von hier! Jede Sekunde wird zur Ewigkeit. Wie viele Ewigkeiten lang muß es noch dauern? Hol mich nach Hause. Ich kann nicht mehr.

Er hat es gewußt. Er hat alles ganz genau gewußt. Er hätte sich drücken, untertauchen, in den Untergrund gehen können. Fliehen hätte er können und davonlaufen vor dem, was ihm bevorstand. Davonlaufen vor seiner Aufgabe, vor sich selbst. Das tat er nicht. Dieser berühmte Astralwanderer ist nie den Weg des geringsten Widerstandes gegangen.

## Fliegende Junkies

Wie steht es nun mit den Astralwanderern zur Zeit der Hexenverfolgungen? Wir wissen nur wenig über sie. Wir wissen nur von denen, die aktenkundig geworden sind, und dürfen davon ausgehen, daß zahlreiche Astralwanderer in Ehren ergraut und eines friedvollen, natürlichen Todes gestorben sind, ohne jemals von der Inquisition belästigt worden zu sein. Von ihnen ist hier nicht die Rede, sondern von denen, deren Namen in vergilbten Prozeßakten festgehalten und deren Selbstaussagen in Form fragwürdiger Geständnisse überliefert worden sind. Daß ein Geständnis, das dem Beschuldigten unter der Folter oder unter bloßer Androhung der Folter (»Zeigen der Instrumente«) abgepreßt wurde, eher die Erwartungshaltung der Inquisitoren dokumentiert, als daß es der tatsächlichen Wahrheit entspricht, liegt auf der Hand. Suggestivfragen, kombiniert mit Drohungen oder einem hochnotpeinlichen Verhör, sind kein geeignetes Instrument zur Wahrheitsfindung. Die Geständnisse der Beklagten dürfen also nicht in allen Punkten für bare Münze genommen werden.

Um die Opfer zu verstehen, müssen wir einen Blick auf die Täter werfen. Worum ging es ihnen denn wirklich, den Herren Inquisitoren? Rational nachvollziehbare Gründe lassen sich dutzendweise aus dem Ärmel schütteln — und gehen am Kern der Sache (vermutlich) haarscharf vorbei: Machtlüsternheit, Karrierestreben, Geldgier; gut und schön. Fanatismus, Borniertheit, Sadismus — auch diese Stichworte müssen vielleicht genannt werden. Wer will, der mag sich mit dieser oberflächlichen Betrachtungsweise begnügen. Wer etwas genauer hinsieht, der entdeckt hinter der haßverzerrten Maske des Hexenjägers einen verzweifelten Gottessucher, einen ver(w)irrten Täter, das seitenverkehrte Spiegelbild seines Opfers. Versetzen wir uns einmal in solch einen »Gottesmann« und Inquisitor hinein. Was fühlen wir? Zweifel und Verzweiflung. Tiefe Enttäuschung, die Bankrotterklärung eines religiösen Menschen, der sich starrsinnig an eine letzte Hoffnung klammert. Was denkt er, wenn er ganz ehrlich gegen sich selbst ist? Vielleicht folgendes: »Ich habe Gott gesucht. Ich habe Gott nicht gefunden. Er hat sich mir nicht offenbart. Bin ich unwürdig? Oder war der Glaube eine Illusion? Wer befreit mich von meinen Zweifeln? Wer beweist mir die Existenz Gottes, wenn ich schon nicht in der Lage bin, sie originär zu erleben?« Ja, wer beweist ihm nun die Existenz Gottes? Ganz einfach: die Ketzer, die angeblichen Schwarzmagier, Hexen und Teufelsbündler. Sie liefern den Gottesbeweis. Und das geht so: Man läßt sich von ihnen bestätigen, daß es den leibhaftigen Satan gibt. Aus dieser Aussage läßt sich logisch ableiten: Wenn es den Teufel gibt, dann gibt es Gott erst recht. Viele Tausend ungebildete, einfache Leute mußten geschlachtet werden, um die Herren Theologen von ihren Zweifeln zu kurieren.

Und die Opfer? Im Gegensatz zu den Tätern sind die meisten von ihnen weiblich, arm und Analphabeten. Einige besitzen als Trägerinnen der in weiblicher Linie weitergegebenen Überlieferungen Kenntnisse über die Kräfte der Kräuter. Wie sehr muß das Volk seine als Satansbräute verketzerten Weisen Frauen geliebt haben! So sehr, daß die ekelerregendsten Horror-Geschichten über sie erfunden werden mußten. Es war sicherlich ein hartes Stück Propaganda-Arbeit, diese Frauen beim Volk in Mißkredit zu bringen — schließlich hatten die Menschen ihnen ja viel zu verdanken. Gezielte überregionale Rufmord-Kampagnen wurden gestartet, um die Bevölkerung davon abzuhalten, sich schützend vor ihre Wohltäterinnen zu stellen. Die Deutschen ließen sich verhetzen. Die Sizilianer nicht. Sie liebten ihre »donas de fuera« so sehr, daß ihnen niemand auch nur ein Haar krümmen konnte. Hexenverbrennungen fanden auf Sizilien nicht statt; das Volk hätte sich solche grausamen Unverschämtheiten von der — übrigens spanischen — Obrigkeit nicht bieten lassen, denn es wußte: Schmutzig und gemein waren nicht die Praktiken der Hexen; schmutzig und gemein war nur die Phantasie ihrer Verfolger!

Mit dem Wort »Hexe« verbinden wir spontan das Bild einer adlernasigen älteren Dame, die bei Vollmond auf ihrem Besen gen Blocksberg reitet, während daheim im Hexenhäuschen, irgendwo im tiefen, tiefen Wald, ihr schwarzer Kater und ihr sprechender Rabe auf ihre Rückkehr warten. Was für ihren orientalischen Magier-Kollegen der fliegende Teppich ist, das ist für sie der Reisig-Besen: ein abgasarmes, umweltfreundliches Fortbewegungsmittel zur raschen Überbrückung weiter Distanzen. Hexen können fliegen — daran bestand in der Bevölkerung gar kein Zweifel. Dieses wundersame Phänomen erweckte natürlich auch das Interesse der Herren Inquisitoren. Sie gingen der Sache auf den Grund. Was sie herausfanden, war zunächst ganz und gar unbefriedigend. Die »nachtfahrenden Weiber« hatten es nämlich gar nicht nötig gehabt, einen Teufelspakt zu schließen oder die Hilfe satanischer Dämonen in Anspruch zu nehmen. Sie wußten sich auch selbst zu helfen. Wenn sie Lust auf einen »Hexenritt« (= ein außerkörperliches Erlebnis) hatten, bestrichen sie ihren Körper mit einer selbstgemachten Kräutersalbe. Dann fielen sie in einen schlaf-, ohnmachts- oder tranceähnlichen Zustand. Und wenn sie einige Zeit später wieder zu sich kamen, hatten sie sowohl Kopfschmerzen als auch allerhand Informationen über Ereignisse, die irgendwo weit entfernt geschehen waren. Der leibhafte Gottseibeiuns, Beelzebub, Satan, Luzifer oder Teufel wurde nicht gebraucht. Er konnte derweil untätig daheim in seiner überheizten Hölle oder, was vielleicht sogar dasselbe ist: in den Hirnen der Herren Theologen bleiben. Für ihn gab es im Zusammenhang mit »Hexenritten« nichts zu tun.

Wie macht man nun als gewissenhafter Inquisitor aus solch einer unbefriedigenden Auskunft ein brauchbares Geständnis? Na klar: Mit Hilfe glühender Zangen und anderer Instrumente. Dann bekommt man zu hören, was immer man zu hören wünscht — Brechreiz erregende Berichte über die rituelle Schlachtung ungetaufter Säuglinge, widerwärtige Geschichten über den angeblich vollzogenen Geschlechtsverkehr mit dem Teufel sowie ein reichhaltiges Sortiment hundsgemeiner Übeltaten, angeblich begangen an unschuldigen Nachbarn (z. B. Brunnenvergiftung, Verhexung des Milchviehs durch den »bösen Blick«, Vernichtung der Ernten durch ein heraufbeschworenes Hagelwetter etc.). Die Herren Inquisitoren stellten Suggestivfragen, und je hochnotpeinlicher das Verhör wurde, desto größer wurde auch die Bereitschaft der Verhörten, den Erwartungshaltungen ihrer Peiniger gerecht zu werden, denn sie wußten, daß nur ein »Geständnis« die Folterknechte dazu bewegen konnte, von ihrem Metzgerhandwerk abzulassen.

Die Zeit war grausam. Die Menschen waren grausam. Täter wie Opfer zeichneten sich durch einen erschreckenden Mangel an Ehrfurcht und Sensibilität aus. Hierin liegt die subtile Gemeinsamkeit der Hexen und der Hexenjäger. Wohlgemerkt: Wir wollen hier keineswegs alle Hexen und Magier leichtfertig über einen Kamm scheren. Mit an Sicherheit grenzender Wahrscheinlichkeit ist kein einziger Weißmagier, kein wohltätiger Meister der Geheimen Kunst, auf dem Scheiterhaufen gelandet. Die Rede ist hier nicht von den wenigen wirklichen Könnern, die es immer gab, immer geben wird und deren Menschenfreundlichkeit und Verantwortungsbewußtsein über jeden Zweifel erhaben sind. Die Rede ist von den Köchinnen und Köchen der Hexensalben, die ihr Wissen um die Kräfte der Kräuter mißbräuchlich in den Dienst fragwürdiger Zielsetzungen gestellt haben.

Hier kommen wir auf einen sehr wunden Punkt zu sprechen. Wir stehen vor einer Frage, auf die es bis heute keine allgemeingültige Pauschalantwort gibt. Es ist die Frage nach der Legitimität des »kurzen, direkten Weges«. Jene Astralwanderer, die den Hexenjägern zum Opfer gefallen sind, nahmen ja die Hilfe — nicht des Satans, sondern gewisser Heiliger Pflanzen in Anspruch. Auf diese Weise drückten sie sich, um es einmal ganz hart und klar zu sagen, um das langwierige mentale und meditative Training herum, dem sich jeder ernsthafte Schüler der Salomonischen Kunst unterziehen muß (so er kein »Naturtalent« ist, versteht sich). Sie führten ihre außerkörperlichen Erlebnisse mit Hilfe der Hexensalben herbei. Hand aufs Herz — manch einer von uns könnte sich in einer schwachen Stunde vielleicht auch zu so etwas hinreißen lassen. Es ist ja auch wirklich lächerlich einfach, so eine Salbe herzustellen, wenn man nur ein bißchen findig ist. (Ein abgeschlossenes Pharmazie-Studium ist nicht Voraussetzung.) Ein einziger Grund scheint für diese Art der Herbeiführung eines außerkörperlichen Erlebnisses zu sprechen: Es geht schnell und verhältnismäßig einfach. Viele gute Gründe aber sprechen ganz entschieden dagegen. Hans Peter Duerr hat seinem Buch »Traumzeit« eine »Warnung an den Leser« vorangestellt. Sie lautet:

»Ich wurde in den letzten Jahren häufig von Leuten angeschrieben, die ein Interesse an der Zusammensetzung und Dosierung von Hexen- und Werwolfsalben bekundeten. (...) Ich habe darüber mit einigen befreundeten Nachtschattengeistern gesprochen, und sie bitten mich, dem Leser dieses Buches folgendes mitzuteilen:

1. Sie wollen nicht aus Jux und Tollerei gerufen werden. Wenn sie Lust verspüren, eine Bekanntschaft zu machen, dann werden sie es den Betreffenden schon wissen lassen.
2. Die Fahrkarten, die sie austeilen, sind bisweilen *einfach*, es fehlt die Rückfahrkarte.«

Wer die Heiligen Pflanzen respektlos behandelt und sich einbildet, er könne sie gegen ihren Willen, ohne ihre Zustim-

208

mung ungestraft zu einem bloßen »Mittel zum Zweck« herabwürdigen, der bekommt eine Rechnung präsentiert, die er unter Umständen mit seinem Leben bezahlen muß. Auch wenn es heute keine Scheiterhaufen mehr gibt — einem dummdreisten Frechling können nach wie vor recht unerfreuliche Dinge zustoßen. (Manche, denen es vermutlich nicht einmal bewußt ist, daß sie sich den berechtigen Zorn der Heiligen Pflanzen zugezogen haben, werden irgendwann mit einer Nadel im Arm tot auf dem Bahnhofsklo gefunden. Was unterscheidet sie von den Köchen der Hexensalbe, die auf den Scheiterhaufen endeten? Auf den ersten, flüchtigen Blick eine ganze Menge. Bei genauerem Hinsehen: Gar nichts! Beide haben den »kurzen, direkten Weg« eingeschlagen, um sich gewaltsam den Zutritt zu den verborgenen Bereichen der Realität zu ergaunern — zu jenen Bereichen, die dem untrainierten Alltagsbewußtsein aus guten Gründen unzugänglich sind. Gewaltsam zwingen sie die Heiligen Pflanzen, ihnen die verschlossenen Türen zu öffnen. Der Weg des scheinbar geringsten Widerstandes erweist sich aber oft als Sackgasse. Eine sinnvolle Drogentherapie sollte vielleicht auch das Element der Rückführung enthalten, wobei sich in vielen Fällen wohl herausstellen würde, daß manche Leute in jeder Inkarnation dieselben dummen Fehler machen. Heute sind sie Fixer, letztes oder vorletztes Mal haben sie vielleicht Hexensalben gekocht. Sucht kann auch karmisch bedingt sein. Das Übel *nicht* bei der Wurzel zu packen, die unterhalb der derzeitigen Inkarnation liegt, wäre ein bloßes Herumdoktern an den Symptomen.)

Jene »nachtfahrenden Weiber« (und Männer) also, die sich den Zorn der Heiligen Pflanzen zuzogen und schließlich als Hexen oder Hexer auf dem Scheiterhaufen landeten, zählen *nicht* zu den »geistigen Vorfahren« eines ernsthaften Schülers der Salomonischen Kunst. Die »geistigen Nachfahren« dieser bedauernswerten Kreaturen sind: Junkies, Drogenabhängige, Fixer.

Für diejenigen unter uns, die das eine (= die Heiligen Pflanzen verärgern) nicht tun, zugleich aber das andere (= die Hilfe der

Heiligen Pflanzen in Anspruch nehmen) nicht lassen wollen, ein Kompromißvorschlag: Sie können versuchen, die entsprechenden Pflanzen in einem stillen Eckchen Ihres Gartens anzusiedeln. Wenn Ihnen durch gutes Gedeihen signalisiert wird, daß Ihre Pflege und Aufmerksamkeit wohlwollend zur Kenntnis genommen wurde, dann pflücken Sie (Mondphasen beachten!) die entsprechenden Pflanzenteile (respekt- und liebevoll!) ab — allerdings erst, nachdem Sie sich durch eine gründliche meditative Einstimmung auf die Pflanzen noch einmal vergewissert haben, daß Sie nichts Unerlaubtes tun. Danach brauen Sie eine flüssige Essenz (keine Salbe). Diese Essenz geben Sie in ein kelchförmiges Behältnis (nicht aus Metall), auf dessen Boden Sie sechs Blütenblätter einer Rose gelegt haben. Hinzu geben Sie Olivin/Peridot-Essenz (nicht zu sparsam). In den Kelch hinein legen Sie zuletzt einen silbernen Ring (neu, noch nicht von anderen Menschen getragen) mit einem Stein: Mondstein oder Bergkristall. Das Gefäß wird zugedeckt. Vierzig Tage lang bleibt der Ring in der Essenz. Nach vierzig Tagen nehmen Sie den Ring wieder heraus; Ihre Haut sollte möglichst nicht mit der Flüssigkeit in Berührung kommen. Den Ring reinigen Sie unter fließendem Wasser. Ideal wäre die Reinigung in einem klaren Bach oder in einem sauberen Fluß — aber wo gibt es so etwas denn noch bzw. schon wieder?! Nach der Reinigung legen Sie den Ring in ein sehr schönes Kästchen. Sie setzen ihn nur dann auf, wenn Sie Ihre Übungen zur Vorbereitung einer Astralreise durchführen — nicht jedoch bei *jeder* Übung, sondern nur dann, wenn Sie intuitiv spüren: Diesmal ist es gut und richtig, Hilfe in Anspruch zu nehmen. So können Sie eine subtile Beziehung zu den Kräften der Heiligen Pflanzen herstellen, ohne die Herren und Damen Nachtschattengeister, von/mit denen Hans Peter Duerr sprach, zu beleidigen.

FRAGE: Und *das* soll funktionieren?
ANTWORT: Ei freilich!

# Ein Kind wird König

Als unser Alltag noch phantastisches Zukunftsmärchen und die Welt unserer Märchen und Sagen Alltag war, da lebte, so sagt die Überlieferung, auf einer großen Insel ein Mann, dessen Name bis heute unvergessen ist. Mit Silberring oder ohne — wir wandern auf dem Zeitstrahl so lange zurück, bis wir ihn finden. Anderthalb Jahrtausende trennen uns von ihm, Sekundenbruchteile nur. Der Bewußtseinsfokus wird präzise eingestellt, und der Nebel der Geschichte lüftet sich. Die ersten Bilder kommen: Ein bärtiger Mann in einem hellen Gewand; das muß er sein! In seiner Nähe sehen wir einen Knaben, seinen Schützling. Auf welcher Realitätsebene, in welcher der unzähligen wahrscheinlichen Welten befinden wir uns? Zur Orientierung verschaffen wir uns einen groben Überblick über das Szenario. Das Inselreich ist ohne Herrscher. Neuer König, so lautet die Bestimmung, soll der werden, dem es gelingt, ein Schwert aus einem großen Stein zu ziehen. Die kräftigsten Männer des Landes haben sich dieser Herausforderung gestellt und sind kläglich gescheitert. Ritter, Edle, Fürsten, Herrscher und solche, denen der Sinn nach Herrschaft stand — sie alle mußten unverrichteter Dinge wieder den Heimweg antreten. Einen starken, klugen König braucht das Land, denn in nicht allzu ferner Zukunft wird Krieg sein. Priester, Magier und Seher wissen, was geschehen wird. Kennen sie aber auch schon den neuen König?

Einer kennt ihn, denn er ist ein leichtfüßiger Wanderer zwischen den Welten der Zukunft und der Vergangenheit, ein umfassend gebildeter Mann, ein großer Magier und Eingeweihter, ein Astralwanderer. Er ist der Mann, den wir gesucht haben. Er heißt Merlin, und sein Schützling ist Artus. Der Knabe Artus wird König der Kelten werden und das Inselreich vor den eindringenden Sachsen schützen. Artus ist fast noch ein Kind. Spielerisch und ohne Mühe gelingt es ihm, das Schwert aus dem Stein zu ziehen. Es scheint, als wüßte er gar nicht, was er tut, als ahnte er nicht einmal, daß nun die Verantwortung für die Zukunft des Landes auf seinen schmalen Schultern lastet. Kindliche Freude leuchtet in seinen Augen: Wie hell die Klinge in der Sonne blitzt! Artus wird unsicher und wendet sich zu Merlin um: »Gehört das Schwert jetzt mir?« Der Alte nickt lächelnd; ein Hauch von Wehmut liegt in seinem Lächeln.

Wir nehmen die Bilder mit zurück in unsere Realität. Auf dem Weg in unsere Welt verwandeln sie sich in Symbole. Wir müssen die Symbole aufschlüsseln. Der Stein, in dem das Schwert steckte, symbolisiert das (alchimistische) Element Erde und steht für die physischen Körper des Menschen. Das Schwert repräsentiert das Element Luft, also das Bewußtsein des Menschen. Und so verwandelt sich das eben noch so bunte, lebendige Bild des Knaben, der in spielerischem Übermut ein Schwert aus einem Stein zog, in die blutleer-abstrakte Aussage: Artus wurde König, weil er in der Lage war, sein Bewußtsein vom physischen Körper abzulösen; Artus war ein Astralwanderer. Er beherrschte Salomos Kunst. Diese Fähigkeit qualifizierte ihn für das Amt des Königs. Salomos Kunst ist also im wahrsten Wortsinn eine königliche Kunst.

Wir hörten in anderem Zusammenhang schon von den Initiationsriten, die im alten Ägypten unter der Aufsicht eingeweihter Tempelpriester durchgeführt wurden: Der Initiand verfiel in einen Zustand der Todesnähe. Im Niemandsland zwischen Leben und Tod sammelte er außerkörperliche Erfahrungen. Er besuchte parallele Realitätsebenen und kehrte schließlich, durch seine Erlebnisse gewandelt und geläutert, in sein physisches Erdenleben zurück als jemand, der auch die »andere Seite der Wirklichkeit« kennengelernt hatte. Ein radikaler Transformationsprozeß fand im Initianden statt: Die Furcht vor dem Tod wandelte sich in eine tiefe Ehrfurcht vor dem Leben. Die kleinmütige Angst vor den Einflußreichen und Mächtigen dieser Welt verwandelte sich in ein unerschütterliches Vertrauen in die ewigen Mächte, die alle Entwicklungsprozesse auf dieser Welt lenkend beeinflussen. Wer diese Initiation erfahren hatte, so vermuteten wir, der war optimal qualifiziert für die Übernahme verantwortungsvoller öffentlicher Ämter.

Denn wer die Angst vor dem Tod besiegt hat, der braucht auch die Herausforderungen des Lebens nicht mehr zu fürchten; das Wissen um die eigene Unsterblichkeit erfüllt ihn nicht nur mit Kraft und Zuversicht, sondern auch mit einem Gefühl der tiefen Verbundenheit mit allen Menschen. »Sekundäre Untugenden«, deren eigentliche Wurzel eine diffuse Lebensangst (also sowohl eine Angst *vor* dem Leben als auch eine Angst *um* das eigene kleine Leben) ist — z. B. Duckmäuserei, Korrumpierbarkeit, Raffgier, Eitelkeit, Feigheit — stellen für einen derart Geläuterten keine ernsthafte Gefahr mehr dar.

Die Ansicht, daß außerkörperliche Erlebnisse einen außerordentlich positiven, läuternden Einfluß auf den menschlichen Charakter ausüben, war weit verbreitet im klassischen Altertum.

Zwei auffällige Merkmale schrieb man im Altertum einem Menschen zu, der sich vom Heer der Normalsterblichen dadurch unterschied, daß er — in seiner Eigenschaft als Götterliebling — zur Macht berufen und zur Herrschaft erwählt, kurzum, daß er von den Ewigen Mächten dazu ausersehen war, auf Erden das (Miß?-)Geschick ganzer Völker zu lenken. Seine — damals konnte man(n)/frau nur in einem männlichen Körper Geschichte machen — *seine* Geburt also mußte sich von den gewöhnlichen Geburtsvorgängen so grundlegend unterscheiden, daß man schon dem kaum entnabelten Säugling auf den ersten Blick anmerken konnte: Dieses Kind ist anders als alle anderen Neugeborenen. Stellte man also nach dem Tod eines »großen Mannes« fest, daß seine Taten sich durchaus in den Dimensionen des historisch Bedeutsamen bewegt hatten und noch nach vielen Jahrhunderten die Phantasie der Historiker beflügeln würde, so ließ man um seinen Namen den goldenen Efeu der Legenden ranken. Großer Beliebtheit erfreute sich beispielsweise die Sage, der »große Mann« sei von einer Jungfrau geboren worden, und sein Vater sei kein gewöhnlicher Mann, sondern ein Gott, mindestens aber eine höhere, unphysische Intelligenz gewesen. Anders gesagt: Im Altertum konnte man sich halt beim besten Willen nicht vorstellen, daß, wenn ein Otto Normalverbraucher sich in wilder Leidenschaft auf ein Lieschen Müller wirft, neun Monate später eine bedeutende Persönlichkeit das Licht der Welt erblicken könne. Die Seele eines »großen Mannes« durfte einfach nicht auf demselben biologisch vorgesehenen Weg inkarnieren wie die Seele eines Menschen, dessen Name niemals in irgendeinem Geschichtsbuch verzeichnet werden würde. Auch um Jesus ranken sich solche Legenden. Heute staunen wir über diese Geschichte und halten sie für einzigartig — Mutter Jungfrau, Vater Heiliger Geist, nun, das ist schon etwas, sollte man meinen. Vor zwei- oder dreitausend Jahren aber wunderte man sich über solche Berichte nicht im geringsten, im Gegenteil: Gewundert hätte man sich, wenn eine solche Geschichte *nicht* über die Geburt eines »großen Mannes« erzählt worden wäre. Dann nämlich hätte man sich insgeheim gefragt: Wie? Ist dieser Mann auch wirklich so großartig gewesen, wie immer behauptet wird, wenn seine Mutter bei der Geburt nicht einmal eine Jungfrau und sein Vater *kein* Gott war?

Das zweite Merkmal, an dem man einen Erwählten glaubte erkennen zu können, war eine sonderbare Eigenschaft, die oft als »königliche Krankheit« bezeichnet wurde. Was verstand man darunter? Stellen wir uns vor: Ein Herrscher berät sich mit seinen engsten Vertrauten. Wichtige politische Entscheidungen müssen getroffen werden. Plötzlich stürzt der Herrscher zu Boden. Er verliert das Bewußtsein. Sein Körper wälzt sich in wilden Zuckungen. Wer dieses Schauspiel zum ersten Mal sieht, der wird von Ekel und Panik ergriffen. Wer es schon kennt, der empfindet Ehrfurcht und Bewunderung. Denn er weiß: Der Herrscher wird bald wieder (im wahrsten Wortsinn!) zu sich kommen, sein Bewußtsein wieder mit dem Körper verbinden und nach seiner Rückkehr zu sich selbst über wichtige, dringend benötigte Informationen verfügen, die ihm zuvor nicht zugänglich gewesen sind. Diese Informationen dienen dann als Entscheidungsgrundlage und erweisen sich nach einiger Zeit als zutreffend. Nicht auszudenken, welche Fehlentscheidungen getroffen worden wären, wenn man diese Fakten nicht berücksichtigt hätte!

Man hat uns »aufgeklärt« und schlüssig nachzuweisen versucht, daß diese »königliche Krankheit« in Wirklichkeit »nur« Epilepsie gewesen sei. Alexander der Große, Caesar und viele andere bekannte Gestalten der Geschichte — waren sie wirklich nur bedauernswerte Kreaturen, die man heutzutage in eine Klinik sperren würde? Oder waren sie Astralwanderer, die unvermittelt in Trance fallen und ihr Bewußtsein vom Körper ablösen konnten?

## Die Staatsgründer

Von einem Großen der Geschichte wissen wir es ganz genau: Er war ein Astralwanderer. Die Rede ist von Dschingis Khan, der rotblonden »Bestie«, die in nur einer Inkarnation ein Weltreich schuf, das sich von den Grenzen Chinas bis nach Europa erstreckte. Man nannte ihn die »Geißel Gottes«, und genau das wollte er auch sein: Ein Instrument des göttlichen Zorns. Zeit seines Lebens glaubte der überzeugte Monotheist, im göttlichen Auftrag zu handeln. An Intelligenz, Weisheit, Gerechtigkeitssinn und unbändiger Lebensfreude stand Dschingis Khan dem König Salomo in nichts nach. Tatsächlich besteht zwischen beiden Charakteren eine so große Ähnlichkeit, daß man fast meinen könnte... — doch bevor wir uns auf das weite Feld der Spekulation begeben, kehren wir lieber zurück zu den Fakten.

Dschingis Khan hielt seine Philosophen und Schamanen in großen Ehren. Im Grunde war er ja selbst einer. Bei Franklin Mackenzie lesen wir: »Der Khan glaubte an die übernatürlichen Kräfte der Priester, die er als Vermittler zwischen der Gottheit und den Menschen betrachtete.« Nun, der Erfolg gab ihm recht. Den Historikern liegen glaubwürdige Dokumente vor, die, so Mackenzie weiter, belegen, »daß Dschingis Khan selbst bisweilen in Trancezustände fiel, in denen er zukünftige oder sich in weiter Entfernung zutragende Ereignisse schaute. Seine Schreiber hielten jedes seiner Worte fest und lasen ihm alles vor, wenn er wieder bei Sinnen war.« (Diesen Vorgang müssen wir uns wohl ungefähr wie ein Cayce-Reading vorstellen.)

Bevor wir einen weiteren »großen Mann« und Begründer eines Weltreiches als Astralwanderer entlarven, stellen wir (unter dem Stichwort »Tantra-Flug«) noch eine kleine marginale Überlegung an. Rekapitulieren wir: Von König Salomo und Dschingis Khan wissen wir definitiv, daß sie, zurückhaltend formuliert, ein durchaus waches Interesse an schönen Damen hatten. Wenn wir uns vergegenwärtigen, daß im Tantrismus die Sexualität nicht aus purer Lust an der Freud, sondern bewußt als Mittel zum Zweck des spirituellen Wachstums praktiziert wurde/wird, dann dürfen wir uns eventuell erkühnen, eine vorsichtig gezogene Schlußfolgerung als These zur Diskussion zu stellen. Sie lautet: Es könnte ein kausaler Zusammenhang bestehen zwischen der Aktivität des Wurzel-Chakras und der Fähigkeit zum Herbeiführen außerkörperlicher Erlebnisse. Daraus wiederum folgt zumindest eines: Wer außerkörperliche Erfahrungen sammeln möchte, der braucht kein Keuschheitsgelübde abzulegen. Zwar gibt es, wie wir noch sehen werden, verschiedene Methoden zur Herbeiführung eines außerkörperlichen Erlebnisses; strikte Enthaltsamkeit aber zählt nicht dazu. — Womit wir wieder beim Thema wären: Ein Astralwanderer als Begründer eines mächtigen Imperiums. Alles beginnt mit einer Frau, wie oben, so unten. Beginnen wir »oben«, irgendwo im Gewölk oberhalb des Olymps. Hier hat eine Dame ihren Hauptwohnsitz. Sie heißt Venus und ist als Göttin der Liebe durchaus auch für das menschliche Wurzel-Chakra zuständig. Zusammen mit einem Menschenmann namens Anchises hat sie einen Sohn gezeugt. Der Knabe heißt Aeneas, und seine Mutter hat große Zukunftspläne für ihn geschmiedet. Zunächst einmal muß ein Krieg vom Zaun gebrochen werden. Und das geht so: Venus verspricht einem Mann namens Paris, dem sie aus bestimmten

Gründen zu Dank verpflichtet ist, die schönste Frau der Welt zur Gefährtin. Die schönste Frau der damaligen Welt hieß Helena, aber die Sache hatte einen Haken. Helena war nämlich schon verheiratet. Doch Venus hält ihr Versprechen: Paris bekommt Helena und nimmt sie mit nach Troja. Menelaus, Helenas Gatte, schäumt vor Wut. Die eigene Frau ist mit einem jungen Schnösel auf und davon — so eine Frechheit kann sich ein König natürlich nicht bieten lassen. Er fordert die sofortige Herausgabe seines »Eigentums«. Doch Helena bleibt in Troja. Also wird der Stadt Troja der Krieg erklärt. Troja wird belagert, kann jedoch nicht erobert werden. Schließlich hat der listenreiche Odysseus eine geniale Idee. Er konstruiert ein hölzernes Pferd, in dessen Bauch sich bewaffnete Soldaten verstecken können. Die Trojaner fallen auf den Schwindel herein und holen das »gefüllte« Pferd, ein angebliches Unterpfand der griechischen Kapitulation, in die Stadt. Bevor Troja in Schutt und Asche gelegt wird, verläßt Aeneas, Sohn der Venus, zusammen mit ein paar Freunden die Stadt. Er handelt nach dem vernünftigen Motto der Bremer Stadtmusikanten: Etwas Besseres als den Tod finden wir überall! Und damit hat er recht.

Aeneas soll, was er zum Zeitpunkt seiner Flucht aus Troja noch nicht weiß, ein Weltreich gründen, nämlich das mächtige Rom. Für eine so große Aufgabe muß man sich freilich zunächst erst einmal ordnungsgemäß qualifizieren. Zahlreiche Abenteuer verwandeln den jungen trojanischen Flüchtling in einen verantwortungsbewußten, weitsichtigen Politiker und Staatsgründer. Obligatorischer Meilenstein in einer vorbildlichen antiken Helden- und Politikerkarriere ist, na, was denn sonst, das außerkörperliche Erlebnis. Aeneas besucht während seines ersten außerkörperlichen Erlebnisses seinen mittlerweile verstorbenen Vater Anchises in den Astralen, die man damals noch das »Reich der Schatten« nannte. Dort wird er eingeweiht in die Mysterien von Leben und Tod. Als Wissender kehrt er in die Welt der Inkarnierten zurück. Er weiß jetzt aus eigener Anschauung, daß der Tod nicht das Ende ist. Er weiß von der Existenz unzähliger verschiedener Realitätsebenen. Er begreift das kosmische Gesetz von Ursache und Wirkung, das die Inder Karma nennen, denn er hat sie selbst gesehen, die verschiedenen Welten, die detailgetreu das Entwicklungsniveau derjenigen Seelen widerspiegeln, die sich hier zwischen zwei Inkarnationen aufhalten.

Rom ist nicht an einem Tag erbaut worden; doch den Grundstein der »Ewigen Stadt« legte einer, der das Geheimnis von Zeit und Ewigkeit kannte, ein Astralwanderer, ein Bewußtseins-Entgrenzer, ein Schüler der Salomonischen Kunst: Aeneas, der Flüchtling aus Troja.

## Eine Hexe hilft

Ironie des parallelen Schicksals: Nicht nur Aeneas, der besiegte, vertriebene Trojaner, sondern auch der griechische Sieger Odysseus mußte, ehe er nach langer Irrfahrt nach Hause zurückkehren durfte, eine außerkörperliche Erfahrung machen. Und das kam so: Es hatte ihn und seine Begleiter auf eine einsame Insel verschlagen. Dort lebte die große Zauberin Circe, jene Dame, die das Bezirzen (eine, wie man hört, noch heute außerordentlich erfolgreiche Eroberungstechnik) erfunden hat. Sie verstand sich meisterlich auf ihr Handwerk. Um Odysseus, in den sie sich verliebt hatte, an sich zu binden, verwandelte sie die Besatzung seines Schiffes in Schweine. Außerdem braute sie einen Liebestrank. Vermutlich hat sie dabei zu sehr mit den Ingredienzien geknausert; fest steht jedenfalls, der Trank wirkte nicht besonders gut. Denn schon nach einem Jahr auf Circes Insel gelang Odysseus die Flucht vor seiner zauberkundigen Verehrerin. Circe war es, die ihm sein außerkörperliches Erlebnis erst ermöglicht hat. In den Astralen begegnete Odysseus seiner verstorbenen Mutter, dem verblichenen Agamemnon und vielen anderen Seelen; unter anderem auch der des berühmten Helden Achilles. Als Odysseus ihn besuchte, war Achilles nicht besonders gut drauf. Gleich nach der Begrüßung nörgelte er seinem Gast Odysseus die Ohren voll. Achilles hatte den Aufenthalt in den Astralen gründlich satt und konnte den Beginn seiner nächsten Inkarnation gar nicht abwarten. Der ungeduldige Achilles behauptete sogar: Lieber wolle er als bettelarmer Tagelöhner inkarnieren, als weiterhin in den Astralen zu bleiben; lieber wolle er ein lebendiger Nobody sein als ein toter Held in den Astralen. Einen rational nachvollziehbaren Grund für seine Unzufriedenheit nannte er übrigens nicht. Nun gut, Querulanten gibt's halt überall, auch in den Astralen. Das — und einiges mehr — durfte Odysseus auf seiner Astralreise erfahren. (Bei Rudolf Steiner lesen wir übrigens, die Nörgelei des Achilles sei durchaus nicht unberechtigt gewesen, denn damals sei der Aufenthalt in den Astralen zwischen zwei Inkarnationen tatsächlich längst nicht so angenehm gewesen wie heutzutage.)

## Orpheus in der Unterwelt

Noch ein sagenhafter Grieche ist als Besucher der Astrale bekannt geworden, nämlich der seinerzeit berühmte und beliebte Sänger und Liedermacher Orpheus. Er liebte seine Frau Eurydike abgöttisch. Als sie starb, konnte er sich mit ihrem Tod nicht abfinden. Es gelang ihm, die Erlaubnis zu erwirken, seine geliebte Frau aus den Astralen zurück in die physische Welt zu holen. Denn sein Gesang und seine Musik waren so schön, daß sie buchstäblich Steine erweichen, wilde Tiere zähmen und die Götter gnädig stimmen konnten. Eine Bedingung allerdings wurde ihm gestellt: Auf dem Rückweg von den Astralen in die physische Welt der Inkarnierten sollte er Eurydike vorangehen und sich auf gar keinen Fall nach ihr umblicken. Orpheus gab sich redliche Mühe, die Auflage zu erfüllen. Doch je näher er der materiellen Welt kam, desto neugieriger wurde er, ob Eurydike ihm auch wirklich folge. Schließlich wurde seine Neugier größer als seine Fähigkeit zur Selbstbeherrschung. Er drehte sich um. (Wie Lots Weib! Drum merke:

Wer sich nicht beherrschen kann, der sollte mit den Göttern auch keine Geschäfte machen!) Damit hat er dann alles verpatzt und seine Chance vertan. Eurydike kehrte zurück in die Astrale, Orpheus zurück in die physische Welt. Er wurde schwermütig und bald darauf von den Mänaden zerfleischt — wodurch er dann die langersehnte Gelegenheit zum neuerlichen Beisammensein mit Eurydike erhielt, zwar nicht in der Welt der Lebenden, dafür aber in der Welt der Toten.

So unrühmlich endete die große Karriere eines allzu neugierigen Liedermachers.

## Die Reise nach Jerusalem

Ist der Islam eine Staatsform oder eine Religion? Je nachdem, wie wir diese Frage beantworten, haben wir es bei unserem nächsten berühmten Astralwanderer (Bewußtseins-Entgrenzer) entweder mit einem Staatsgründer oder mit einem Religionsstifter zu tun. Die Rede ist von Mohammed, dem Propheten Allahs. Der Erzengel Gabriel hatte ihm befohlen, das geflügelte Pferd Al Burak (aus dem Pegasus-Gestüt?) zu besteigen und auf direktem Luftweg eine nächtliche Reise von Mekka nach Jerusalem zu unternehmen. Exakt dort, wo heute der Felsendom steht, traf Mohammed sich in Jerusalem mit Abraham, Moses, Jesus und einigen anderen Propheten des monotheistischen Gottes. Gemeinsam verrichteten sie ein Gebet, die Verstorbenen und der Lebende. Nach dem Gebet stieg Mohammed in den siebenten Himmel auf.

Berichte von nächtlichen Ritten durch die Luft sind bekanntlich symbolische Darstellungen einer außerkörperlichen Exkursion. Mohammed unternahm also eine Astralreise nach Jerusalem, wo er in den erlauchten Kreis der großen Gestalten der monotheistischen Religion aufgenommen wurde. Während dieser ersten Phase seines außerkörperlichen Erlebnisses hielt er sich noch auf der physischen Ebene auf, um kurz darauf die hohen Astrale zu besuchen.

Diese Erfahrung machte er, so sagt die arabische Überlieferung, kurz nach dem Tod seiner Frau Chadidscha. Sein außerkörperliches Erlebnis stellt gewissermaßen den Wendepunkt in seiner Missionsarbeit dar. War er zuvor mit seinen Lehren auf Spott und Ablehnung gestoßen, so fiel ihm jetzt der Erfolg geradezu in den Schoß. Die reichen Großbürger von Mekka konnten sich darüber nicht recht freuen. Sie trachteten ihm nach dem Leben. Mohammed floh nach Medina. Die Zahl seiner Anhänger aber stieg unaufhörlich. Sie wächst noch heute.

## Mondflüge

Nicht nur Jerusalem ist ein lohnendes (Astral-)Reiseziel. Paul Feyerabend, der wohl frechste derzeit inkarnierte Philosoph auf Gottes schöner Erde, nennt ein weiteres Ausflugsziel, nämlich den Mond. Man kann den Mond zwar auch in einer Raumkapsel erreichen. »Aber«, so schreibt er in seinem Buch »Erkenntnis für freie Menschen«: »ein Mystiker, der durch eigene Kraft seinen Leib verlassen und Gott selbst gegenübertreten kann, wird kaum davon beeindruckt sein, daß es zwei sorgfältig eingewickelten und nicht besonders gescheiten Menschenkindern mit der Unterstützung von Tausenden von wissenschaftlichen Sklaven und Milliarden Dollar gelang, einige unbeholfene Sprünge auf einem trockenen Stein auszuführen — dem Mond —, und er wird die Abnahme und fast völlige Zerstörung der spirituellen Fähigkeiten der Menschen bedauern, die ein Ergebnis des wissenschaftlich-materialistischen Klimas unserer Zeiten sind. Man wird sich natürlich über diesen Einwand zu Tode lachen — *Argumente* gegen ihn hat man aber nicht.«

Die »unbeholfenen Sprünge« der beiden »nicht besonders gescheiten Menschenkinder« gelten noch immer als glorreicher Sieg der Menschheit auf ihrem technologischen Feldzug gegen die Natur. Waren diese weißen, männlichen Amerikaner tatsächlich, wie so oft behauptet wird, die ersten Menschen auf dem Mond? Nun gut, sie waren, soweit wir wissen, die ersten Erdlinge, die unter Mitnahme ihres physischen Körpers einen Ausflug auf unseren Trabanten unternahmen. Das wenigstens wollen wir zugestehen. War ihre Leistung jedoch wirklich größer, bedeutsamer und bewundernswerter als die der unzähligen Schamanen, Magier, Medizinmänner, der großen Seelen, Mönche und Weisen Frauen, die, wie Feyerabend schreibt, »ohne Geld, ohne Assistenten, ohne einen Stab von Wissenschaftlern mit Hilfe ihres Geistes allein das Universum durchkreuzt« haben? Diese Frage mag jeder nach seinem eigenen Gutdünken beantworten.

## Außerkörperlicher Spitzensport

Kehren wir vom Mond zurück auf die Erde, nach Nordeuropa. Der Nebel der Geschichte bildet eine dicke Mauer. Sie trennt uns von einem Mann namens Gunther. Wir leben in einer Zeit, in der die Mauern durchlässiger geworden sind bzw. ganz eingerissen werden.

Gunther ist ein König und ein Schwächling. Aber er hat eine schöne Schwester namens Kriemhild. Und die möchte ein Eingeweihter namens Siegfried heiraten. Doch nicht nur Siegfried ist heiratslustig; Gunther ist es auch. Traum seiner schlaflosen Nächte ist ein hochgewachsenes Prachtweib mit pechkohlrabenschwarzem Haar. Sie ist die Königin von Isenland, eine stolze, fast arrogante Dame, schön und stark wie eine Göttin, eine Art Mischung aus Lilith und einer Amazone. Sie heißt Brunhild. Heiraten will sie eigentlich nicht, und den Gunther schon gar nicht. Auf den ersten Blick nämlich erkennt sie: Mit dem ist nicht viel los. Siegfried könnte ihr schon eher gefallen. Doch der ist ja leider schon hoffnungslos auf Kriemhild fixiert. Sich einem Mann zu unterwerfen (= zu heiraten), dazu ist Brunhild nur unter einer Bedingung bereit: Dieser Mann müßte ihr überlegen sein, damit sie ihn respektieren könnte.

Respektieren aber kann sie nur einen, der sie im sportlichen Dreikampf besiegt. Brunhilds Bräutigam müßte sie im Felsbrocken-Weitwurf, im Weitsprung sowie im Speerwurf übertreffen. Gunther hat gar keine Chance, soviel steht fest. Da aber bisher alle Männer, die im sportlichen Wettstreit von Brunhild besiegt worden sind, kurzerhand umgebracht wurden, scheinen auch Gunthers Stunden gezählt. Wider Erwarten gelingt es ihm dennoch, Brunhild als Braut heimzuführen. Wie schafft er das? Er schummelt. Alle halten ihn für einen Spitzen-Athleten. In Wirklichkeit jedoch gebührt die Ehre niemand anderem als — Siegfried! Was ist passiert? Siegfried ist stolzer Besitzer einer Tarnkappe. Er hat seine Grundausbildung bei den zauberkundigen, in unterirdischen Höhlen hausenden Erdgeistern (Zwergen) absolviert und kann daher, wie es so schön tiefstapelnd heißt, »mehr als nur Brot essen«. Siegfried setzt seine Tarnkappe auf (= er verläßt seinen physischen Körper), stellt sich unsichtbar hinter den schwachen Gunther und erbringt die sportlichen Höchstleistungen stellvertretend für seinen zukünftigen Schwager. Klartext: Der große Eingeweihte Siegfried kann auch im außerkörperlichen Zustand auf die feste Materie einwirken. Ist so etwas überhaupt möglich? Robert Monroe sagt: Ja! Auch ihm ist dieses Kunststück gelungen. Zwar hat er keine Felsbrocken gestemmt, dafür aber eine Dame gezwickt. Diese Episode ist nachzulesen in seinem ersten Buch. Dort beschreibt er sein ebenso lustiges wie verblüffend erfolgreiches Experiment. Ihn interessierte die Frage, ob ein Astralwanderer auf physische Materie einwirken könne. Einige Tage später zeigte ihm die besagte (gezwackte) Dame verschämt einen blauen Fleck, dessen Herkunft ihr zuvor schleierhaft gewesen war.

Sylvan Muldoon weiß ähnliches zu berichten. Zwar hat auch er im Zustand der Außerkörperlichkeit weder Felsen gestemmt noch Speere geworfen, aber auch er hat recht Erstaunliches zuwege gebracht. Während sein Körper im Schlafzimmer ruhte, setzte er im Nebenzimmer ein Metronom in Gang. Doch das ist längst noch nicht alles. In der Nacht zum 26. Februar 1928 geschah folgendes: Muldoon, der noch im Haus seiner Mutter lebte, wachte unter unerträglichen Magenschmerzen auf. Er rief nach seiner Mutter — vergeblich. Vor Schmerz fiel er in Ohnmacht. Außerhalb seines physischen Körpers kam er wieder zu Bewußtsein. Er stieg die Treppen empor — im Zustand der Außerkörperlichkeit — und betrat den Schlafraum seiner Mutter. Dann verlor er erneut das Bewußtsein. »Ich kann nicht genau sagen, was ich während dieser Lücke in meinem Bewußtsein getan habe«, schreibt Muldoon, »aber als ich aufwachte, sah ich beide (meine Mutter und meinen Bruder) ganz verwirrt; sie sprachen aufgeregt darüber, daß die Matratze aufgehoben worden sei, so daß sie während des Schlafes aus dem Bett gerollt seien.« So hat der kranke Muldoon seine fest schlafende Mutter geweckt, als er Hilfe brauchte — unsanft, aber wirkungsvoll!

Wir nehmen also den Drachentöter Siegfried als eine Art Kuriosum in unsere Ahnengalerie der Astralwanderer auf. Denn er ist der einzige bekanntgewordene Bewußtseins-Entgrenzer, der sich im Zustand der Außerkörperlichkeit zugleich als Spitzensportler und Heiratsvermittler betätigt hat.

Man könnte die Liste der berühmten Astralwanderer schier endlos fortschreiben. Ungenannt blieben in unserer Aufzählung die zahlreichen asiatischen, speziell indischen Meister der Salomonischen Kunst. Nicht zufällig. Denn seit Jahrhunderten geistert nun schon das Wort »ex oriente lux« durch Europa. Es suggeriert, Erleuchtung könne nur aus dem fernen Osten kommen. Gebannt und mit verklärtem Blick starren noch heute viele von uns nach Indien, dem Land der Weisen, Magier und Meister. Von dort erwarten wir die großen Zeichen und Wunder. Wir reagieren genauso borniert und kleinkariert wie Nathanael. Als Philippus ihm unter besagtem Feigenbaum von Jesus erzählte, war seine erste Reaktion: »Was kann von Nazareth Gutes kommen?« Mal ehrlich: Stellen Sie sich vor, Sie hören von einem Wunderheiler oder Astralwanderer aus, sagen wir: Pinneberg, Esslingen oder irgendeiner Kleinstadt in Ihrer Nähe. Wie würden Sie reagieren? Vermutlich ein bißchen skeptisch. Warum? Weil: »Ex oriente lux«; und nicht von daheim, von nebenan. Spricht nicht ein Gutteil Selbstverachtung aus solchem Hohn den »Propheten im eigenen Lande« gegenüber? Wer die »Propheten im eigenen Lande« verachtet, der muß ungefähr folgende Überlegungen angestellt haben: »Ich selbst bin ein ziemlich kleines Würstchen. Wer ungefähr dort geboren wurde, wo auch ich zur Welt kam, der ist so wie ich. Mit mir selbst ist nicht viel los. Folglich kann auch mit Leuten, die aus meiner Stadt, meinem Landkreis oder meinem Bundesland kommen, nicht viel los sein.« Wenn die Inder genauso krause Überlegungen anstellen würden, würden dort auch bald keine »großen Seelen« mehr als Lehrer (Gurus) an die Öffentlichkeit treten!

Daß wir Europäer eine eigene esoterische Tradition haben, die wiederzuentdecken sich schon deshalb lohnt, weil sie perfekt auf unsere abendländische Mentalität zugeschnitten ist, wird immer noch allzugern übersehen. Um also dem scheinbar unausrottbaren »ex oriente lux«-Aberglauben keine neue Nahrung zuzuführen, wurde hier darauf verzichtet, die Wundertaten der großen asiatischen Meister aufzuzählen. Damit sollen in keiner Weise die erstaunlichen Leistungen der indischen Yogis, Mönche und Gurus geschmälert werden, im Gegenteil: Respekt vor allen Bewußtseins-Entgrenzern, wo immer sie auch inkarniert sein mögen! Aber — sie inkarnieren halt nicht ausschließlich in Indien.

Wenigstens einige wenige wollen wir beim Namen nennen: Paracelsus, Christian Rosenkreutz (bzw. die Gruppe der Eingeweihten, die sich hinter diesem Pseudonym verbarg), Chris Griscom, Oliver Fox, Gurdjieffs Schüler John G. Bennett, Elisabeth Kübler-Ross (ja, auch sie!), Jane Roberts nebst Gatte, Rudolf Steiner, Robert Monroe, Dion Fortune, Walter E. Butler und Ernst R. Waelti. Viele Namen müssen ungenannt bleiben. Doch uns ging es ja hier auch nicht um enzyklopädische Vollständigkeit, sondern darum aufzuzeigen: Das »Wunder« kann jederzeit und überall geschehen, nicht nur »vor langer, langer Zeit« oder »weit, weit fort, in Indien oder Tibet«, sondern ganz konkret jetzt und hier, dir und mir, jedem von uns; die außerkörperlichen Erlebnisse stehen vor dem Hintergrund einer langen, noch immer lebendigen, auch im Westen existierenden Tradition.

SUMMA: Wer sein erstes außerkörperliches Erlebnis hat, kann, wenn er nichts von der lebendigen Tradition weiß, in zwei ungesunde Extreme verfallen, nämlich in einen Minderwertigkeits- und in einen Überwertigkeits-Wahn. Das heißt: Er kann sich schämen, sich einbilden, er wäre krankhaft veranlagt und täte am besten daran, niemandem von seinen Erfahrungen zu berichten. Genausogut kann er ein krankhaftes Sendungsbewußtsein entwickeln und glauben, er sei nun der neue Messias oder irgendein ganz besonderer, erwählter Mensch. Beide Schlußfolgerungen wären voreilig und vermutlich unsinnig. Wer also irgendwann demnächst seine erste außerkörperliche Erfahrung macht, der sollte wissen: Ich bin nicht der erste, der so etwas erlebt. Ich werde nicht der letzte sein, der eine solche Erfahrung macht, aber ich befinde mich doch, alles in allem, in recht guter Gesellschaft mit meinem Erlebnis. Ich bin deshalb nicht besser und nicht schlechter als meine Mitmenschen. Der eine kann schwimmen, der andere ist Nichtschwimmer. Einer hat den Führerschein, der andere kann nicht Auto fahren und nimmt eh lieber den Bus. Manche spielen Klavier, andere können nicht einmal Noten lesen. Die einen sprechen fließend Französisch, die anderen nicht einmal fehlerfreies Deutsch. Na und?! Manche können etwas, was andere (noch) nicht können. Manche wissen etwas, was andere (noch) nicht wissen. Manche verfügen über Erfahrungen, die andere (noch) nicht gemacht haben. Das war immer so, und es wird vermutlich auch immer so bleiben, solange jeder Mensch auf seiner individuellen karmischen Entwicklungsstufe steht. Wer sich auf seine Fähigkeiten etwas einbildet, der steht in jedem Fall auf einer ziemlich tiefen Entwicklungsstufe, gleichgültig, wie groß sein vorzeigbares Können auch sein mag. — So oder so ähnlich könnte eine einigermaßen vernünftige Einschätzung der eigenen Fähigkeit zur Herbeiführung außerkörperlicher Erlebnisse vielleicht aussehen.

# KAPITEL 7

## Vier Tugenden und drei Einwände

Fast alle Schulen der westlichen esoterischen Tradition nennen übereinstimmend vier Kardinaltugenden, über die ein Schüler (Initiand, Neophyt) verfügen muß, der bereit ist, die Anstrengungen des langen Weges auf sich zu nehmen, um irgendwann, vielleicht schon in dieser Inkarnation, vielleicht aber auch erst in einer späteren, sein Ziel zu erreichen. Diese Tugenden sind: schweigen, wagen, wollen, wissen.

Nun könnte ein schlichtes Gemüt einwenden: »Wieso sind diese vier Verben, diese simplen Tätigkeitswörter, plötzlich Tugenden? Eine Tugend ist doch meist das genaue Gegenteil einer Sünde. Wenn diese vier genannten Verben aber Tugenden sind, dann würde daraus ja folgen: Unwissenheit, Willenlosigkeit, Feigheit und Geschwätzigkeit sind Sünden!« Wer etwas mehr weiß als das, was in den Tageszeitungen steht, etwas mehr kann als nur Brot essen und darüber hinaus ein leicht sadistisches Vergnügen an grausamer Ehrlichkeit hat (also vermutlich im Zeichen des Schützen geboren wurde ...), der könnte nun, süffisant grinsend, antworten: »So ist es« und auf dem Absatz umdrehen, um sich bessere Gesellschaft zu suchen. Etwas verbindlichere Naturen dagegen würden etwa folgendes erwidern: »Tugenden sind Wege. Die Wahl des Weges hängt ab vom angestrebten Ziel. Das absolut und objektiv Gute gibt es genausowenig wie das absolut und objektiv Böse. Es gibt aber, im Hinblick auf eine Zielsetzung, solche Eigenschaften, Fähigkeiten und Gewohnheiten, die eher nützlich und förderlich sind, und solche, die das Erreichen des Zieles eher unwahrscheinlich machen.« Wer Salomos Kunst erlernen möchte, der tut gut daran, die vier Kardinaltugenden der westlichen esoterischen Tradition zu kennen, zu beherzigen und immer weiter zu vervollkommnen.

Die erste Tugend, nämlich das Schweigen, ist für den Anfänger die wichtigste. Wer schon im Anfangsstadium seiner Experimente und Studien damit beginnt, anderen Menschen von seinen ersten kleinen Erfolgen und Erfahrungen zu berichten, der kann ähnliche Reaktionen provozieren wie der junge Mann aus Hamburg, den wir zu Beginn dieses Buches kennengelernt haben. Sie erinnern sich: Die Hirschgeschichte...

Doch auch andere Gefahren drohen einem allzu redseligen Schüler der Salomonischen Kunst. Zur Illustration ein Gleichnis:

Zwei Wanderer haben sich in einem Sumpfgebiet verirrt. Der morastige Boden unter ihren Füßen gibt immer weiter nach. Beide drohen rettungslos im Moor zu versinken. Füße, Knöchel, Waden und Knie hat das gierige schwarze »Maul der Erde« schon verschlungen. Der erste Mann findet sich mit seinem Schicksal als zukünftige Moorleiche ab. Er jammert zwar zum Gotterbarmen, ergreift aber keine Initiative und sinkt immer tiefer. Der zweite versucht mit aller Kraft, sich bis zum rettenden Ufer vorzukämpfen. Dort nämlich liegt ein starker Ast. Und den will er, sobald er wieder festen Boden unter den Füßen hat, seinem Freund reichen, um auch ihn vor dem Versinken zu retten. Er hat schon fast das Ufer erreicht, da begeht er einen schweren Fehler. Er brüllt seinen passiven Freund an: »Hör endlich auf zu jammern! Ich hole uns hier schon wieder heraus!« Da klammert sich der jammernde Fatalist an ihn und wimmert: »Beweg dich nicht, sonst ertrinkst du noch vor mir! Es hat doch alles keinen Sinn!« Ohne böse Absicht zieht er nun seinen tatkräftigen Freund wieder zu sich in den Schlamm hinab. Damit macht er für beide die Rettung unmöglich.

Der Fatalist im Moor handelt wie einer, der die giftige Saat des Zweifels und der altklugen Pseudo-Rationalität in die Seele eines Schülers der Salomonischen Kunst streut und ihm auf diese Weise den notwendigen Glauben an ein erfolgreiches Gelingen seiner Bemühungen stiehlt. Ohne Zuversicht kann nichts gelingen. Wie soll ich schwimmen lernen, wenn ich nicht fest davon überzeugt bin, daß das Wasser mich trägt? Wie soll ich die Strapazen eines langen Weges bewältigen, wenn ich nicht vollkommen durchdrungen bin von der Gewißheit, daß mein Ziel erreichbar ist? Der Glaube, oder sagen wir präziser: die unerschütterliche Zuversicht kann buchstäblich Berge versetzen. Sie mobilisiert innere Energiereserven und Fähigkeiten, die ein fauler, selbstgerechter, altkluger Fatalist niemals auch nur ansatzweise kennenlernen wird. Der Mensch ist viel mehr und kann viel mehr, als ihm bewußt ist. Wer das nicht weiß, dem wird es sehr schwer fallen, Salomos Kunst zu erlernen.

Ein Mensch vom Schlage des Fatalisten im Moor zieht den allzu vertrauensseligen Schüler, bildhaft gesprochen, wieder hinab in den Morast der Ignoranz, aus dem er sich gerade befreien wollte. Als Wissender hätte der Schüler auch dem (noch) Unwissenden helfen können. Sobald jedoch auch er wieder im Sumpf der dumpfen Ignoranz und Lethargie zu versinken droht, ist die Hoffnung für beide verloren.

Nun, zurück in den »Morast« gezogen werden können Sie aber nur, wenn Sie, um im Bild zu bleiben, zu reden beginnen, ehe Sie das »rettende Ufer« erreichen, das heißt, bevor Sie Ihre ersten zwei, drei außerkörperlichen Erfahrungen gemacht haben und aus eigenem Erleben wissen: »Jawohl, es funktioniert tatsächlich. Sollen die anderen doch sagen, was sie wollen — ich weiß, was ich weiß!« Deshalb ist das Schweigen eine Tugend des Schülers der Salomonischen Kunst.

Die Fähigkeit, etwas zu wagen, ist die zweitwichtigste Tugend eines Anfängers. Ist das Schweigen schon schwer genug, so ist es unendlich viel schwieriger, die eigene Angst zu besiegen. An dieser Stelle könnte ein schlichtes Gemüt einwenden: »Wieso? Es muß doch großartig sein, eine außerkörperliche Erfahrung zu machen! Weshalb sollte man sich vor einem so sensationellen Erlebnis fürchten?« So naiv kann nur jemand reden, der absolut nicht weiß, wovon er spricht!

Jeder, der schon einige Erfahrungen auf diesem Gebiet gesammelt hat, wird Ihnen bestätigen können, daß panische Angst in einem Übenden aufsteigen kann, sobald er spürt, daß ihn nur noch ein winziger Schritt vom Überschreiten der Schwelle zum außerkörperlichen Erlebnis trennt. Plötzlich beginnt das Kreatürliche in uns zu rebellieren. Die physische Eigenintelligenz des Körpers meldet sich zu Wort; Milliarden und Abermilliarden Körperzellen scheinen unisono *»nein!«* zu rufen. Todesfurcht macht sich breit. Tausend Ängste steigen in Ihnen auf, irrationale Befürchtungen, chimärenhafte Ausgeburten der Todesangst des Körpers. Denn der Körper will nur eines: Er will leben. Die Ängste führen einen erbitterten Partisanenkrieg gegen den bewußten Willen. Sie bilden eine schlagkräftige Guerilla-Armee. Sie unterminieren Ihren Mut, sie torpedieren Ihre Kraft, sie zersetzen Ihre Konzentrationsfähigkeit, sie zerstören Ihre Zuversicht und haben nur ein einziges Ziel, nämlich das außerkörperliche Erlebnis mit allen, aber auch wirklich allen Mitteln zu verhindern. Plötzlich juckt vielleicht Ihre Nase und lenkt so Ihre Aufmerksamkeit zurück auf den Körper. (Oder, schlimmer noch: Stiche in der Herzgegend jagen Ihnen einen Schrecken ein und zwingen Sie zum sofortigen Abbruch Ihres Experiments.) Falls Sie sich von der Guerilla-Armee der Ängste nicht in diesen Hinterhalt locken lassen, dann fährt sie schwerere Geschütze auf. Längst überwunden geglaubte irrationale Befürchtungen gewinnen neues Leben, und Sie können sich vielleicht gar nicht wehren gegen den dummen Gedanken: »Wenn ich meinen Körper verlasse, dann ist es wie ein kleiner Tod. Wer garantiert mir, daß ich nach der Astralreise wieder zurück in meinen Körper komme? Was ist, wenn es mir nicht gelingt, mein Bewußtsein wieder mit dem Körper zu verbinden? Oder wenn mein Körper von einem anderen Wesen besetzt wird und ich dann besessen bin?« Ach und aber ach! Schlagartig ist Ihnen intuitiv klar, was es konkret bedeutet, wenn in Symbolsprache gesagt wird: Für jeden Kopf, den Herkules der Hydra abschlug, wuchsen sogleich mehrere neue nach. Kabbalisten fühlen sich an die Schrecknisse des Pfades Taw erinnert. Denn jeden dieser albernen Angstgedanken hatten Sie doch schon tausendmal gedacht, und tausendmal waren Sie in Ihren Überlegungen und in der Meditation zu dem beruhigenden Ergebnis gekommen: »Mir kann gar nichts Schlimmes passieren!« Aber jetzt? Sie sind verunsichert, eingeschüchtert, verzagt, kleinmütig. Die hinterlistige Guerilla-Armee der irrationalen Ängste hat mal wieder eine Schlacht gewonnen. Sie brechen Ihr Experiment ab. Und kurze Zeit später fragen Sie sich: »Wie konnte ich nur wieder so dumm sein? Beinahe hätte ich es geschafft. Kurz vor dem Ziel habe ich wieder dieses blöde Muffensausen bekommen. Ich habe alles verpatzt, beinahe wie Orpheus, der ebenfalls nicht in der Lage war, den eingeschlagenen Weg zuversichtlich und vertrauensvoll weiterzugehen.« Wie stehen Sie jetzt vor sich selbst da? Ganz schön dumm, wie ein begossener Pudel. Es ist möglich, daß Sie auf die eben beschriebene Weise immer und immer wieder scheitern, ehe Sie in radikaler Konsequenz begreifen, was für eine großen Tugend das »Wagen« ist, und endlich den längst überfälligen Entschluß fassen: »Okay, ich wage es jetzt, etwas zu wagen. Sonst werde ich nie irgend etwas Nennenswertes schaffen.« Haben Sie diese mentale Hürde genommen, dann erkennen Sie bald die elementare Wichtigkeit der dritten Tugend, des Wollens. Die dritte Schwierigkeitsstufe ist erreicht. Sie haben nun endlich Ihr Bewußtsein vom Körper abgelöst, haben vielleicht sogar ein autoskopisches Erlebnis, das heißt, Sie können Ihren eigenen Körper unter oder neben sich liegen sehen. Was nun? Ohne die Tugend des Wollens kommen Sie jetzt nicht weiter.

Das konsequente, zielgerichtete Wollen ist eine große Kunst, und keine Kraft ist stärker als die Willenskraft. »Wieso?« könnte jetzt ein schlichtes Gemüt einwenden. »Das Wollen ist doch eine der leichtesten Übungen. Ich meinerseits jedenfalls weiß immer ganz genau, was ich will!« Nun, einen derart wissenden und willensstarken Meister dürfen wir dann an dieser Stelle in aller gebotenen Ehrfurcht bitten, uns doch freundlicherweise eine Kostprobe seiner Kunst des Schweigens zu geben.

Das kraftvolle Wollen erfordert ein Maximum an Konzentrationsfähigkeit, Selbstdisziplin und Ausdauer. Diese starke Psycho-Essenz würze man mit einer ordentlichen Prise Selbstironie, sonst verwandelt der Wille zur Willenskraft sich in humorlosen Fanatismus, der am Ende geistig erstarrte Griesgrämlinge aus uns machen könnte. Und das wollen wir ja nicht. Der in diesem Zusammenhang wichtigste Teilaspekt der Willenskraft ist die Fähigkeit zur Gedankenkontrolle. Das heißt: Wir müssen in der Lage sein, die Herrschaft des bewußten Willens in jedem Fall aufrechtzuerhalten. Die ins Bewußtsein einströmenden Gedanken müssen dem Willen gehorchen wie perfekt abgerichtete Wachhunde dem Herrn — sofort und auf Kommando. Spontaneität und lustiger gedanklicher Anarchismus, die in anderen Bereichen liebenswerte Tugenden sind, erhalten in diesem Kontext den Stempel »Untugenden« aufgedrückt. Und das aus gutem Grund. Denn: Verselbständigt sich im Zustand der Außerkörperlichkeit ein Gedanke (oder ein Gefühl) und gewinnt er die Oberhand über den eigentlichen Willen, dann können die Folgen ärgerlich sein.

BEISPIEL: Sie haben es nun endlich geschafft, daß sich Ihr Bewußtsein vom physischen Körper ablöst. (Glückwunsch!) Vor Beginn Ihres Experiments haben Sie vielleicht beschlossen: »Wenn es mir heute gelingt, ein außerkörperliches Erlebnis herbeizuführen, dann will ich zuerst meinen Freund in San Francisco besuchen und danach in den Astralen ein Schwätzchen mit Nietzsche halten.« Prima, da haben Sie sich ja lohnende Ausflugsziele ausgesucht! So, nun befindet sich Ihr Bewußtsein also außerhalb des Körpers, und Sie haben jetzt ein autoskopisches Erlebnis. Sie schauen auf Ihren Körper hinab, und plötzlich denken Sie: »Sonderbar, je älter ich werde, desto ähnlicher sehe ich meiner Tante. Ich sehe schon jetzt fast genauso aus wie sie.« Was passiert? Ihr Schwätzchen mit Nietzsche und Ihren Ausflug nach San Francisco können Sie für diesmal vergessen. Warum? Weil Sie nun entweder dorthin reisen werden, wo sich Ihre Tante momentan befindet, oder, was leider wahrscheinlicher ist, wieder in Ihrem physischen Körper zu Bewußtsein kommen werden. Und das war's dann erst einmal. Solche dummen Patzer können Ihnen nicht unterlaufen, wenn Sie über einen wohltrainierten Willen verfügen. Wer auf eigene Faust die Astrale erforschen will, in denen es ja, wie wir an anderer Stelle schon hörten, durchaus nicht immer friedvoll zugeht, der sollte ebenfalls willensstark sein, damit er sich im Bedarfsfall aus einem unerfreuliche Szenario heraus-katapultieren oder, im umgekehrten Fall, länger in einer inter-essanten und angenehmen Welt bleiben kann, ohne daß ein verirrter Gedanke ihn sofort auf eine andere Realitätsebene »zwangsversetzt«. (Genügt es nicht vollkommen, sich auf die »innere Führung« zu verlassen und ihr das eigene Schicksal ver-trauensvoll in die Hände zu legen? Sicher. Es genügt vollkom-men, aber wenn man es tut, dann stellt man früher oder später fest, daß auch diese Instanz, die man als »innere Führung« be-zeichnet, ein guter Lehrer ist. Ein guter Lehrer tut bekanntlich alles, um sich selbst überflüssig zu machen. Das gilt offenbar auch für die Instanz der »inneren Führung« — sie will keine passiven Schäfchen aus uns machen, sondern uns helfen, un-sere eigene vollkommene Freiheit zu erkennen und zu nut-zen. Also wird sie alles tun, damit wir früher oder später eben auch — einen festen eigenen, freien Willen entwickeln!)

Auf die Tugend des Wollens werden wir in diesem Kapitel di-rekt oder indirekt noch mehrfach zu sprechen kommen.

Die vierte Tugend des westlichen Einweihungsweges ist das Wissen. Mit dem Wissen muß der Schüler der Salomonischen Kunst eine leidenschaftliche Liebesaffäre beginnen. Dieses gei-stige Abenteuer nennt man auf Griechisch »Philosophie«, das heißt auf Deutsch: Liebe zum Wissen. (Kommt hier wieder ein Einwand von seiten unseres Freundes mit dem schlichten Ge-müt? Nein; er übt sich noch immer in der Kunst des Schwei-gens — offenbar erfolgreich.)

Wissen kann man sich aneignen. Es kann einem aber auch wie eine reife Frucht in den Schoß fallen. In der Liebesaffäre mit dem Wissen gelten ähnliche Gesetzmäßigkeiten wie in einer »zwischenmenschlichen Zweierbeziehung«: Wie beglückend und harmonisch das Verhältnis beider Partner zueinander auch sein mag — einer liebt immer ein bißchen mehr als der andere. (Es gibt offenbar ein »liebesenergetisches Gefälle«.) Und der, der noch mehr geliebt wird, als er selbst liebt, ist im »Vorteil«. Also je nachdem, wenn Sie das Wissen inniger lieben als das Wissen Sie, dann müssen Sie es mühsam um- und erwerben. Im umgekehrten Fall fällt es Ihnen zu. Das ist natürlich die bequemere Variante. — Was nun nicht bedeutet, daß Sie dem Wissen nur die kalte Schulter zu zeigen brauchten, um es auf diese Weise zu zwingen, Ihnen in den Schoß zu fallen. Denn so leicht läßt sich das Wissen nicht übertölpeln.

Ernsthafter formuliert: Es schadet dem Schüler der Salomonischen Kunst durchaus nicht, wenn er sich durch die Lektüre von Büchern, durch eigenköpfiges Nachdenken sowie durch Gespräche mit erfahrenen »Mitschülern« oder überhaupt allen Menschen, die *irgend etwas* wissen, profunde Kenntnisse und einen Tag für Tag größer werdenden Wissensschatz aneignet. Kabbalistisch ausgedrückt: Der Weg über die Sephira Hod ist weder ein Holzweg noch eine Sackgasse. (Es soll hier keine Reklame für die berühmt-berüchtigte »Kopflastigkeit« gemacht werden. Aber: Wer mehr weiß, kann mehr verstehen. Wer mehr versteht, der irrt sich seltener. Wer sich seltener irrt, der trifft häufiger die richtigen Entscheidungen und macht weniger Fehler. Und wer weniger Fehler macht, der hat's halt leichter!)

## Butlers Bewußtseinsträger

So. Jetzt »geht's ans Eingemachte«.
W. E. Butler schlägt den lernbegierigen Schülern der Salomonischen Kunst ein Trainingsprogramm vor, das in einer angelsächsischen Einweihungsschule entwickelt wurde, die (vermutlich) auf Dion Fortune (= Violet Mary Firth) zurückgeht. Butler ist ein überzeugter Anhänger der Lehre von den vier Körpern des Menschen (physischer Körper, Aura, »feinstofflicher« Astralkörper, Seele). Dennoch geht er nicht davon aus,

daß es ratsam bzw. überhaupt möglich sei, den »feinstoffli-chen« Astralkörper ohne weiteres aus dem physischen Körper austreten zu lassen. Deshalb empfiehlt er die Herstellung eines Reisevehikels, das der Astralkörper besteigen und auf seinen Exkursionen benutzen kann. (Womit er indirekt unsere Über-legungen bestätigt. Wir hatten ja vermutet, das Bewußtsein benötige — zumindest zeitweilig — die Vorstellung, es befän-de sich in einer wie auch immer gearteten, mehr oder minder physischen Trägersubstanz.) Dieses Vehikel nennt Butler den »mental hergestellten Bewußtseinsträger«.

Stillschweigend vorausgesetzt wird bei diesem Trainingspro-gramm die Fähigkeit des Schülers, sich in einen Zustand tiefer Entspannung zu versetzen. Das heißt konkret: Sie müssen in der Lage sein, körperlich zu schlafen und geistig wach zu blei-ben. Daß allein schon die Aneignung dieser Kunstfertigkeit (wenn man auf Hilfsmittel wie zum Beispiel Hemi-Sync-Casset-ten verzichtet) bei discipliniertem, täglichem Üben gut und gern ein halbes Jahr in Anspruch nehmen kann, findet bei But-ler keine Erwähnung. Ein Anfänger könnte aber schon vor die-ser Hürde hoffnungslos verzweifeln und kapitulieren. Denn: Immer und immer wieder kann es geschehen, daß Sie wäh-rend der Übung schlicht und ergreifend einschlafen. Wenn Sie dann nach einer Weile wieder aufwachen, kann sich Ent-täuschung in Ihnen breitmachen. Es kostet (ohne Hilfsmittel) unendlich viel Kraft und Durchhaltevermögen, jeden Tag aufs neue einen weiteren Versuch zu unternehmen, wenn viel-leicht schon dreißig, fünfzig oder gar hundert kläglich geschei-terte Experimente hinter Ihnen liegen! Aber wie gesagt: Die Erwähnung dieser banalen Fakten hält Butler nicht für not-wendig.

Butlers Trainingsprogramm läßt sich in vier Phasen unterglie-dern:

*Die erste Phase* dient der mentalen Vorbereitung. Sie setzen — oder besser noch: Sie legen sich entspannt in einen ruhigen

Raum. (Phase 1 setzt noch nicht voraus, daß Sie in der Lage sind, körperlich zu schlafen und geistig hellwach zu bleiben.) Sie schließen Ihre Augen und versuchen, vor Ihrem »inneren Auge«, das heißt, unter Zuhilfenahme Ihrer optischen Imaginationsfähigkeit, ein helles, aus Licht bestehendes Abbild Ihres physischen Körpers erstehen zu lassen. Dieses Abbild visualisieren Sie als innerhalb Ihres physischen Körpers befindlich. Simpler gesagt: Sie stellen sich lebhaft und in allen Einzelheiten vor, Sie trügen quasi einen »Licht-Zwilling« in sich, also eine exakte Kopie Ihres physischen Körpers, die detailgetreu mit dem physischen Vorbild übereinstimmt. Hierbei bemühen Sie sich um äußerste Präzision. Das heißt: Ihr »mental hergestellter Bewußtseinsträger« hat die gleichen Hände, Fingernägel, Füße, Beine, Arme und Gesichtszüge wie Sie; seine Frisur stimmt haargenau mit der Ihren überein.

Das von Butler angepeilte Lernziel dieser ersten Phase besteht darin, den Schüler an den Gedanken der Existenz des Astralkörpers zu gewöhnen. Dieser Gedanke soll dem Schüler buchstäblich in Fleisch und Blut übergehen. Nun haben wir zwar an anderer Stelle die tatsächliche Existenz des Astralkörpers angezweifelt; andererseits ist es aber vollkommen legitim, diese »geistige Hilfskrücke« zunächst noch in Anspruch zu nehmen. Sei's drum — wir tun also brav, was Butler uns rät, und stellen in wochenlanger Imaginationsarbeit unseren aus Licht bestehenden Bewußtseinsträger her. Gelingt dies mit müheloser Eleganz und ohne nennenswerte Anstrengungen, dann kann zu Phase 2 übergegangen werden.

*Phase 2* dient der mentalen Vorbereitung auf den Prozeß der Loslösung des Bewußtseins vom physischen Körper. Konkreter: Sie liegen entspannt und visualisieren, was für Sie ja zu diesem Zeitpunkt gar kein Problem mehr ist, Ihren aus Licht bestehenden Bewußtseinsträger, dessen rechter Arm sich in Ihrem physischen rechten Arm, dessen linkes Bein sich in Ihrem physischen linken Bein befindet. Nun gehen Sie einen Schritt weiter.

Ihre mittlerweile gut trainierte Imaginationsfähigkeit ermöglicht es Ihnen, den Austritt des Bewußtseinsträgers aus dem physischen Körper zu visualisieren. Bislang hatten Sie sich intensiv vorgestellt, Ihr »Licht-Zwilling« befände sich innerhalb Ihres physischen Körpers. Jetzt stellen Sie sich lebhaft, detailgetreu und präzise vor, wie Ihr Bewußtseinsträger langsam emporsteigt. Er schwebt, wie eine feine Flaumfeder über einem warmen Heizkörper, sanft und beinahe schwerelos aufwärts. Seine Lage stimmt exakt mit der Ihres physischen Körpers überein. Anders gesagt: Etwa einen halben Meter (oder, falls Sie kein Freund von Halbheiten sind, dann halt einen ganzen Meter) über Ihrem physischen Körper schwebt nun Ihr Bewußtseinsträger in der Luft. Ihre physischen Augen sind noch immer geschlossen, Ihr Körper ruht in tiefer Entspannung. Sie sehen jetzt vor Ihrem »geistigen Auge« Ihren schwebenden Bewußtseinsträger; Sie visualisieren Ihren Hinterkopf, Ihre Schultern, Ihren Rücken, so, als stünden Sie hinter sich selbst. Doch das Abbild Ihres Körpers, das über Ihnen schwebt und dessen Rückseite Sie mit Ihrem »geistigen Auge« betrachten, besteht nicht aus Fleisch und Blut, sondern aus Licht, aus einem funkelnden, schwerelosen Leuchten.

Auch diese Übung führen Sie so lange durch, bis sie Ihnen leichtfällt. Bei täglichem, regelmäßigem Üben sollten Sie für Phase 2 mindestens einen Monat veranschlagen, auch wenn sie Ihnen schon beim ersten Mal keinerlei Schwierigkeiten bereitet.

Danach erst — lieber etwas später als zu früh — schreiten Sie fort zu *Phase 3.* »Hier hat«, schreibt Butler, »der Experimentator die Abtrennung der ätherischen, astralen und mentalen Substanz vorzunehmen und diese auf die von ihm vorher geschaffene Gedankenform zu übertragen.« Erläuternd fährt er fort: »Eine solche Übertragung kann erreicht werden durch das ›Exerzitium des durcheinanderwogenden Lichtes‹ und mittels der dazugehörenden Atemübungen.« Unter dem Terminus »Exerzitium des durcheinanderwogenden Lichtes« versteht Butler das kabbalistische Exerzitium der Mittleren Säule, also eine Übung zur Aktivierung brachliegender kosmischer Energien im Menschen. Wer sich darunter (noch) nichts Konkretes vorstellen kann, möge nicht verzweifeln. Denn hinter Butlers Worten verbirgt sich eine ganz simple Anweisung. Sie lautet im Klartext: Der »mental hergestellte Bewußtseinsträger«, den Butler, was zunächst Verwirrung stiftet, nun synonym auch »Gedankenform« nennt, muß energetisiert, also aufgeladen werden. Wer das Exerzitium der Mittleren Säule (noch) nicht beherrscht, dem steht ein reiches Spektrum alternativer Möglichkeiten zur Verfügung. Beispiel: Sie fokussieren die konzentrierte, gebündelte Kraft Ihrer Gedanken auf den Bewußtseinsträger, den Sie ja, seit erfolgreicher Beendigung der Phase 2, mühelos oberhalb Ihres physischen Körpers in der Luft schweben lassen können. Auf diese Weise laden Sie Ihren Bewußtseinsträger mit belebender Energie auf. Andere Variante: Sie stellen sich mit aller Gedankenkraft, die Sie überhaupt nur aufbieten können, lebhaft vor, daß ein Teil der Lebensenergie, die Ihren physischen Körper erfüllt, in Ihren Bewußtseinsträger übergeht, so daß auch er jetzt vor Lebenskraft nur so strotzt. Ergebnis: Sie sind vollkommen durchdrungen von der Überzeugung, daß ein Teil der Kraft, die Ihren physischen Körper am Leben erhält, sich nun auch in Ihrem Bewußtseinsträger befindet. Er ist jetzt energetisiert. Er ist belebt. Das Konzentrat reiner Lebenskraft pulsiert in Ihrem Bewußtseinsträger.

Was, Butlers Anweisungen zufolge, als nächstes zu geschehen hat, das kann (vermutlich) nur bewerkstelligt werden, wenn man sich zuvor in jenen veränderten Bewußtseinszustand versetzt hat, bei dem der physische Körper schläft, das Bewußtsein aber putzmunter und hellwach ist. Gründlich vorbereitet werden soll jetzt nämlich der, wie Butler sagt, in Phase 4 zu unternehmende »Versuch, das Wachbewußtsein in die visualisierte Gestalt zu versetzen«.

Wie geht das? Indem Sie eine Übung machen, die ein Witzbold vielleicht als »Astral-Turnen« bezeichnen würde. Was heißt das konkret? Nun, Ihr Wachbewußtsein (Ihr »Ich«) ist ja nach wie vor fest mit Ihrem physischen Körper verbunden; intuitiv würden Sie es wohl in Ihrem (physischen) Kopf lokalisieren. Ihr ordnungsgemäß energetisierter Bewußtseinsträger dagegen schwebt über Ihnen. Nun stellen Sie sich vor, Ihr Bewußtseinsträger verhielte sich zum derzeitigen Sitz Ihres Bewußtseins, also dem physischen Körper, wie ein Modellflugzeug zur Fernsteuerung am Boden. Sie lassen jetzt Ihren Bewußtseinsträger verschiedene Bewegungen ausführen, »als sei er«, so Butler, »eine ferngesteuerte Puppe oder ein Roboter«. Beispiel: Ihr physischer rechter Arm liegt entspannt und ausgestreckt neben Ihrem Rumpf. Der rechte Arm Ihres energetisierten Bewußtseinsträgers aber hebt und senkt sich, malt Kreise in die Luft, beugt und streckt sich, ganz so, wie Sie es ihm befehlen. Sie visualisieren, wie Ihr Bewußtseinsträger die verschiedensten gymnastischen Übungen macht, während Ihr physischer Körper vollkommen reglos und entkrampft daliegt. Diese Übungen machen Sie so lange, bis Ihr Bewußtseinsträger Purzelbäume schlagen kann, ohne daß sich auch nur die winzigste Muskelfaser Ihres physischen Körpers dabei verkrampft oder anspannt.

Lernziel: Sie erfahren die Eigenständigkeit Ihres energetisierten Bewußtseinsträgers. Sie begreifen, daß er sich, vollkommen unabhängig von Ihrem physischen Körper, einzig und allein abhängig von Ihrem lenkenden Willen, bewegen kann, ohne daß der physische Körper dieselben Bewegungen macht. Sie erleben seine Geschmeidigkeit, seine schwerelose Eleganz. Sie begreifen: Ich kann mich auf meinen Bewußtseinsträger verlassen, denn er gehorcht mir aufs Wort; er ist ein perfekt funktionierendes Instrument, das allein meinem Willen unterworfen ist.

Für Phase 3 gilt exakt dasselbe wie für Phase 2 — sie sollte nicht frühzeitig als beendet angesehen werden. Denn der Erfolg der Bemühungen, ein außerkörperliches Erlebnis herbeizuführen, hängt wesentlich davon ab, wie sorgfältig und gründlich Sie Ihre vorbereitenden Übungen absolviert haben.

Klartext: Schlamperei können Sie sich nicht leisten. Perfektionismus ist Trumpf. Keine Übung sollte begonnen werden, ehe Sie nicht die vorangegangene vollkommen beherrschen. Nachlässigkeit und Ungeduld gehören also in die Schublade »Untugenden«. Vergegenwärtigen Sie sich: Kein großer Pianist kann es sich erlauben, auf die täglichen Fingerübungen zu verzichten. Jeder Weltklasse-Tennisspieler muß täglich trainieren. Ob es uns nun gefällt oder nicht — es ist mit einigen Anstrengungen verbunden, Salomos Kunst zu erlernen. Aber es lohnt sich ja!

Bevor Sie die Zulassung zu Phase 4 erhalten, müssen Sie eine kleine Zwischenprüfung ablegen. Sie sind jetzt Prüfer und Prüfling in Personalunion. Geprüft wird in den Fächern:

1. Detailgetreue Visualisierung des Bewußtseinsträgers
2. Visualisierter Austritt des Bewußtseinsträgers aus dem physischen Körper
3. Energetisierung und Fernsteuerung des Bewußtseinsträgers

Prüfung erfolgreich bestanden? Dann sind Sie in das Seminar für Fortgeschrittene aufgenommen.

*Phase 4* beginnt: Jetzt, so Butler, »hat der endgültige Akt der Bewußtseinsidentifikation zu erfolgen«. Ergänzend fügt er hinzu: »Was sehr wichtig ist: Die mentale Gespanntheit und Entschlossenheit, das Bewußtsein in die gebildete Form hineinzuprojizieren, hat sich mittels eines starken momentanen Willensruckes zu vollziehen, nicht im Laufe eines länger anhaltenden ›Wollens‹.« Sowohl formal als auch inhaltlich ist dieser Satz brillant; an Prägnanz und Präzision läßt er nichts zu wünschen übrig. Das Dumme ist halt nur: Man kann ihn zwanzigmal lesen, ohne auch nur ansatzweise zu begreifen, was er denn nun eigentlich ganz konkret besagt.
Worum geht es? Wir werden wieder mit der dritten Tugend des westlichen Einweihungsweges konfrontiert, nämlich mit dem

Wollen. Stellen Sie sich zwei kraftstrotzende Hochleistungssportler vor: Der eine ist Sprinter, der andere ein Marathonläufer. Um erfolgreich zu sein, muß der Sprinter seine gesamten Kraftreserven innerhalb von Sekundenbruchteilen mobilisieren und sie in weniger als einer Minute vollständig verbrauchen. Der Marathonläufer dagegen muß mit seiner Energie sorgfältig haushalten, damit er das Ziel seines Langstreckenlaufes erreichen kann. Genau so, wie der Sprinter seine Körperkraft einsetzt, nämlich blitzschnell und laserstrahlartig gebündelt, muß ein Schüler der Salomonischen Kunst seine Willenskraft in Phase 4 einsetzen. Die Fähigkeit des Marathonläufers dagegen, sich seine Energie so einzuteilen, daß sie für die Bewältigung einer langen Distanz ausreicht, braucht der Schüler der Salomonischen Kunst, um die Strapazen monate- oder jahrelangen Übens durchzustehen und nicht frühzeitig die Flinte ins Korn zu werfen. Man könnte also, halb im Spaß und halb im Ernst, sagen: Es gibt einen intensiven Kurzstrecken-Willen und einen extensiven Langstrecken-Willen. Um überhaupt Phase 4 zu erreichen, braucht man den zähen, hartnäckigen Langstrecken-Willen. In Phase 4 selbst wird dem Schüler der pfeilschnelle, konzentrierte Kurzstrecken-Wille abverlangt.

In der Praxis stellt sich bald heraus, daß das, was Butler als den »Willensruck« bezeichnet, in Wirklichkeit eine Art »konkret angewandte Mischtugend« ist, zu gleichen Teilen bestehend aus der zweiten und der dritten Tugend des westlichen Weges. Daraus ließe sich (für den internen Hausgebrauch) folgende formelhafte Definition ableiten: »Willensruck = Wagen + Wollen«.

Einige kleine Imaginationsübungen können Ihnen helfen, sich ein klares Verständnis dessen zu erarbeiten, was denn nun genau unter dem Terminus »Willensruck« zu verstehen ist. Hier ein paar Vorschläge:

*1. Junger Adler*
Sie sind ein junger Adler — kein Küken mehr, aber auch noch kein »König der Lüfte«. Irgendwo zwischen Himmel

und Erde hocken Sie im Horst, der sich in einer höhlenartigen Einbuchtung im kahlen Felsgestein unterhalb des Berggipfels befindet. Imaginieren Sie möglichst viele konkrete Details: Fühlen Sie Ihren Vogelkörper, den gebogenen Schnabel, die kraftvollen Schwingen, die messerscharfen Krallen an Ihren Füßen. Fühlen Sie das Nest unter sich, die Felswand hinter sich, den klaffenden Abgrund unter sich, Sonne und Wolken über sich. Spüren Sie den Wind in Ihrem Gefieder. Es ist ein sonniger, windiger Tag. Wenn Sie über den Rand des Nestes blicken, sehen Sie in einiger Entfernung grüne, saftige Täler unter sich, Bäche, Wälder und Wiesen. Ihre Geschwister ziehen schon lautlos majestätische Kreise in der Luft. Nur Sie, Sie allein als Letzter, Sie hocken noch im Nest, verschüchtert und unschlüssig. Sie blicken herab — oh, mein Gott, wie tief der felsige Abgrund klafft! Sie haben Todesangst vor dem Fallen, vor dem Abstürzen, vor dem tödlichen Aufprall drunten, tief drunten. Gleichzeitig sagt Ihnen aber Ihr Instinkt: Ich soll es, ich kann es, ich muß es. Sie klammern sich mit den Krallen fest an den Nestrand. Sie breiten Ihre Flügel aus. Ein vertrauensvoller, zuversichtlicher Gedanke durchzuckt Sie: Der Wind wird mich tragen, denn er trägt ja auch meine Eltern und Geschwister. Sie wollen den Absprung wagen. Doch plötzlich — nein! Sie bekommen eine Heidenangst vor der eignen Courage. Sie zaudern. Ihr Mut sinkt. Die alte Furcht ist wieder da. Sie wissen zwar: Ich muß mir einen Ruck geben, sonst hungern mich meine Eltern hier oben aus, ich habe gar keine andere Wahl, ich muß fliegen, ich kann es ja auch, genau so, wie es meine Geschwister auf Anhieb konnten.

Sie erleben einen schweren inneren Konflikt. Feigheit und Zuversicht leisten sich in Ihrem Inneren erbitterte Gefechte. Schließlich siegt das Vertrauen in den Wind, in die Kraft der eigenen Flügel. Sie stoßen sich vom Nestrand ab, Sie springen ab und — fliegen! Es ist ein unbeschreibliches, ein herrliches Gefühl der Freude und Freiheit. Sie schweben, und es geht so leicht, als hätten Sie Ihr Leben lang gar nichts anderes getan als zu fliegen.

Nun: Die Sekundenbruchteile, die zwischen dem endgültigen Entschluß zum Absprung und dem tatsächlichen Absprung liegen, haben denselben »Gefühlswert« wie Butlers »Willensruck«.

2. *Flammendes Inferno*
Sie imaginieren folgendes Szenario: Ein Hochhaus brennt. Sie stehen auf dem Balkon einer Wohnung im zehnten Stock. Dicke schwarze Qualmschwaden dringen aus der brennenden Wohnung hinter Ihnen. Sogar die Gardinen an den Fenstern haben schon Feuer gefangen. Sie husten, Sie ersticken fast, Sie haben panische Angst. Sie blicken hinab. Unten, vor dem Haus, stehen Feuerwehrleute und halten für Sie ein Sprungtuch ausgespannt. Sie wissen: Ich komme hier nicht lebendig heraus — es sei denn: Ich springe! Wieder erleben Sie innere Konflikte. Schließlich ist die Angst vor dem Flammentod größer als die Furcht vor dem Springen. Erneut erfahren Sie den Willensruck und — landen wohlbehalten im Sprungtuch. Die Schaulustigen ringsumher applaudieren. Ein freundlicher Feuerwehrmann reicht Ihnen die Hand und gratuliert Ihnen.

3. *Der Fallschirmspringer*
Sie wissen jetzt ja, worauf es bei diesem Imaginationstraining ankommt, und können die Übung selbständig entwickeln; ebenso die Willensruck-Übungen

4. *Sprung vom 10-Meter-Brett ins Schwimmbecken*

5. *Sprung über einen breiten Wassergraben,* in dem es vor Krokodilen und giftigem Natterngezücht nur so wimmelt

6. *»Die Angst des Torwarts beim Elfmeter«* (besonders gut geeignet für Peter-Handke-Fans)

7. *Die Sekunden vor dem ersten Kuß:* Der Traum Ihrer schlaflosen Nächte sitzt leibhaftig neben Ihnen, und Sie sind mächtig aufgeregt. Einerseits trauen Sie sich nicht so recht, die Initiative zu ergreifen, andererseits sagt Ihnen Ihre innere Stimme: »Jetzt oder nie!«

Zusätzlich zu diesen (oder ähnlichen) Imaginationsübungen können Sie sich noch mit der Frage auseinandersetzen: Wann habe ich in meinem Leben schon den Willensruck erfahren; in welchen Situationen mußte ich all meinen Mut und all meine Kraft mobilisieren? Das Ergebnis dieser Überlegungen wird mit an Sicherheit grenzender Wahrscheinlichkeit darin bestehen, daß Sie ebenso erfreut wie überrascht feststellen: Sie haben den Willensruck schon ziemlich oft vollzogen, und in der überwiegenden Mehrzahl der Fälle stellte der Willensruck die Vorstufe zu einer Handlung dar, auf die Sie im Rückblick recht stolz sein können.

Abschließend noch der Versuch einer Negativ-Definition. Unter dem Terminus »Willensruck« ist folgendes *nicht* zu verstehen: Ein ruckhaftes, im Stakkato-Rhythmus wehenartig hervorgepreßtes Denken der Worte »Ich — will — jetzt . . .«, wobei dann als flankierende Maßnahme noch der Versuch unternommen wird, jedes einzelne krampfhaft und konzentriert gedachte Wort durch nachdrückliches Ausatmen zu bekräftigen. Rot unterstrichen und mit drei fetten Ausrufungszeichen versehen: *Das* ist *nicht*, was man sich unter »Willensruck« vorzustellen hat, sondern bestenfalls ruckartiges Wollen auf verbaler Ebene bzw. ein »total verschärfter« guter Vorsatz. Auf diese Weise würde all Ihre Gedankenkraft in den Worten verpuffen; Sie würden sich an die Formulierung festketten. Eventuell könnte zwar dadurch Ihr Wille bzw. Ihr guter Vorsatz eine ordentliche Energiezufuhr erfahren, nur: Zu einer konkreten Verwirklichung des Gewollten käme es nie und nimmer. Denn: Die deskriptive, kognitive, intellektuelle, verbale Ebene soll ja im Willensruck gerade verlassen werden, damit die Ebene des Handelns und Erlebens erreicht wird. (Anders gesagt: Sie sollen nicht Hamlets Fehler wiederholen, sondern sich zu einem zuversichtlichen »Ich mach's jetzt, indem ich es tue!« durchringen.)

Gemessen am Schwierigkeitsgrad der Stufe 4 waren die Phasen 1 bis 3 harmlose Kinderspiele. Es ist nicht auszuschließen, daß Sie monate- oder jahrelang üben und in unschöner Regelmäßigkeit immer wieder kläglich scheitern. Vielleicht werden Sie irgendwann die Geduld verlieren und die Übungen beenden; vielleicht werden Sie dem täglichen Übungs-Frust nichts mehr entgegensetzen können, resignieren und endgültig aufgeben. Falls aber nicht, dann wird es Ihnen früher oder später so ergehen wie dem jungen Adler. (Zur Ermunterung ein Zitat von Henry Ford I.: »Es gibt mehr Menschen, die kapitulieren, als solche, die scheitern.«)

Nehmen wir an, es ist Ihnen jetzt gelungen, mit Hilfe des Willensrucks den entscheidenden Schritt zu tun. Ihr Bewußtsein hat sich vom physischen Körper abgelöst und den mental hergestellten Bewußtseinsträger als brauchbares Vehikel akzeptiert. Was nun? (Ruhe bewahren! Nur keine Panik, nur keine Euphorie! Vergegenwärtigen Sie sich im Bedarfsfall noch einmal: Ich bin nicht der/die Erste, dem/der so etwas gelungen ist, ich bin »nur« einer/eine von vielen, aber immerhin — jetzt gehöre ich zu denen, die es geschafft haben und das erfahren durften, wovon andere nur verklärten Blickes schwärmen!)

Butler rät, sofort einige Bewegungen zu machen — analog zu den in Phase 3 einstudierten »Astral-Turnübungen«, nur halt mit dem Unterschied, daß die Bewegungen jetzt nicht mehr »ferngesteuert« sind, da sich Ihr Bewußtsein ja nunmehr innerhalb des mental hergestellten Bewußtseinsträgers befindet. (Einfacher gesagt: Sie vertreten sich jetzt ein bißchen die unphysischen Beine und spazieren im Zustand der Außerkörperlichkeit durch Ihre Wohnung. Ganz Mutige können sich schon beim ersten Mal den Spaß erlauben, durch Wände oder geschlossene Türen zu gehen.) Man sollte auch, sagt Butler, möglichst sofort versuchen zu sehen. Das Sehen dürfte Ihnen keine allzu großen Schwierigkeiten bereiten, auch wenn die optische Wahrnehmung im Zustand der Außerkörperlichkeit zunächst noch verschwommen und unscharf ist.

Butler gibt allen Schülern der Salomonischen Kunst noch einen wichtigen Rat mit auf den Weg. Die Rückkehr in den physischen Körper (bzw. die Wiederverbindung des Bewußtseins mit dem Körper) sollte möglichst langsam erfolgen, denn nur dann sei gewährleistet, daß die Erinnerungen an die außerkörperliche Exkursion auch optimal ins physische Hirn integriert werde.

Zu Phase 2 und 3 liefert Butler einen Nachtrag: Der ausgetretene und energetisierte Bewußtseinsträger solle nach Beendigung der »ferngesteuerten« gymnastischen Übungen wieder imaginativ in den physischen Körper zurückgeholt werden. — Man könnte hinzufügen: Und zwar möglichst langsam, im Zeitlupentempo, damit man sich frühzeitig an die langsame Rückkehr bzw. Wiederverbindung gewöhnt!

Und weil es so schön in den Zusammenhang paßt, jetzt ein Gedicht von Goethe zur geistigen Erfrischung nach all dem knochentrockenen Lernstoff:

BEHERZIGUNG

Feiger Gedanken
bängliches Schwanken,
weibisches Zagen,
ängstliches Klagen
wendet kein Elend,
macht dich nicht frei.
Allen Gewalten
zum Trutz sich erhalten,
nimmer sich beugen,
kräftig sich zeigen
rufet die Arme
der Götter herbei.

Ein überaus gelungener Kommentar (wenn man dem Dichter das diskriminierende Wort »weibisch« nachsieht, versteht sich) zu den Themen Willensruck, Zähigkeit und — Helfer. Denn: Wer immer strebend sich bemüht...

Bevor Sie nun aber den Beschluß fassen, sich auf der Stelle kräftig zu zeigen und nimmer sich zu beugen, um durch den sofortigen Beginn Ihres Trainings »die Arme der Götter« herbeizurufen, üben Sie sich bitte noch ein bißchen in Geduld. Es gibt ja nicht nur Butlers Trainingsprogramm, sondern auch noch einige andere. Und die sollten Sie kennenlernen, ehe Sie sich definitiv für eine Methode entscheiden. Also: Weiter geht's mit

## Dreimal Weed

»Es gibt heute«, schreibt Joseph J. Weed, »viele Menschen, die in einem früheren Leben gelernt haben, in die Astralwelt zu reisen. Vielleicht sind Sie einer davon, und diese Gabe schlummert bereits in Ihnen und muß nur neu geweckt werden.«
Zur Reaktivierung der eventuell bereits vorhandenen Kenntnisse und Fähigkeiten schlägt Weed in seinem Buch »Psycho-Energie« drei verschiedene Trainingsprogramme vor. Eines davon kennen wir bereits — es ist die Technik der Traumlenkung/Traumunterbrechung (Hypnoluzidität), von der wir in anderem Zusammenhang schon hörten. Kurze Gedächtnisauffrischung: Während eines nächtlichen Traumes wird Ihnen aufgrund absurder, unlogischer Ereignisse, deren Zeuge Sie werden, klar, daß Sie träumen. Ihr kritisches Wachbewußtsein meldet sich zu Wort. Ihr Alltags-Ich übernimmt die Kontrolle des Traumgeschehens, und Sie überschreiten leichtfüßig und mühelos die Schwelle zum außerkörperlichen Erlebnis. Diese Technik ist sehr empfehlenswert. Sie kann parallel zu einem anderen, tagsüber absolvierten Trainingsprogramm anzuwenden versucht werden — quasi als nächtliche Ergänzung zu den täglichen Übungen. Was ist zu tun? Weed antwortet: »Die Grundvoraussetzung ist, daß Sie träumen und sich an Ihre Träume erinnern. Wenn dies der Fall ist, sagen Sie sich, ehe Sie schlafen gehen, und zwar mit voller Überzeugung: ›Wenn ich heute nacht träume, werde ich wissen, daß ich träume.‹« Ihre Erfolgsaussichten erhöhen sich beträchtlich, wenn Sie sich während des Einschlafens auf die Suggestionsformel konzentrieren und nicht, wie von Weed empfohlen,

»ehe Sie schlafen gehen«. Denn »ehe Sie schlafen gehen«, putzen Sie sich vermutlich die Zähne, stellen den Wecker und knipsen die Nachttischlampe aus. Sich während dieser Tätigkeiten etwas einzusuggerieren und danach sofort einzuschlafen — das bringt's denn wohl doch nicht ...

Das zweite von Weed vorgeschlagene Trainingsprogramm trägt den Namen »Die physische Methode«. Bei der physischen Methode handelt es sich um ein Neun-Punkte-Kompakt-Programm. Im Gegensatz zu Butlers Vier-Phasen-Training, bei dem jede einzelne Phase Wochen oder Monate in Anspruch nimmt, werden bei der physischen Methode alle neun Übungsschritte an einem einzigen Tag während einer einzigen Übungsstunde absolviert, nämlich:

1. Sie ziehen sich in ein stilles Kämmerlein zurück, wo niemand Sie stören kann.

2. Sie setzen oder legen sich entspannt hin.

3. Sie fassen einen Nebenraum ins Auge, der an das Zimmer angrenzt, in dem Sie sich momentan befinden.

4. Sie stehen auf, gehen ins Nebenzimmer und sehen sich dort mit hellwachem Interesse um, ganz so, als beträten Sie den Raum zum ersten Mal in Ihrem Leben. Sie registrieren aufmerksam, wie es dort aussieht, wie hell es ist, wie es riecht, und prägen sich alle Details unauslöschlich ins Gedächtnis ein.

5. Sie gehen zurück in das Zimmer, aus dem Sie gekommen sind — und zwar ganz bewußt. Am besten stellen Sie sich vor, Ihre Augen seien eine Filmkamera, die alle optischen Eindrücke objektiv und lückenlos aufzeichnet. (Sie lernen also, simpel gesagt, den Hinweg in den Nebenraum, den Rückweg in Ihr Übungszimmer sowie die Atmosphäre und das Aussehen des Nebenraumes »auswendig«, wie ein Gedicht oder ein Lied.)

6. Im Übungszimmer entspannen Sie sich wieder, genau so, wie Sie es ja auch zu Beginn Ihres kleinen Ausfluges in den Nebenraum schon getan haben. Der Kreis hat sich ge-

schlossen — Sie sind wieder genau da, woher Sie gekommen sind, allerdings um einige lebhafte Erinnerungseindrücke reicher. Sie sitzen oder liegen jetzt wieder exakt in derselben Position, die Sie während des zweiten Übungsschrittes eingenommen hatten. Mit geschlossenen Augen sehen Sie sich jetzt in aller Ruhe den soeben aufgenommenen »Erinnerungsfilm« an. Vor Ihrem »geistigen Auge« sehen Sie jedes Detail Ihres kleinen Ausfluges in den Nebenraum. Anders gesagt: Sie wiederholen den Gang ins Nebenzimmer im Geiste.

7. Noch einmal absolvieren Sie die unter Punkt 4 und 5 angegebenen Übungsschritte. Erneut gehen Sie ins Nebenzimmer und wieder zurück in Ihren Übungsraum, mit derselben Aufmerksamkeit, erneut jedes einzelne Detail sorgfältig registrierend.

8. Jetzt wird der Gang ins Nebenzimmer, wie schon im 6. Übungsschritt, nochmals im Geiste vollzogen.

9. Es folgt ein dritter physischer Ausflug, anschließend wieder die ruhige, eingehende Betrachtung des »Erinnerungsfilms«.

Und so geht es dann weiter, immer nach dem Schema: Aufstehen — registrieren — zurückgehen — entspannen — genau erinnern. Es findet also ein ständiger Wechsel zwischen physischem und imaginativem Gang ins Nebenzimmer statt. (Was soll man nun jemandem antworten, der sagt: »Aber das ist ja der reine Stumpfsinn!«? Gar nichts. Er hat ja recht. Es *ist* der reine Stumpfsinn. Darin liegt ja vermutlich gerade der Witz der Übung. Wer weiß?) Länger als eine Stunde sollten Sie, rät Weed, dieses Trainingsprogramm nicht durchführen. Auf eine Trainingsstunde folgt eine einstündige Pause, in der Sie machen können, was Sie wollen. Danach — oder auch später — kann das Training fortgesetzt werden.

»Wenn Sie mit dieser Methode fortfahren«, verspricht Weed, »werden Sie sich gewöhnlich in der dritten oder vierten Sitzung zu Ihrer Überraschung scheinbar schlafend in dem Zimmer sitzen oder liegen sehen, wenn Sie von einem vorgestellten Ausflug zurückkehren. Dann werden Sie wissen, daß die Astralprojektion gelungen ist.« Klartext: Nach nur vier Übungsstunden stellt sich der Erfolg in Gestalt eines autoskopischen Erlebnisses automatisch ein. Noch klarerer Klartext: Wenn Sie sich einen ganzen Tag lang Zeit nehmen und abwechselnd eine Stunde lang üben, eine Stunde pausieren und wieder zu trainieren beginnen, so daß Sie innerhalb von sieben Stunden viermal trainiert und dreimal pausiert haben, dann bleibt Ihnen praktisch gar keine andere Wahl, als eine außerkörperliche Erfahrung zu machen. — Das jedenfalls versichert, wie wir gesehen haben, Joseph J. Weed in seinem Buch »Psycho-Energie«. Verspricht er zuviel? Nun, darüber sollte sich jeder sein eigenes Urteil bilden. Einen Versuch zumindest sollte sie uns wert sein, die physische Methode.

Weeds drittes Trainingsprogramm ist für all die Neugierigen entwickelt worden, die gern herausfinden möchten, ob sie reinkarnierte Astralwanderer (Bewußtseins-Entgrenzer) sind. Wer mit der folgenden Methode schon beim ersten oder zweiten Mal Erfolg hat, der darf wohl davon ausgehen, daß seine derzeitige Inkarnation nicht die erste ist, in der die Salomonische Kunst eine unwiderstehliche Faszinationskraft auf ihn ausübt. Genaugenommen handelt es sich bei Weeds drittem Vorschlag also gar nicht um ein Trainingsprogramm im engeren Sinne, sondern um eine Art »Karma-Test«. Doch wir wollen keine Haarspalterei betreiben. Die folgende Methode ist sowohl ein Test als auch ein Trainingsprogramm, mithin: doppelt verwendbar.

1. Nachdem Sie sichergestellt haben, daß nichts und niemand, weder der Hund noch das Telefon, weder die Familie noch sonst ein Geräuschproduzent (Fernseher, Radio, Plattenspieler, Wohnungsklingel usw.) Sie stören kann, ziehen Sie sich in einen ruhigen Raum zurück.
2. Sie legen sich auf ein Bett, ein Sofa oder eine Matratze. Es empfiehlt sich, locker sitzende Kleidung zu tragen, die we-

der zwackt noch kneift, noch einschnürt. Optimale Blut-
zirkulation im physischen Körper muß gewährleistet sein.
Nicht schaden würde es überdies, alle metallischen Gegenstände (Schmuck, Brille, Haarnadeln, Zahnspangen usw.)
abzulegen.

3. Sie versetzen sich in einen Zustand tiefer Entspannung.
Ihre Augen sind geschlossen. Danach energetisieren Sie
sich. Wer mag, kann dies mit Hilfe des kabbalistischen
Exerzitiums der Mittleren Säule tun. Wer sich dagegen lieber ganz genau an Weeds Anweisungen halten möchte, der
akkumuliert jetzt Psycho-Energie, indem er folgende Atemübung fünfmal macht: Während Sie im Geiste bis 4 zählen,
atmen Sie ein. Bis 12 zählend, halten Sie die eingeatmete
Luft in Ihren Lungen fest. Der Vorgang des Ausatmens erstreckt sich über 8 Zähleinheiten. So ergibt sich der Atem-
rhythmus 4 — 12 — 8 — 0. (Die Null steht für die Pause zwischen Ausatmen und neuerlichem Einatmen — diese Pause
findet also, Weeds Anweisungen zufolge, nicht statt. Auf
die letzte Zähleinheit des Ausatmens, die 8, folgt unmittelbar die erste Zähleinheit des Einatmens, die 1.)

4. Sie sind jetzt optimal energetisiert und fühlen sich gut.
Nun konzentrieren Sie sich auf Ihre Zirbeldrüse, »die sich«,
so Weed, »im Zentrum Ihres Kopfes hinter der Nasenwur-
zel befindet, ungefähr auf einer Linie mit dem oberen Ende
Ihrer Ohren.« Dem zu Rate gezogenen Lexikon entnehmen
wir folgende Informationen: Die Zirbeldrüse wird auch
Epiphyse genannt. Sie ist ungefähr so groß wie eine Erbse
und produziert Sekrete, die eine hemmende Wirkung auf
die gonadotropen Hormone der Hypophyse ausüben. Die
Zirbeldrüse bildet sich im Regelfall nach dem 7. Lebensjahr allmählich zurück. Sie dient der zeitlichen Herauszö-
gerung der Geschlechtsreife. So, jetzt sind wir schlauer,
und niemand weiß nichts Genaues mehr. Was ist zu tun?
Sie konzentrieren sich einfach auf Ihr Stirn-Chakra, auf das
»Dritte Auge«. Die Zirbeldrüse/das Stirnchakra soll jetzt
energetisiert werden, indem Sie imaginativ all die Energie,

die Sie während der fünfmaligen Atemübung angesammelt haben, auf jenen Punkt projizieren, der sich in der Mitte zwischen Ihren Augenbrauen befindet.

5. Ihre Konzentration ist so tief, daß Sie buchstäblich die Welt um sich her vergessen. Nichts hat mehr irgendeine Bedeutung für Sie — außer diesem energetisierten Punkt zwischen Ihren Augenbrauen. Er ist jetzt für Sie das Zentrum der Welt, das einzig wirklich Existierende. »Spüren Sie, wie sie (= die Zirbeldrüse = das Stirnchakra) von feuriger Energie erglüht, und heben Sie sie mit Ihrem Bewußtsein hinauf zur Zimmerdecke«, schreibt Weed. Wie das? Über das »Wie« schweigt Weed sich aus. Nun, Sie können es versuchen unter Auferbietung all Ihrer Imaginationskraft und/oder mit Hilfe des Willensrucks. Am besten allerdings ist: Sie machen sich über das »Wie« keine unnötigen Gedanken, Sie tun es einfach, indem Sie es machen. Denn: Falls Sie tatsächlich ein reinkarnierter Astralwanderer sind, wird Ihnen eh intuitiv klar sein, was zu tun ist. Und eben genau *das* tun Sie jetzt.

Nächster Schritt, so Weed: »Wenn Sie das Gefühl haben, daß es Ihnen gelungen ist, die Zirbeldrüse aus dem Körper zur Decke emporzuheben, machen Sie sich wieder Ihre Umgebung bewußt. In den meisten Fällen werden Sie feststellen, daß Sie einen bis eineinhalb Meter über Ihrem Körper schweben, der zu schlafen scheint.« Die Ablösung des Bewußtseins vom physischen Körper hat jetzt also — im Erfolgsfall — stattgefunden. Hatten Sie zuvor die Welt ringsumher vergessen, so richten Sie Ihre Aufmerksamkeit nun wieder auf den Raum, in dem Sie sich befinden. »Manchmal«, so Weed, »sind Sie auch schon aus dem Hause hinaus und hoch in der Luft.« Oder auf dem Dachboden. Oder über dem Schornstein. Dann hat es natürlich wenig Sinn, sich auf den Übungsraum zu konzentrieren. In diesem Stadium gilt: Ruhe ist die erste Bürgerpflicht! Bleiben Sie »cool«, lassen Sie sich weder durch Angst noch durch eine euphorische Gefühlsaufwallung aus Ihrer stoischen Gemütsverfassung bringen. Da Sie hoffentlich weitsichtig genug gewesen sind, sich schon vor Beginn der Übung ein lohnendes Astral-Reiseziel auszusuchen, genügt jetzt der Gedanke: »Ich will dorthin, wo meine Freundin Helga jetzt ist« oder »Ich will zu den Pyramiden von Gizeh« oder »Ich will zu den arktischen Walen und mit ihnen durchs Eismeer schwimmen«. Denn der Ort oder die Person, dem/der Ihr erster Gedanke im Zustand der Außerkörperlichkeit gilt, wird Ihr Reiseziel sein. Nicht zu empfehlen wäre es daher, zu diesem Zeitpunkt an garstige, grausliche, blutrünstige Monster zu denken, denn dann würden Sie umgehend die Bekanntschaft mit diesen uncharmanten Widerlingen machen, auf irgendeiner häßlichen, finsteren Astralebene. Und das muß ja nun wirklich nicht sein, jedenfalls nicht gleich beim ersten Mal!

Sie können jetzt, ganz nach Belieben, physische Orte und inkarnierte Menschen besuchen, als unsichtbarer »Astral-Tourist« quasi. Sie können aber auch eine der unzähligen Astralebenen/Parallelwelten bereisen, um, mit etwas Glück (bzw. durch die Herstellung des richtigen Resonanzverhältnisses), Bekanntschaft mit solchen Verstorbenen zu schließen, die noch nicht wieder inkarniert sind und die Sie schon immer gern einmal kennengelernt hätten. (Für Leute mit detektivischem Spürsinn: Jetzt können Sie diese entsetzlichen Angeber und Wichtigtuer entlarven, die in der Gegend herumrennen und von sich behaupten, sie seien die Reinkarnation irgendeiner verstorbenen Berühmtheit. Wie das? Ganz einfach: Angenommen, Sie kennen jemanden, der überall herumerzählt, er sei die Reinkarnation, na, sagen wir mal, des großen Rasputin. Sie befinden sich jetzt im Zustand der Außerkörperlichkeit und konzentrieren sich auf den Gedanken: »Ich will jetzt derjenigen Wesenheit begegnen, die einmal im zaristischen Rußland als Rasputin inkarniert war.« Begegnen Sie dieser Wesenheit nun in den Astralen, dann ist zu vermuten: Der Angeber hat geflunkert. Finden Sie sich dagegen sofort in unmittelbarer Nähe desjenigen wieder, den Sie bisher für einen Aufschneider gehalten haben, dann müssen Sie jetzt Ihr Urteil wohl ein wenig revidieren — er ist vermutlich tatsächlich die Reinkarnation Rasputins. Er hat wohl die Wahrheit gesagt, und Sie haben ihm unrecht getan! Doch bevor Sie den Canossa-Gang antreten und sich entschuldigen, wiederholen Sie, um jeden Irrtum auszuschließen, diese »Identitäts-Kontrolle« noch ein paarmal. Denn nur bei immer gleichen Ergebnissen können Sie sicher sein, daß Sie sich auch wirklich stark genug auf die Wesenheit Rasputin konzentriert haben und nicht etwa unbemerkt mit Ihren Gedanken zu Ihrem gesprächigen Bekannten abgeglitten sind.)

(Rechnen Sie doch mal überschlägig nach: Wie viele »Caesars« kennen Sie? Wie viele »Kleopatras« Wie viele »Nofretetes«? Da kann eventuell schon eine ganz stattliche Summe zusammenkommen! Nun gibt es zwar eine These, die besagt: Die Seele einer bedeutenden historischen Persönlichkeit sei dermaßen groß und energiestrotzend, daß sie sich, ähnlich wie ein Pantoffeltierchen, mehrfach teilen und infolgedessen zahlreiche Reinkarnationen hervorbringen könne. Einige Aussagen des von Jane Roberts gechannelten »Seth« scheinen diese Theorie zu untermauern oder zumindest mit ihr in Einklang zu bringen. Das kann man glauben oder auch nicht. Im Zweifelsfall ist es wohl ratsam, eigene Forschungen anzustellen. Eine andere These besagt: »Restbestände« einer bereits reinkarnierten Wesenheit können, quasi als »Larvenhülle«, in den Astralen zurückbleiben, ungefähr so, wie ja auch der physische Körper eines Verstorbenen auf der materiellen Welt zurückbleibt. Daher könne es sein, daß man in den Astralen eventuell einer Wesenheit begegnet, die in Wahrheit längst wieder inkarniert ist. Auch das können Sie glauben oder nicht. Am besten ist, Sie glauben gar nichts, stehen jeder These aufgeschlossen gegenüber und überprüfen sie dann eigenständig auf ihren Wahrheitsgehalt. Für Sie sollten nicht die Aussagen anerkannter Autoritäten, Kapazitäten oder Experten Gültigkeit haben — sondern nur das, was Sie selbst, höchstpersönlich, unbeeinflußt und auf eigene Faust herausgefunden haben. Ein Einwand gegen das »Astral-Detektiv-Spiel« allerdings ist sehr ernst zu nehmen: Wenn Sie in böser Absicht im außerkörperlichen Zustand »herumspionieren« oder sich durch das auf astralen Exkursionen erworbene Wissen persönliche Vorteile verschaffen wollen, werden Sie Ihre Fähigkeit — vermutlich — verlieren. Es gibt halt gewisse Ungezogenheiten, für die kriegt man umgehend seine Ohrfeige! Wer also »Astral-Detektiv« spielen und »Identitäts-Kontrollen« durchführen möchte [Beispiel: Wer oder wo ist jetzt Goethe? Wer oder wo ist jetzt Marcel Proust; hat er seine verlorene Zeit endlich gefunden? Wer oder wo ist jetzt Walther von der Vogelweide?], der sollte es nie, niemals mit boshaften, rechthaberischen, gemeinen Hintergedanken tun!)

Unter Punkt 8 seines Trainings- bzw. Test-Programms geht Weed noch auf ein Thema ein, das eventuell schon etwas früher hätte Erwähnung finden müssen. Es geht um die Problematik der Fortbewegungstechniken im Zustand der Außerkörperlichkeit. Weed ist von der Existenz des Astralkörpers überzeugt, deshalb formuliert er folgendermaßen: »Manchmal ist es für den Schüler schwer, zu akzeptieren, daß der Wille die Bewegung des Astralkörpers lenkt.« Er empfiehlt, zunächst »mit einer bekannten körperlichen Bewegungsart wie Schwimmen, Gehen oder Laufen zu beginnen. Doch schon bald werden Sie feststellen, daß es gar nicht notwendig ist, sich so etwas einzubilden, und es aufgeben.« (Wie die Vorstellung des Astralkörpers . . .) Klartext: An das Fliegen und an das Überschall-Tempo während einer außerkörperlichen Exkursion müssen Sie sich erst einmal gewöhnen!

Wenn Sie Zeit und Lust haben, können Sie aus purem Spaß an der Freud einmal folgendes Experiment machen. Sie legen sich schön gemütlich in die mit angenehm warmem Wasser gefüllte Badewanne — und genießen das Bad einfach. Nach einer Weile lassen Sie das Wasser abfließen, steigen aber *nicht* aus der Wanne, sondern bleiben darin liegen. Als die Wanne noch voller Wasser war, fühlte sich Ihr Körper angenehm warm und leicht an. Doch je mehr Wasser jetzt den Abfluß hinabgurgelt, desto schwerer scheint Ihr Körper zu werden. Ist die Wanne leer, dann fühlen Sie sich wie ein nasser Sack. Außerdem frieren Sie. Was das soll? Nun, Sie haben erlebt, wie es sich anfühlt, wenn Ihr Körper (scheinbar!) immer schwerer wird. Nun stellen Sie sich einfach den umgekehrten Vorgang vor: Wir Ihr Körper immer leichter wird, wie angenehme Wohligkeit Sie durchströmt, wie federleicht Sie sich fühlen. Dann haben Sie zumindest eine ungefähre Idee, wie man sich im Zustand der Außerkörperlichkeit fühlt und wie man sich nach der Rückverbindung des Bewußtseins mit dem physischen Körper fühlen kann — wie ein nasser Sack eben!

Falls Sie ein Trampolin haben oder jemanden kennen, der Ihnen seines leiht, dann können Sie folgendes Experiment machen, um eine ungefähre Vorstellung der außerkörperlichen Beweglichkeit (wieder ex negativo) zu bekommen. Und das geht so: Sie hüpfen lustig auf dem Trampolin herum, solange es Ihnen Spaß macht. Danach steigen Sie vom Trampolin herunter, stellen sich neben das Trampolin und versuchen noch einmal so zu hüpfen wie eben auf dem Trampolin. Wie fühlen Sie sich jetzt, na, wie schon? Wie ein nasser Sack! Ihre Bewegungen kommen Ihnen plump vor. Sie wundern sich, wieviel Kraftaufwand plötzlich notwendig ist, um nur ein einziges läppisches Hoppserchen zu machen. Auf dem Trampolin ging alles leicht und mühelos. Jetzt merken Sie den Unterschied und können sich ungefähr vorstellen, worin der Unterschied zwischen körperlicher und außerkörperlicher Bewegung besteht.

Bevor wir das nächste Trainingsprogramm kennenlernen, noch ein kleiner Tip: Wer mag, der kann sich vor Beginn des dritten von Weed vorgeschlagenen Trainingsprogramms einen Lapislazuli auf die Stirn zwischen die Augenbrauen legen. Das erleichtert erstens die Konzentration und ist zweitens — na, tun wir mal ein bißchen geheimnisvoll: auch aus anderen guten Gründen sehr zu empfehlen.

# Muldoon: Durst und Fahrstuhl

Sylvan Muldoons Buch »Die Aussendung des Astralkörpers«
zählt zu den Klassikern der esoterischen Literatur. Fast jeder,
der sich für Salomos Kunst interessiert, kennt dieses Buch,
und sei es auch nur vom Hörensagen. Wer Spaß am Nörgeln
hat, der könnte zwar zahlreiche kritische Einwände gegen
Muldoons Aufzeichnungen vorbringen und sich auf Muldoons
Kosten zu profilieren versuchen. Doch Muldoons kluges, mu-
tiges Bekenntnis zu seiner Ausübung der Salomonischen
Kunst ist nach wie vor bewundernswert. Muldoons hellwa-
cher Verstand, seine oftmals zwischen den Zeilen hervor-
schimmernde Selbstironie, seine Aufrichtigkeit sowie seine —
im positiven Sinne — kindliche Experimentierfreudigkeit verdienen auch ein halbes Jahrhundert nach Erscheinen des Buches unsere Anerkennung. Muldoon hat Pionierarbeit geleistet. Als Schüler der Salomonischen Kunst hat man ihm viel zu
verdanken — ob man sich dieser Tatsache nun bewußt ist
oder nicht. (Zwerge auf den Schultern von Giganten...)
Schon im Alter von zwölf Jahren machte Sylvan Muldoon seine erste außerkörperliche Erfahrung. Ganz offensichtlich haben wir es bei ihm mit einem reinkarnierten Astralwanderer
(Bewußtseins-Entgrenzer) zu tun, und man darf vermuten,
daß er Weeds »Karma-Test« auf Anhieb und mit Glanz bestanden hätte.

Auch Sylvan Muldoon hat sich die Mühe gemacht, Trainingsprogramme für die Schüler der Salomonischen Kunst zu erarbeiten. Bevor wir uns mit ihnen vertraut machen, lassen wir
uns noch ein Wort der Mahnung von Väterchen Muldoon mit
auf den Weg geben. Muldoon legt allen Schülern wärmstens
ans Herz: »Man spreche nicht mit anderen über das, was man zu
tun beabsichtigt.« Er rät also dazu, sich in der Tugend des Schwei-
gens zu üben, und begründet seine Warnung vor allzu großer
Redseligkeit im Anfangsstadium der Übungen folgendermaßen:
»Wenn man darüber spricht, so wird dadurch irgendwie der innere Drang zur Aussendung des Astralkörpers geschwächt.«

Da Muldoon aber die konsequente Stärkung des »inneren Dranges zur Aussendung des Astralkörpers« für einen elementar wichtigen, wenn nicht gar für den wichtigsten Faktor eines jeden erfolgversprechenden Trainingsprogramms hält, gilt es natürlich alles, was eine Schwächung des »inneren Dranges« zur Folge hätte, strikt zu vermeiden. (Schüler mit einem überdurchschnittlich stark ausgeprägten Mitteilungsbedürfnis können Ihre Absichten und Erfahrungen einem Tagebuch anvertrauen. Denn: Worüber man nicht reden darf, darüber soll man schreiben . . .)

Muldoon hat eine eigene kleine Philosophie entwickelt. Um seine Trainingsprogramme mit einem Minimum an Erfolgsaussichten absolvieren zu können, müssen wir zumindest das Fundament seines Gedankengebäudes kennen. Zu erwähnen, daß Muldoon von der Existenz des »feinstofflichen« Astralkörpers fest überzeugt ist, erübrigt sich vermutlich. Darüber hinaus glaubt er: »Wir müssen verstehen, daß es nicht das Bewußtsein ist, das die Abspaltung bewirkt, sondern der unterbewußte Wille.« Ergo: »Dies bringt uns zu der Grundregel der Aussendung des Astralkörpers: Wenn der unterbewußte Wille von dem Wunsch erfüllt wird, den Körper (die beiden verschmolzenen Körper)« — Muldoon spricht hier vom physischen sowie vom Astralkörper — »zu bewegen und der physische Körper bewegungslos bleibt, so bewegt der unterbewußte Wille den Astralkörper unabhängig vom physischen Körper.«

Vereinfachend formuliert, könnte man Muldoons Grundgedanken folgendermaßen wiedergeben: Der inkarnierte Mensch hat einen bewußten Willen, der die Bewegungen des physischen Körpers lenkt, sowie einen »unterbewußten Willen«, der die Aktivitäten des Astralkörpers koordiniert. (Eventuell dürfte man mutmaßen, daß der Sitz jener Funktion, die Muldoon als »unterbewußten Willen« bezeichnet, in der rechten menschlichen Großhirnhemisphäre zu lokalisieren sein müßte.)

Die Grundfrage, mit der sich jeder Schüler der Salomonischen

Kunst innerhalb der Muldoon-Konzeption auseinanderzusetzen hat, lautet daher: »Wie kann der unterbewußte Wille veranlaßt werden, den physischen Körper zu lenken, während dieser bewegungslos und außerordentlich passiv ist?« So formuliert Muldoon die Frage. Man könnte auch ungezogener fragen, nämlich: Wie überliste ich meinen »unterbewußten Willen«? Denn wenn der »unterbewußte Wille« mit dem bewußten Willen in Konflikt gerät, das heißt, wenn der bewußte Wille den Vorsatz gefaßt hat, den physischen Körper in einem Zustand der Entspannung und Reglosigkeit zu halten, während gleichzeitig der »unterbewußte Wille« ganz durchdrungen ist von der Absicht, eine bestimmte Bewegung auszuführen, dann gibt es für ihn nur einen einzigen Ausweg aus dem Dilemma: nämlich eine außerkörperliche Exkursion zu veranlassen.

Wenn ein durchtriebener Schurke einen arglosen Mitmenschen überlisten will, muß er die Eigenschaften und Gewohnheiten seines Opfers zunächst gründlich studieren. Vor einer ähnlichen Aufgabenstellung stehen wir, wenn wir, Muldoons Anweisungen Folge leistend, den »unterbewußten Willen« unseren Zwecken dienstbar machen wollen. Wie charakterisiert Muldoon also den »unterbewußten Willen«? Um Mißverständnisse zu vermeiden, müssen wir wissen, daß Muldoon den »unterbewußten Willen« synonym auch »verborgenes Bewußtsein« und »Überintelligenz« nennt.

Der »unterbewußte Wille« ist, wie wir schon hörten, für die Lenkung des »feinstofflichen« Astralkörpers zuständig. Er »gehorcht«, schreibt Muldoon, »der Suggestion ähnlich wie einem hypnotisierten Menschen, der den Anweisungen eines Hypnotiseurs gehorcht.« Obwohl der »unterbewußte Wille« außerordentlich leicht manipulierbar ist, nämlich durch simple Suggestionen, verfügt er doch über eine bemerkenswerte Eigenintelligenz, und Muldoon sagt: »Ich kenne nichts, was schlauer handelt als das verborgene Bewußtsein, wenn es uns lenkt.« Es lenkt uns allerdings nur während eines außerkörperlichen Erlebnisses. In solch einem Fall kann dann, so Muldoon, folgendes beobachtet werden: »Obwohl man oft das Bewußtsein behält, hat man keine Herrschaft über die Intelligenz, die den Astralkörper nach Belieben abspaltet.« Was uns Muldoon auf diese Weise zu verstehen geben will, ist folgendes: Der »unterbewußte Wille« gehorcht vom ersten Augenblick der außerkörperlichen Exkursion an ausschließlich seinen eigenen Gesetzen, er führt getreulich die zuvor »einprogrammierten« Suggestionen aus und entzieht sich — meint Muldoon! — dem kontrollierenden Einfluß des bewußten Willens, also jener Instanz, die wir als unser »Ich« bezeichnen. Solange das Bewußtsein mit dem physischen Körper verbunden ist, dominiert der bewußte Wille (das »Ich«), und der »unterbewußte Wille« (bzw. das verborgene Bewußtsein, die Überintelligenz) wird im Zustand der Subdominanz gehalten. Der bewußte Wille »herrscht« also, Muldoon zufolge, wie ein tyrannischer Despot über den »unterbewußten Willen«. Dieses Herrschaftsverhältnis nun, so vermutet Muldoon, kehrt sich während eines außerkörperlichen Erlebnisses um. Dabei bliebe dann das, was wir unsere Willensfreiheit nennen, auf der Strecke. Hat Muldoon recht, wenn er behauptet, man könne auf einer Astralreise die eigene Willensfreiheit nicht aufrechterhalten? Wir dürfen diese Ansicht, ohne uns den Vorwurf altkluger Besserwisserei einzuhandeln, mit einem dicken roten Fragezeichen versehen.

Nun zu den Trainingsprogrammen: Muldoon empfiehlt, die Übungen in Rückenlage zu absolvieren, und zwar in einem abgedunkelten, aber nicht stockfinsteren Raum. Auch »sollte der Magen nicht zu voll sein«, rät er. Vor Beginn der Übungen sollte man auf Alkoholgenuß verzichten. Zunächst wird ein Zustand tiefer Entspannung angestrebt; erreicht ist er, Muldoon zufolge, wenn der Herzschlag sich verlangsamt hat, ein wohliges Gefühl der Wärme durch die Haut flutet, der Atem langsam und regelmäßig geht und man innerlich ruhig ist, wobei zu beachten ist: »Obwohl das Gemüt ruhig sein sollte, darf der Geist nicht untätig sein, wie allgemein geglaubt wird.« Denn: »Passivität des Geistes ist ein sicheres Mittel, die Abtrennung des Astralkörpers zu verhindern.« Man sollte also, Muldoon zufolge, nicht nichts denken, sondern sich auf irgend etwas, beispielsweise auf eine Suggestionsformel, eine Atem- oder Imaginationsübung, konzentrieren. Außerdem vertritt Muldoon die Ansichten, »daß bei den Versuchen zur Aussendung des Astralkörpers die Enthaltsamkeit von Flüssigkeiten ein wichtiger positiver Faktor ist« und »daß das Fasten der Abtrennung des Astralkörpers oft förderlich« sei.

Muldoons erstes Trainingsprogramm basiert auf der Hypothese, »daß ein unterdrückter Wunsch oder Trieb bei weitem der wichtigste Einzelfaktor ist, der eine unbeabsichtigte Abspaltung des Astralkörpers zur Folge hat«. Muldoon präzisiert: »Durst ist der stärkste und am schnellsten zu erzeugende innere Drang, der zur Abspaltung des Astralkörpers benutzt werden kann. (Mein Freund M. hat einen Onkel. Der Mann ist Anwalt und überzeugter Rationalist. Bisweilen erlebt er Dinge, die ihm gar nicht gefallen und über die er nur ungern spricht. Vor einiger Zeit wachte der Onkel nachts auf, denn er hatte Durst. Um seine Frau nicht zu wecken, stand er leise auf und schlich, ohne im Treppenhaus oder auf den Fluren Licht einzuschalten, ins Erdgeschoß hinab, in die Küche. Er wollte sich eine Flasche Mineralwasser oder Saft aus dem Kühlschrank holen. Vor dem Kühlschrank stehend, machte er eine höchst ärgerliche Entdeckung. Der Kühlschrank ließ sich nämlich nicht öffnen. Der Onkel rüttelte am Griff, aber es war, als fasse er durch den Griff hindurch. Da wurde ihm bewußt, daß es sich mal wieder um ›so ein‹ Erlebnis handelte. Er kehrte also zurück ins Obergeschoß, ins Schlafzimmer, in sein Bett und in seinen Körper. Dann ging er den Weg in die Küche noch einmal, diesmal im physischen Körper, und der Kühlschrank ließ sich mühelos öffnen.)«

Also: Wir erzeugen zunächst einmal einen gewaltigen Durst in uns. Man kann beispielsweise ein paar Salzstangen knabbern, um durstig zu werden. Der Durst steigert sich ins Unerträgliche, wenn man sich auf hundsgemeine Art einer selbstinszenierten Psycho-Folter unterwirft. Muldoon schlägt vor, ein

Glas Wasser (oder Fruchtsaft oder was immer Sie am liebsten trinken, wenn Sie so richtig durstig sind) an die Lippen zu führen, so daß Sie *fast* trinken, aber halt nur die Lippen netzen. Dadurch erhalten Sie einen tiefen Einblick in die physische und psychische Situation, in der sich ein Verdurstender in der Wüste befindet, wenn er eine Fata Morgana sieht. Wer tollkühn ist, kann obendrein noch Muldoons Vorbild folgen. Muldoon berichtet: »Ehe ich zu Bett ging, brachte ich mich dazu, ungefähr ein Achtel Teelöffel Salz zu schlucken.« Wem allein schon der bloße Gedanke daran Brechreiz verursacht, der verzichtet lieber auf diesen Teil der Übung.

So. Jetzt haben Sie also einen mordsmäßigen Durst. Das Glas, an dem Sie vorhin kurz genippt haben, stellen Sie in die Küche bzw. dorthin, wo Sie gewöhnlich Ihre Getränke aufbewahren. Jetzt legen Sie sich in Ihrem vorschriftsmäßig abgedunkelten Übungsraum auf Ihr Bett, eine Matratze oder ein Sofa. Sie entspannen sich. Sie sind ganz durchdrungen von dem Vorsatz, still und entspannt liegenzubleiben. Derweil nagt natürlich der Durst in Ihren ausgedörrten Eingeweiden lustig weiter! Nun suggerieren Sie Ihrem »unterbewußten Willen« ein: »Ich gehe in die Küche. Dort steht mein Getränk. Wenn ich nach dem Glas greifen will, wird mir zu Bewußtsein kommen, daß ich mich außerhalb meines physischen Körpers befinde.« Diese Suggestion können Sie noch verstärken, indem Sie den Gang in die Küche lebhaft imaginieren.

Ein Witzbold würde jetzt vielleicht sagen, man könne dies Trainingsprogramm als das »Masochisten-Exerzitium« bezeichnen. Tatsächlich erfordert es große Selbstüberwindung und eiserne Willenskraft. Eine »total verschärfte« Variante dieser Übung könnte dergestalt aussehen, daß Sie, bevor Sie sich endgültig entspannen und mit der Autosuggestion beginnen, ungefähr das tun, was Sie schon bei der Anwendung von Weeds »physischer Methode« gelernt haben — nämlich dreimal den Gang in die Küche zum bereitstehenden Getränk physisch ausführen, wobei Sie sich alle Details des Weges unauslöschlich ins Gedächtnis einprägen.

Weniger Selbstüberwindung als das »Masochisten-Exerzitium« erfordert Muldoons zweites Trainingsprogramm. Es nennt sich »Verfahren zur Traumlenkung« und untergliedert sich in drei Phasen.

1. Für die erste Phase veranschlagen Sie einige Wochen, oder, wenn nötig, ein paar Monate. Was Sie zunächst zu tun haben, ist folgendes: Jede Nacht, wenn Sie ins Bett gegangen sind und einschlafen wollen, versuchen Sie, bewußt und intensiv den Vorgang des Einschlafens zu erleben. (Wer sich den täglichen Luxus eines Mittagsschläfchens gönnt, kann diese Übung natürlich auch zusätzlich in der Siesta machen.) Achten Sie darauf, wie Sie langsam »eindämmern«, wie Sie in den Schlaf hinabgleiten; bemühen Sie sich, noch bis zum letzten Augenblick des Halbwegs-Wachseins alle Stadien des Einschlafens einigermaßen aufmerksam zu registrieren, soweit es noch möglich ist. Diese Übung erleichtert es Ihnen, wie Muldoon sich ausdrückt, »das Bewußtsein bis in den Grenzzustand zwischen Wachen und Schlafen wachzuhalten«. Ein Tip von Muldoon: Sie können sich diese Übung erleichtern, indem Sie ein Körperteil in eine unbequeme Lage bringen und den Prozeß des Einschlafens durch Ihr unbequemes Liegen künstlich verlängern. (Ganz besonders gut läßt sich diese Übung auch nach einem anstrengenden Arbeitstag spät in der Nacht vor laufendem Fernsehapparat machen, wenn noch ein alter Krimi gesendet wird; dann nämlich ziehen die eigene Neugier auf den Fortgang der Handlung sowie die Filmdialoge den Prozeß des »Eindämmerns« ganz gewaltig in die Länge!)

Wenn Sie nach ein paar Wochen oder Monaten imstande sind, »bewußt« einzuschlafen, beginnt Phase zwei.

2. »Man ersinne«, schreibt Muldoon, »einen Traum, in dem die Bewegung des Ichs die Hauptrolle spielt.« Zu beachten

ist: »Man ›plane‹ seinen Traum, wie man eine wichtige Angelegenheit im täglichen Leben plant.« Sorgfalt ist also Trumpf. Da Muldoon davon ausgeht, daß ein außerkörperliches Erlebnis mit dem Austritt des »feinstofflichen« Astralleibes aus dem physischen Körper beginnt, und zwar dergestalt, daß der Astralkörper langsam deckenwärts emporschwebt, muß der Traum natürlich die Bewegung eines sanft schaukelnden Aufsteigens enthalten. Muldoon hält es für sehr wichtig, »die Handlung so zu gestalten, daß die dabei verursachten Empfindungen angenehm sind«.

Er gibt ein Beispiel: »Wir liegen mit dem Rücken auf dem Boden eines Aufzuges. Wir liegen dabei ruhig und schlafen ein, und während wir dies tun, beginnt der Fahrstuhl aufwärts zu schweben. Dabei genießen wir das Gefühl des Aufwärtsschwebens, während wir mit dem Rücken auf dem Boden des Fahrstuhls liegen.«

Alternative Möglichkeiten: Ein großer, bunter Heißluft-Ballon trägt Sie empor; Sie liegen auf einer Hollywood-Schaukel oder in einer Hängematte und werden gewiegt; Sie liegen in einem kleinen Fischerboot oder auf einer Luftmatratze, und sanfter Wellengang treibt Sie dem Ufer zu; Sie liegen in einem Bett, an dessen vier Enden starke Seile befestigt sind, und an diesen Seilen zieht ein lautloser Helikopter Sie empor; Sie sind ein Flämmchen, das eine vertikale Zündschnur emporzüngelt; Sie sind eine Flaumfeder, die von einem warmen Luftstrahl langsam aufwärts geblasen wird; Sie haben mit Ihren Armen den riesigen Hals eines Märchenadlers umschlungen, und der große Vogel trägt Sie empor in die Lüfte — dasselbe noch einmal für kindliche Gemüter: Sie sind ein Baby, eingewickelt in ein schönes weißes Tuch, und der Klapperstorch kommt, um Sie zu Ihren neuen Eltern zu tragen, auf dem direkten Luftweg, versteht sich.

Nachdem Sie sich für einen Trauminhalt entschieden haben, konstruieren Sie die Handlung in allen Einzelheiten. Hilfreich kann es sein, den Traum aufzuschreiben und einige illustrierende Zeichnungen anzufertigen, damit Sie sich die konkreten Details noch fester einprägen können.

Haben Sie Ihr kleines Imaginations-Kunstwerk fertiggestellt, dann beginnt für Sie Phase drei.

3. Sie können jetzt zweierlei, nämlich »bewußt« einschlafen und Ihren Traum im Geiste so erleben, daß Sie selbst der zentrale Bestandteil der Handlung sind, das heißt: Sie können sich imaginativ in die Traumhandlung hineinversetzen und sich lebhaft vorstellen, wie es ist, am Boden eines Fahrstuhls zu liegen und langsam aufwärts getragen zu werden bzw. eine feine Daunenfeder zu sein, die ein warmer Wind sanft emporträgt — Sie sind also mit Ihrem ganz persönlichen Trauminhalt bestens vertraut, und es bereitet Ihnen keinerlei Schwierigkeiten mehr, sich gedanklich und emotional in die von Ihnen konstruierte Handlung hineinzuversetzen.

Diesen »Traum-Film«, dessen Drehbuchautor, Regisseur und Hauptdarsteller Sie sind, sehen Sie sich während des Einschlafens an. Muldoon zufolge hat dieser Vorgang folgendermaßen stattzufinden: Man »denke sich mitten in den Schlaf hinein und fahre fort zu träumen!« Anders gesagt: Als Wanderer zwischen den Welten des Wachens und des Schlafens nehmen Sie Ihren Traum als Gepäck mit hinüber. Durch diesen »Grenzübertritt« entwickelt Ihr Traum eine Eigendynamik. Mußten Sie zuvor angestrengt imaginieren, so entwickelt er jetzt ein Eigenleben — und Ihr Bewußtsein eines in ihm. Ist es gelungen, den sorgfältig konstruierten Traum tatsächlich weiterzuträumen, im Schlaf nämlich, dann kommt es, Muldoon zufolge, unmittelbar danach zu einem Austritt des Astralkörpers aus dem physischen Leib. Jetzt haben wir unser Ziel erreicht, aber wir haben nichts davon, denn: »Das große Problem ist die Wiedererlangung des Bewußtseins, wenn man im Astralkörper ist.« Das heißt: Es kann der Fall eintreten, daß Sie sich im Zustand der Außerkörperlichkeit befinden, aber es weder wissen noch merken. Was ist zu tun?

Muldoon weiß Abhilfe. Der — laut Muldoon — für die Lenkung des Astralkörpers zuständige »unterbewußte Wille« ist ja, wie wir bereits hörten, ein außerordentlich leicht suggerierbares Wesen. Wissen muß man nun folgendes: »Die Suggestion des Ortes wirkt im Astralen genauso wie die Suggestion der Zeit im Physischen.« Und genau darin liegt unsere Chance! Aber was bedeutet das konkret? Nun, Sie haben vielleicht schon einmal folgende Erfahrung gemacht: Am Vorabend eines Tages, der für Sie wichtige Chancen oder Erfahrungen bringen wird, sind Sie ziemlich aufgeregt ins Bett gegangen und haben gedacht: »Ich kann es mir auf gar keinen Fall leisten, ausgerechnet morgen zu verschlafen. Ich muß unbedingt rechtzeitig aufwachen. Am besten, ich stehe schon um halb sechs Uhr auf!« Was passiert? Wenn Ihr Wecker wie gewöhnlich um halb sieben Uhr läutet, haben Sie Ihre Morgentoilette bereits beendet und sitzen schon am Frühstückstisch. Wieso? Weil Sie tatsächlich um halb sechs Uhr aufgewacht sind — pünktlich auf die Sekunde, ganz von allein!

Wer diese Erfahrung noch nicht gemacht hat, kann sie leicht nachholen. Es genügt, sich beim Einschlafen fest darauf zu konzentrieren: »Morgen früh werde ich um sechs Uhr aufwachen.« Der Witz ist: In den allermeisten Fällen klappt es tatsächlich! Dies Experiment läßt sich auch variieren, beispielsweise, indem Sie sich beim Einschlafen vornehmen: »Heute nacht werde ich um vier Uhr wach werden, kurz auf die Uhr schauen und dann weiterschlafen bis zum Aufstehen, wenn der Wecker läutet.« Nach einer Weile werden Sie erstaunt feststellen, daß Sie Ihren »inneren Wecker« dazu bringen können, genauso zuverlässig und präzise zu funktionieren wie die Weckuhr auf Ihrem Nachttisch! Dies Prinzip bezeichnet Muldoon als die »Suggestion der Zeit im Physischen«. Und was ist unter der »Suggestion des Ortes im Astralen« zu verstehen? Ungefähr das, was wir vorhin kennengelernt haben, als wir uns mit dem »Masochisten-Exerzitium« vertraut machten. Sie erinnern sich, daß dort die Suggestion auftauchte: »Wenn ich in der Küche nach meinem Getränk greifen will, dann wird mir zu Bewußtsein kommen, daß ich mich außerhalb meines physischen Körpers befinde.«

REKAPITULIEREN WIR: Unser Problem besteht darin, daß wir es durch Anwendung vom Muldoons »Verfahren der Traumlenkung« vielleicht geschafft haben, ein außerkörperliches Erlebnis herbeizuführen, daß wir diese Erfahrung aber nicht bewußt genießen können, weil sie quasi »hinter dem Rücken« unseres Bewußtseins stattfindet. Was nützt uns die herrlichste Astralwanderung, wenn wir uns absolut nicht daran erinnern können? Gar nichts, leider. Es ist dann, als hätte dies langersehnte Ereignis niemals stattgefunden. Das ist unser Problem.

DIE LÖSUNG: Sie erweitern Ihre sorgfältig konstruierte Traumhandlung um den Faktor der Suggestion des Ortes, indem Sie Ihrem Traum einen zweiten Teil hinzufügen. Teil eins bleibt unverändert bestehen; nahtlos schließt sich jetzt Teil zwei daran an. Mögliche Beispiele für so einen zweiten Teil: Sie machen einen Spaziergang durch den Park, der sich in der Nähe Ihres Hauses befindet. Oder Sie gehen zum Kaufmann an der Ecke. Oder Sie gehen durch Ihren Garten, zu Ihrem Lieblingsrestaurant, zu Ihrer Stammkneipe oder zu Ihrer Tante/Freundin/Klavierlehrerin/Astrologin. Das heißt: Teil zwei des Traumes hat einen Spaziergang zum Inhalt, den Sie innerhalb des physischen Körpers oft und gern machen; Sie bewegen sich imaginativ in Ihrer vertrauten Umgebung, also dort, wo Sie gern sind, wo Sie sich gut auskennen und wo Sie sich im Alltag oft aufhalten. Sie suggerieren sich beispielsweise ein: »Wenn ich im Traum emporgeschwebt bin, dann werde ich im Traum in den Park gehen. Wenn ich bei der alten Eiche am Teich angelangt bin, wird mir zu Bewußtsein kommen, daß ich mich außerhalb meines physischen Körpers befinde.« Resultat, im Erfolgsfall, so Muldoon: »Wir befinden uns an der geträumten Stelle — im Astralkörper.« Bezogen auf unser Beispiel: Sie sind dann *wirklich* im Park, bei der alten Eiche am Teich — nur halt nicht physisch, wie sonst immer, sondern im Zustand der Außerkörperlichkeit. Und dieser Zustand ist Ihnen jetzt bewußt.

## Seelen-Doping?

Wir kennen jetzt schon sechs verschiedene Trainingsprogramme, und bevor es weitergeht, ruhen wir uns ein bißchen bei unserer Freundin aus.

Manch einer hat vielleicht einen gewaltigen Schrecken bekommen und das Buch längst verärgert in die Ecke geworfen, weil alles so entsetzlich anstrengend klingt: Selbstdisziplin, Willenskraft, Zähigkeit, eventuell jahrelanger Übungsfrust — das wirkt ja weder besonders ermutigend noch sonderlich einladend. Und wenn wir dann in unseren esoterischen Zeitschriften blättern, und uns leuchten plötzlich diese bunten, ganzseitigen Hochglanz-Anzeigen entgegen, die uns all das versprechen, was wir uns schon lange gewünscht haben — tja, da kommt man schon ins Grübeln. Mind-Machines werden angeboten; nicht einmal tausend Mark kostet der Spaß alles in allem. Was leisten diese Geräte? Was versprechen die Hersteller? Das Zauberwort heißt »Hemi-Sync«, also Großhirn-Hemisphären-Synchronisation. Das bedeutet: Es wird das bewirkt, was wir weiter vorn im Buch als »Vereinigung von Ego und Atman« bezeichnet haben. All die rationalen und kulturellen Barrieren, die unsere intellektuelle linke Hirnhälfte zwischen uns und dem außerkörperlichen Erlebnis errichtet hat, werden abgetragen. Und diese herrlichen Dinge können ganz mühelos bewerkstelligt werden: Man setzt sich eine Brille und Kopfhörer auf, man drückt aufs Knöpfchen, und ab geht die Post, das Bewußtsein wird schnurstracks in die unendlichen Weiten des Universums hinauskatapultiert. Wen würde diese Vorstellung nicht faszinieren? Astralreisen per Knopfdruck — die Technik macht es offenbar möglich. Wozu soll man sich

denn dann noch jahrelang mit diesen nervtötenden Trainingsprogrammen abplagen? Ja, bin ich denn blöd, wenn ich auf
die großartigen technischen Hilfsmittel verzichte? Ich wasche
meine Wäsche doch auch nicht mehr mit der Hand — die Maschine erledigt das für mich. Wenn ich einen Brief schreiben
will, dann ritze ich doch auch keine krummen Striche mehr in
eine Tontafel, ich bin doch kein alter Sumerer; ich spanne einen Bogen in die Schreibmaschine oder tippe meinen Text in
den Computer ein: schnell, sauber, einfach. Die Technik hat
uns schon so viele wertvolle Hilfsmittel in die Hand gegeben
und unser Leben leichter und schöner gemacht. Warum also
um alles in der Welt soll ich dieses Super-Angebot ausschla-
gen und statt dessen treu und brav jeden Tag im stillen Kämmerlein mein Trainingsprogramm absolvieren, während andere
Leute einfach nur auf den Knopf drücken und sich nicht im geringsten anzustrengen brauchen? Nur um ein paar lumpige Ta-
lerchen zu sparen, die sich doch, wenn das Gerät hält, was der
Hersteller verspricht, als die lohnendste Investition meines
Lebens herausstellen könnte?

Man wird ratlos. Manche, die diese Geräte schon ausprobiert
haben, sagen, da würde nur viel Lärm um nichts gemacht. Andere sind hellauf begeistert. Man wird immer neugieriger. Wir
fragen unsere Freundin nach ihrer Meinung. Sie ist ehrlich:
»Unter uns gesagt — als ich zum ersten Mal von dieser Technik
hörte, war meine erste spontane Reaktion: Was für eine Sauerei! Da mühe ich mich nun seit Jahr und Tag mit meinen Übungen ab, und jetzt kann plötzlich jeder dahergelaufene Hans
und Franz für ein paar lumpige Mark die Erleuchtung kaufen,
genauso, wie man zu Luthers Zeiten bei diesem Herrn Tetzel
die Ablaßzettel einkaufen konnte — schnell, preiswert und bequem. Dann wurde mir klar, wie schmutzig und schäbig dieser Gedanke ist, und ich schämte mich vor mir selbst. Ich begriff, daß ich offenbar zu diesen kleingeistigen Kreaturen gehöre, die das sogenannte Herrschaftswissen für sich allein be-
halten wollen. Ich ekelte mich vor mir selbst. Anstatt aufrichtige Freude darüber zu empfinden, daß jetzt immer mehr

Menschen diese großartige Erfahrung machen können, fühlte ich nur diesen miesen, nagenden Neid. Ich kam mir nämlich irgendwie betrogen vor — betrogen um all die Stunden, die ich mit Übungen verbracht hatte und die sich jetzt im Rückblick als sinnlos vergeudete Zeit herauszustellen schienen. Und mir wurde klar, daß ich seelisch und geistig noch reichlich unterentwickelt bin, sonst hätten diese kleinlichen Neidgefühle ja gar nicht aus den tiefsten Morasten meines Unterbewußtseins aufsteigen können wie stinkende Faulgase. Mittlerweile bin ich zwar sicher, daß viele Leute zunächst genauso reagierten wie ich. Aber das ist wirklich kein Trost, im Gegenteil, es zeigt nur desto deutlicher, wie wenig wir bisher begriffen haben!

Danach verlagerte sich mein Unbehagen auf eine andere, etwas rationalere Ebene. Intuitiv war mir die ganze Sache noch immer nicht recht geheuer. Ich sagte mir jetzt: Der Weg ist wichtiger als das Ziel; außerkörperliche Erfahrungen kann man nur dann machen, wenn alle Schichten der multidimensionalen Persönlichkeit auch bereit sind, aktiv an diesem Projekt mitzuarbeiten. Solange noch ein Teil unseres Wesens ›nein‹ dazu sagt, kann man es nicht schaffen. Das ist wohl, was die alten Eingeweihten meinten, wenn sie in bildhafter Sprache von den ›Hütern der Schwelle‹ sprachen. Es gibt gewisse Instanzen in uns, deren Aufgabe darin besteht, daß sie uns vor Erfahrungen schützen sollen, für die wir noch nicht reif genug sind oder die wir aus bestimmten Gründen noch nicht verkraften können. Diese Instanzen, so dachte ich damals, werden vielleicht gewaltsam aus dem Wege geräumt durch diese Technologie. Und die Folgen könnten dann verheerend sein. Ich erinnerte mich daran, daß irgendein kluger Mensch einmal gesagt hatte, das spirituelle Wachstum müsse langsam und organisch vonstatten gehen, wie das Wachstum eines Baumes. Stell dir vor, du legst eine Kastanie in die Erde. Im nächsten Jahr wächst ein kleines Bäumchen. Es wird vielleicht nur zehn oder zwanzig Zentimeter groß, und seine Wurzeln reichen noch nicht sehr tief. Stell dir dagegen eine Sonnenblume vor — sie kann in einem einzigen Sommer größer werden als ein

Mensch. Aber wenn der Winter kommt, dann stirbt sie. Der kleine Baum dagegen erwacht im nächsten Frühling zu neuem Leben, und er legt im zweiten Jahr vielleicht noch einmal zwanzig Zentimeter zu. Die Sonnenblume ist längst zu Humus geworden, wenn die Äste des Baumes fast den Himmel zu berühren scheinen und seine Wurzeln tief in die Erde hinabreichen. (Dabei vergaß ich natürlich: Die Kraft der Sonnenblume lebt ja auch weiter — in den vielen tausend Sonnenblumen, die aus ihren Samen entstanden sind!) Ich wollte mir mit diesem bildhaften Vergleich deutlich machen, daß der Weg des geringsten Widerstandes, der schnelle Erfolge verspricht, nicht unbedingt zu den großartigsten Zielen führen müsse. ›Gehet ein durch die schmale Pforte‹, so heißt es in der Bibel; Klartext: Ihr sollt es euch nicht zu einfach machen, denn mit Dünnbrettbohrerei bringt man es nicht weit. Ich dachte auch, daß der Wunsch, mit Hilfe technischer Geräte ein außerkörperliches Erlebnis herbeizuführen, ein bißchen der Motivation von Drogenkonsumenten vergleichbar sei. Daß beispielsweise viele LSD-Trips geradewegs in die Astrale führen, ist allgemein bekannt. Auch das scheint ja ungeheuer einfach zu sein: Man ›pfeift sich einen Trip rein‹, und zack, schon ist man drüben auf der anderen Seite der Wirklichkeit. Ähnlich, so dachte ich damals, ist es vielleicht auch mit dieser neuen Technologie: Man drückt auf den Knopf, und ab geht die Post! Ich verband mit dieser Technik den Begriff ›Doping‹. Ein Sportler kann chemische Substanzen einnehmen und auf diese Weise seine Leistungen steigern. Jemand, der mit seinen meditativen Übungen nicht weiterkommt und die Hilfe dieser Technologie in Anspruch nimmt, betreibt der, so fragte ich mich, nicht vielleicht eine Art ›Seelen-Doping‹? Ich dachte: Das ist nicht mein Ding! Wer es schaffen soll, der wird es schaffen. Wer es aus bestimmten Gründen noch nicht schaffen soll, der kann seine Entwicklung auch durch Hilfsmittel nicht künstlich beschleunigen. Kurz darauf wurde mir klar, daß ja gerade ich nicht das geringste Recht hatte, zu behaupten, man dürfe keinerlei Hilfe in Anspruch nehmen. Was war ich nur für eine miese kleine Heuchlerin! Denn mein erstes außerkörperliches Erlebnis hatte ich ja nun weiß Gott nicht aus eigner Kraft herbeigeführt!!! Ich hatte es diesem Licht-Oval zu verdanken. Ich selbst war ja völlig passiv gewesen. Diese Erfahrung war mir einfach geschenkt worden. Und ich glaube nicht, daß ich irgend etwas Nennenswertes getan habe, um mir dieses großartige Geschenk zu verdienen. Also — was sollte falsch daran sein, sich ein bißchen helfen zu lassen?

Sofort gingen meine Gedanken wieder in die entgegengesetzte Richtung. Ich überlegte: Meine eigene Erfahrung beweist mir, daß sich aus Gründen, die ich nicht kenne, ein außerkörperliches Erlebnis auch ganz von allein einstellen kann, wenn die Zeit dafür reif ist. Auch wenn man sich vorher gar nicht für diese Thematik interessiert hat, wie es ja bei mir der Fall gewesen ist. Dann schwappte der Gedankenfluß wieder in die andere Richtung zurück, und ich fragte mich: Lebe ich vielleicht immer noch zu sehr nach dem Motto ›Warum einfach, wenn es auch kompliziert geht‹?

Mittlerweile befand ich mich mit meinen Experimenten mal wieder in einer Stagnationsphase. Es bewegte sich, abgesehen von ein paar läppischen kleinen Ausflügen bis zum Treppenabsatz und zurück, gar nichts. Vielleicht hatte ich einen krankhaften Ehrgeiz entwickelt und dadurch innere Blockaden in mir errichtet. Vielleicht hatte ich begonnen, mich unter Leistungsdruck zu setzen. Aus welchen Gründen auch immer — irgendwie lief es nicht richtig. Ich wurde von Woche zu Woche mürrischer. Ich hatte auch schon gedacht: Na, vielleicht war's das ja schon. Möglicherweise muß ich mich damit abfinden, daß einfach nicht mehr aus mir herauszuholen ist. Vielleicht sollte ich auch eine Zeitlang mit den Experimenten aufhören. Und ich konnte doch ganz zufrieden sein, alles in allem. Ich wußte, daß Astralreisen tatsächlich möglich sind. Ich hatte es selbst erlebt. Sollte ich mich also damit zufriedengeben und statt der Übungen etwas anders machen — Portugiesisch lernen, Bilder malen, ach, es gibt ja noch tausend Sachen, die man tun kann, *im* Körper! Schließlich: Man ist ja nicht inkarniert, um seinen body reglos auf dem Bett herumliegen zu lassen und sich derweil anderswo zu vergnügen ...

So dachte ich hin und her, bis ich schließlich nicht nur mit den Übungen, sondern auch mit den Überlegungen nicht mehr weiterkam. Absoluter Stillstand. Stagnation total. Rien ne va plus. Nichts ging mehr. Und dann bekam ich ein paar Cassetten geschenkt. Es waren Hemi-Sync-Cassetten, ganz gewöhnliche Cassetten, die man auf einem ganz gewöhnlichen Cassetten-Recorder oder Walkman abspielen kann. Ich war dagegen, fast so dagegen wie gegen Tierversuche und Atomkraftwerke. Ich dachte: Wer weiß, was da mit einem passiert, am Ende wird man vielleicht irgendwie süchtig oder krank oder was auch immer — man wird da einer Berieselung ausgesetzt und hat keine Kontrolle, keinen Einfluß ... so etwas *kann* doch gar nicht gut sein, dachte ich. Mein Unbehagen wuchs so lange, bis es ins Gegenteil umschlug. Nach ein paar Tagen gab ich der ersten Cassette einfach mal eine Chance. Am nächsten Tag der zweiten, danach der dritten. Jede Cassette habe ich nur ein einziges Mal gehört. Was mich erstaunt, ist die Tatsache, daß es offenbar gar nicht nötig ist, die Cassetten immer wieder zu hören. Einmal reichte. Das brachte dann den ›Kick‹! Jetzt liegen die Cassetten in einer Schublade, vielleicht werde ich sie irgendwann noch einmal hören, vielleicht wird es aber auch gar nicht nötig sein. Jedenfalls bin ich sehr froh, daß ich mein Unbehagen und meine Vorurteile überwunden habe. Tja, welche Meinung habe ich nun zu dieser Hemi-Sync-Technik? Ich kann eigentlich nur sagen, ganz subjektiv: Für mich war das genau die richtige Sache zum richtigen Zeitpunkt. Das war der ›Kick‹, den ich brauchte.

Als die erste Eisenbahn durch Deutschland fuhr, haben anerkannte Mediziner wissenschaftliche Gutachten erstellt, aus denen klar hervorging, daß die Fortbewegung mit mehr als sechzig Stundenkilometern das Hirn schädige und automatisch zum Schwachsinn führe. Darüber müssen wir heute lachen. Wer weiß, wie unsere Enkel über uns lachen werden, wenn sie erfahren, wie die Leute vor der Jahrtausendwende über die

Hemi-Sync-Technik gedacht haben? Ich kann zu diesem Thema eigentlich nur eines sagen: Als ich diese Sache nur vom Hörensagen kannte, war ich strikt dagegen. Jetzt bin ich es nicht mehr. Ich würde niemandem abraten. Ich würde aber auch niemanden beschwatzen, daß er es unbedingt mal versuchen solle, denn letztlich muß jeder selbst wissen, was gut für ihn ist. Für mich jedenfalls waren die Cassetten gut.«

Das sagt unsere Freundin. Folgendes sagt Robert Monroe, dessen Forschungen die Entwicklung der Hemi-Sync-Technologie erst möglich gemacht haben: »Es gibt offenbar leichte Wege — und beschwerliche. Hat er die Wahl, entscheidet sich jedermann für den leichten Weg, weil er mehr Erfolg bringt, Zeit und Kraft spart. Ist der Weg zu einfach, fühlt sich mancher schuldig. Er hat das nagende Gefühl, etwas zu versäumen, wenn er nicht den altgewohnten mühsamen Weg geht. Wenn der Weg so leicht ist, ist er sicher nicht gut, vielleicht sogar verwerflich.« — Ja, so denken viele. Hin- und hergerissen zwischen Faszination und diffusem Unbehagen, wenden wir uns noch einigen anderen Trainingsprogrammen zu. Cassetten kaufen können wir uns ja immer noch, wenn wir aus eigener Kraft nicht weiterkommen.

## Monroes Methode

Tempora mutantur et nos in illis — die Zeiten ändern sich, und auch wir bleiben nicht die, die wir einmal waren. Circa eine halbe Generation bevor Monroe seine soeben auszugsweise wiedergegebene Unbedenklichkeitserklärung für die moderne Hemi-Sync-Technologie veröffentlichte, schlug er den Schülern der Salomonischen Kunst noch ein »herkömmliches« Trainingsprogramm vor. Er selbst scheint diese Methode nach wie vor anzuwenden und auf die bereitstehenden Hilfsmittel zu verzichten. (Wer das Abitur in der Tasche hat, der braucht halt keinen Nachhilfe-Unterricht mehr ...)

Damals (vor nicht einmal zwanzig Jahren, also in grauer,

grauer Vorzeit) benötigte ein Schüler für sein Training weder Geld noch Strom aus der Steckdose bzw. aus der Walkman-Batterie. Nur drei Dinge waren erforderlich: Geduld, Willenskraft sowie der feste Entschluß, das Vorhaben konsequent in die Tat umzusetzen.

Wer über ein intuitives Grundverständnis der Kabbala verfügt, der wird sofort spüren, daß an Monroes Trainingsprogramm »etwas dran« sein muß (Stichworte: die Pfade Aleph und Beth, die Sephira Kether sowie die »unsichtbare« Sephira bzw. der Zustand Daath).

Wer schon einmal im Fernsehen Zeitlupenaufnahmen fliegender Zugvögel gesehen hat, wird ebenfalls instinktiv wissen, daß Monroes Methode »irgendwie stimmt«: Die Schwingen einer Gans scheinen einander mit den Spitzen zu berühren, und beinahe sieht es so aus, als zöge der große Vogel seine Energie aus einem unsichtbaren Punkt, der sich etwa einen halben Meter vor seinem Kopf befindet. Man glaubt sehen zu können, daß sich unmittelbar vor dem Vogel eine Art Kraftzentrum befindet, nach dem er mit seinen Flügelspitzen greift, um Energie in seinen Körper zu »schaufeln«, Energie, die sich sofort als sichtbare Bewegung manifestiert.

In seinem ersten Buch (»Der Mann mit den zwei Leben«) betont Monroe immer wieder die Notwendigkeit einer meditativen bzw. mentalen Vorbereitungsphase, deren Ziel darin besteht, die gedankliche Hürde zu überwinden, die uns vor dem außerkörperlichen Erlebnis zurückschrecken läßt: »Es ist die Schranke einer blinden, unvernünftigen Furcht. Beim leisesten Anstoß wird sie zu panischer Angst und dann zum Entsetzen.«

Leider gibt es, das muß einmal in aller Klarheit gesagt werden, gewisse Zeitgenossen, die aus unerfindlichen Gründen offenbar ihren Lebensinhalt darin erblicken, diese Schranke der Furcht noch unnötigerweise künstlich zu verstärken. Da werden schreckliche Horrorgeschichten kolportiert; längst widerlegtes Halb- oder Viertelwissen aus zweiter, dritter und vierter Hand wird weitergegeben wie der sprichwörtliche Schwarze

Peter. Nun, Sie kennen diese Geschichten vielleicht: Da setzt jemand seine respekteinflößende Expertenmiene auf und flüstert mit gesenkter Stimme, daß viele Insassen der psychiatrischen Kliniken in Wahrheit »verunglückte Astralwanderer« seien. Und man wird das dumme Gefühl einfach nicht los, daß der Betreffende wichtigtuerisch signalisieren will: »Ich *könnte* schon, wenn ich nur *wollte*, aber ich bin halt viel zu klug, um so etwas zu machen, denn ich kenne die Gefahren und kann jedem nur schärfstens davon abraten, außerkörperliche Erfahrungen sammeln zu wollen.« Bekäme man jedesmal, wenn einem diese dummen Gerüchte zu Ohren kommen, eine Mark, dann hätte man das Geld für einen netten kleinen Gebrauchtwagen rasch beisammen ... — aber im Ernst: Es wird nach wie vor bienenfleißig daran gearbeitet, die Angstschranke in uns zu stabilisieren. Vermutlich meint man es gut mit uns; aber die schlimmsten Dinge werden grundsätzlich in bester Absicht getan, das war schon immer so. Drum merke: Bangemachen gilt nicht!

Die Angstschranke entsteht und verstärkt sich bis hin zum Grad der Unüberwindlichkeit, wenn, so Monroe, der Schüler unablässig über die Frage nachgrübelt: »Wird es mir gelingen, zum physischen Leib zurückzukehren und mich wieder mit ihm zu vereinigen?«

Tja, wird es? Na, sicher wird es! Denn, primitiv formuliert: »Rein« ist leichter als »raus«. Der Vorgang der Wiedervereinigung des Bewußtseins mit dem physischen Körper ist unendlich viel leichter, als überhaupt erst einmal eine Ablösung des Bewußtseins vom physischen Körper herbeizuführen. Wer den Mount Everest bezwungen hat, dem wird es wohl keine nennenswerten Schwierigkeiten bereiten, den kleinen Hügel hinterm Haus zu erklimmen. Ohne sträflichen Leichtsinn predigen zu wollen: Sie können davon ausgehen, daß, wenn Sie in der Lage sind, ein außerkörperliches Erlebnis herbeizuführen, die spätere Rückverbindung des Bewußtseins mit dem Körper kein Problem für Sie darstellen wird. Eventuell bestünde vielleicht die rein theoretische Möglichkeit, daß Sie nach allen Regeln der angewandten Autosuggestionskunst einen »Astral-Unfall« buchstäblich herbeifürchten könnten, indem Sie sich ein halbes Jahr lang dreimal täglich nach den Mahlzeiten auf die fixe Idee konzentrieren: »Wenn sich mein Bewußtsein vom physischen Körper getrennt hat, dann gibt es kein Zurück mehr. Dann bin ich eine verirrte Seele. Mein Körper vegetiert dann in dumpfem Schwachsinn dahin und wird zur Endlagerung in die psychiatrische Klinik verfrachtet.« Die Frage ist halt nur: Wenn Sie sich diesen Unsinn sach- und fachgerecht einsuggerieren, besteht dann überhaupt noch der Hauch einer Chance, jemaligen Tages ein außerkörperliches Erlebnis herbeizuführen? Vermutlich nicht; denn dann ist ja die Angstschranke in Ihnen bereits derart stark geworden, daß Sie sich anstelle des Astralwanderns (Bewußtseins-Entgrenzens) doch lieber ein anderes Hobby suchen sollten. Das Briefmarkensammeln böte sich dann vielleicht an.

Doch auch im Falle eines »Astral-GAU« (GAU = größter anzunehmender Unfall) gilt das eherne Gesetz: Wir sind nie allein! Jene Intelligenzen, die man ganz nach persönlichem Geschmack als »Schutzengel« oder »Helfer« bezeichnen kann, nehmen ihren Job sehr ernst; viel ernster wohl als wir unseren. Nicht ohne Grund haben Leute, die wirklich wissen, wovon sie reden, gesagt: Vermutlich gibt es in diesem Bereich keine Gefahr, die auch nur ein Zehntel so groß ist wie unsere Angst vor ihr.

Also — wie funktioniert Monroes Methode? Das Trainingsprogramm untergliedert sich in vier Phasen.

VORBEMERKUNG: Man mache seine Übungen in einem ruhigen, abgedunkelten Raum. Es empfiehlt sich, Schmuck und andere metallische Gegenstände vom Körper zu entfernen. Ein Zeichen kluger Voraussicht ist es, wenn der Schüler vor Beginn seiner Übung noch einmal das »stille Örtchen« aufsucht, damit kein plötzlich auftretendes »menschliches Bedürfnis« den Erfolg der Bemühungen vereitelt. Darüber hinaus hält Monroe es für vorteilhaft, eine Nord-Süd-Lage einzunehmen, das heißt: Ihr Kopf sollte Richtung Norden, Ihre Füßen dagegen Richtung Süden weisen.

*Phase eins* kann einige Monate in Anspruch nehmen. Als versierter Autodidakt bringen Sie sich bei, einen Zustand tiefer Entspannung zu erreichen und Ihr Bewußtsein im Niemandsland zwischen Wachen und Schlafen festzuhalten. Wie geht das? Monroe antwortet ebenso ehrlich wie lapidar: »Ich kenne keinen anderen Weg, dies zu erreichen, als durch Übung.« (Diese Aussage ist mittlerweile überholt. Es gibt jetzt einen leichteren Weg. Wir sprachen vorhin davon: Hemi-Sync-Cassetten.) Monroe präzisiert: »Man lege sich hin, am besten, wenn man müde und schläfrig ist. Sobald man sich entspannt hat und einzuschlafen beginnt, heftet man die geistige Aufmerksamkeit auf etwas, irgend etwas, und schließt die Augen. Wenn man diesen Grenzzustand endlos beibehalten kann, ohne einzuschlafen, hat man das erste Stadium überschritten.«
Und worauf heftet man seine Aufmerksamkeit? Beispielsweise auf eine Autosuggestionsformel, auf eine visuelle Imagination, auf den Rhythmus der eignen Atmung oder des Herzschlages, auf das Dritte Auge (Stirnchakra) oder auf eine kleine, ruhige Melodie. Als Suggestion erböte sich eine Formel etwa folgenden Inhalts: »Ich kann es, denn ich will es. Astralreisen macht Spaß. Ich ziehe alles Positive magnetisch an. Nach der Exkursion erinnere ich mich an alle Erlebnisse, von denen zu wissen zum jetzigen Zeitpunkt gut für mich ist.« Geeignete Imaginationen wären beispielsweise: Sie nehmen die Perspektive eines Drachenfliegers ein, Sie »sind« in Ihrer Vorstellung ein Fallschirmspringer oder der junge Adler, der seinen ersten Flug genießt. Ein geeignetes Liedchen wäre beispielsweise »Dear Prudence« von den Beatles — die Melodie ist ruhig bis leiernd, und der Text ist wie geschaffen für diesen Zweck: »Dear Prudence, won't you come out to play« — das klingt, als würde man von Freunden gerufen, die schon draußen sind, und weckt angenehme Assoziationen. Sie klammern sich also gei-

stig an Ihrer Suggestionsformel, an Ihrer Imagination oder einer Melodie fest bzw. Sie konzentrieren sich auf Ihre Atmung oder Ihr Drittes Auge, um Ihr Bewußtsein wach zu halten, während sich Ihr Körper in einem schlafähnlichen Zustand befindet. Das üben Sie so lange, bis Sie es aus dem Effeff können. Dann beginnt

*Phase zwei* — Sie schleudern jetzt Ihre »Hilfskrücken« fort, das heißt, Sie lernen, im Niemandsland zwischen Wachen und Schlaf auch ohne Suggestionsformeln oder andere Konzentrationshilfen bei klarem, nunmehr aber »leerem« Bewußtsein zu bleiben. Kein Gedanke, kein inneres Bild, keine Tonfolge lenkt Sie jetzt ab. Sie befinden sich in einem Zustand tiefster Konzentration. Sie sind buchstäblich und im wahrsten Wortsinn die Ruhe selbst. Keine geistigen Inhalte erfüllen Ihr Bewußtsein. Ihr Bewußtsein gleicht jetzt einem leeren Kristallkelch — es ist rein und klar, es *könnte* jeden Inhalt in sich aufnehmen, aber es ruht in sich selbst, offen und bereit, reglos und still. Wieder gelingt es Ihnen, bewußt in diesen Zustand einzutreten und ihn auch bewußt zu beenden. Sie schlafen nicht ein; ohne aggressiv gegen den Schlaf zu kämpfen, gelingt es Ihnen dennoch, ihn quasi durch »passiven Widerstand« (die Gandhi-Methode …) freundlich zu besiegen. Alle »Sieger« aus Phase zwei treten nach einiger Zeit ein in

*Phase drei* — jetzt üben Sie, immer tiefer »abzusinken« und jedesmal durch Auferbietung reiner Willenskraft wieder »aufzutauchen«. Sinneseindrücke dringen, wenn Sie »abgesunken« sind, kaum mehr in Ihr Bewußtsein vor. Und mag am Ende auch vor Ihrer Zimmertür eine Jazzband proben — dort »unten«, in den tiefsten Tiefen Ihres Seins, gibt es nur Stille. Dasselbe gilt für alle anderen Sinneseindrücke — Sie spüren Ihren Körper nicht mehr, Sie riechen nicht mehr Ihr sündhaft teures Parfüm/Rasierwasser, der Nachgeschmack des gemischten Salates, den Sie vielleicht vorhin gegessen haben, liegt nicht mehr auf Ihrer Zunge, das schwache Licht, das Sie durch die geschlossenen Augenlider noch wahrgenommen haben, ist samtener Schwärze gewichen. (In seltenen Fällen kann's auch plötzlich strahlend hell werden. Sie haben dann das Gefühl inneren Leuchtens. Das ist sagenhaft schön, und vielleicht ist dies die ganz konkrete Entsprechung dessen, was »Erleuchtung« genannt wird?) Sie sind nur noch reines Sein, leere Selbstwahrnehmung, Sie sind Ihre Versenkung in die eigenen Tiefendimensionen. Wieder gilt es, nicht einzuschlafen. Es kann lange dauern, bis Sie diese Aufgabenstellung mühelos zu meistern gelernt haben; erst dann dürfen Sie mit Phase vier beginnen, denn, so Monroe: »Den Entspannungszustand aus voller Energie und Munterkeit zu erlangen, ist eine gute Gewähr dafür, daß man die Bewußtseinskontrolle behält.« (Also dafür, daß uns *nicht* das passiert, was unserer Freundin zu Beginn ihrer Übungen häufig geschah und wovon sie uns nachher noch berichten wird.)  .

*Phase vier* — Sie sind jetzt ein Großgrundbesitzer. Nanu? Ja, denn jetzt gehört Ihnen das Niemandsland zwischen dem Königreich des Schlafes und der Republik Wachsein. Und dieser Streifen Bewußtseinsland ist durch Ihre Arbeit mittlerweile sehr breit und fruchtbar geworden. Auf Ihrer Latifundie errichten Sie jetzt, um im Bild zu bleiben, das Tor zu den anderen Welten. Abstrakter: Nachdem Sie nun ohne große Anstrengungen in der Lage sind, Ihr reines, klares Bewußtsein in einen Zustand zu überführen, der in der Mitte zwischen Wachen und Schlafen angesiedelt ist, absolvieren Sie folgende Übung: Sie imaginieren einen Punkt, der sich circa dreißig Zentimeter über Ihrer Stirn befindet. (Weed würde vielleicht sagen: Sie heben Ihre Zirbeldrüse dreißig Zentimeter empor.) Diesen imaginativen Punkt lassen Sie immer weiter deckenwärts steigen, je nach Zimmerhöhe bis zu zwei Meter. (Nun, auf den Millimeter kommt es dabei nicht an — sind's nur anderthalb Meter, dann ist es auch okay. Entscheidend ist nicht die Distanz des imaginativen Punktes von Ihrer Stirn, sondern die Intensität der Imagination.)

So, nun schwebt der imaginierte Punkt also exakt über Ihrer Stirn unterhalb der Zimmerdecke. Jetzt imaginieren Sie, daß dieser Punkt exakt (ja, hier kommt es nun doch auf Präzision an!) um 90 Grad (rechter Winkel) wandert, so daß er dann auf Ihrer verlängerten Körperachse liegt. (Anders gesagt: Der imaginative Punkt befindet sich jetzt nicht mehr oberhalb Ihres Dritten Auges/Stirnchakras, sondern oberhalb Ihres Scheitel- bzw. Kronenchakras. Für Kabbalisten: dort, wo beim Exerzitium der Mittleren Säule Kether-Eheyeh als leuchtendweiße Kugel imaginiert wird.)

Was dann? Monroe antwortet: »Dann greifen Sie über den Kopf. Versuchen Sie, die Schwingungen an dieser Stelle zu erreichen. Wenn Sie sie gefunden haben, ziehen Sie sie geistig zurück in den Kopf.« Damit keine ärgerlichen Mißverständnisse aufkommen: Dieses Ausgreifen nach den Schwingungen des Kraftzentrums über Ihrem Kopf hat natürlich *nicht* mit den physischen Händen zu erfolgen. Es geht um einen rein imaginativen Zugriff, um einen »Zugriff im Geiste«. Übrigens — die Energie in diesem Punkt, der sich nun oberhalb Ihres Scheiterchakras befindet, ist alles andere als imaginär! Sie ist so real, wie nur irgend etwas real sein kann. Doch das nur am Rande. Das werden Sie dann ja auch selbst rasch feststellen können.

(Unsere Freundin deutete es in anderem Zusammenhang bereits an: Es *könnte* sein, daß Frauen mit dieser Methode keinen Erfolg haben und daß die von Monroe vorgeschlagene Übung nur die »männliche Variante« einer Bewußtseins-Entgrenzungs-Technik ist. Falls Sie also 1. eine Frau sind und 2. mit Monroes Variante trotz intensivster Bemühungen keine Ergebnisse erzielen können, dann probieren Sie doch mal folgendes: Sie imaginieren den Kraftpunkt nicht oberhalb Ihres Stirn-, sondern oberhalb Ihres Wurzelchakras. Danach verlagern Sie dieses Energiezentrum nicht auf einen Punkt oberhalb Ihres Scheitelchakras, sondern — kabbalistisch gesagt: von Jesod nach Malkuth, das heißt: auf einen Punkt, der auf Ihrer Körperachse unterhalb Ihrer Fußsohlen liegt. Dann greifen

Sie imaginativ nach der Energie aus. Und — siehe da, plötzlich funktioniert es dann vielleicht auch bei Ihnen! Sie spüren dann, wie ein wohliges Kribbeln Ihre Beine emporfließt und Ihren ganzen Körper mit Kraft erfüllt.)

Zu dieser Übung des imaginativen Ausgreifens nach dem Energiezentrum liefert Monroe noch eine zweite Variante. Sie können genausogut zwei Linien imaginieren, die von den Außenwinkeln Ihrer Augen ausgehen und sich dreißig Zentimeter vor Ihrer Stirn schneiden, also einen Schnittpunkt bilden. (Für unsere schönen Schwestern: Der Schnittpunkt der Kraftlinien liegt dann oberhalb des Wurzelchakras.) Der Schnittpunkt wird danach, genau wie der imaginative Punkt aus Monroes erster Variante, circa einen bis zwei Meter hinausgeschoben und im 90-Grad-Winkel auf einen Punkt Ihrer Körperachse gespiegelt. (Das bedeutet, wenn unsere Vermutung von der »männlichen« und »weiblichen« Variante zutreffend ist: Bei Männern liegt der Punkt dann über dem Kopf, bei Frauen unter den Füßen.) Resultat: Dasselbe wie vorhin; oberhalb Ihres Scheitelchakras (bzw. unterhalb Ihrer Fußsohlen) befindet sich jetzt ein pulsierendes Energiezentrum, nach dem Sie imaginativ greifen, um die Energie in Ihren Kopf (bzw. in Ihre Füße) hineinfließen zu lassen.

Das Gefühl, das sich dann bei Ihnen einstellen wird, beschreibt Monroe folgendermaßen: »Es ist, als ob eine aufwallende, zischende, rhythmisch pulsierende Welle von glühenden Funken in Ihren Kopf rauscht. Von dort aus scheint sie durch den ganzen Körper zu brausen und macht ihn starr und unbeweglich.« (Stimmt genau, außer: »Man« ist eine Frau. Dann nämlich vollzieht sich diese herrliche Prozedur von den Füßen aus.) Manchmal knistert es; manchmal ist es wie wohlige Wärme, die durch den Körper strömt; welche Worte mann/frau auch immer zur Beschreibung dieser Erfahrung wählen mag — es handelt sich um eine höchst angenehme, irgendwie aufregende und zugleich beruhigende prickelnde Empfindung. Ein Energetisierungsprozeß findet statt. Und das tut halt gut! Wenn Sie, so Monroe, diese Übung schon oft gemacht haben, dann genügt es vollkommen, an die Schwingungen und das wohlige Gefühl zu denken — die Erinnerung allein führt dann das Erinnerte herbei. Wie kann das sein? Monroe meint: »Es ist ein konditionierter oder bedingter Reflex entstanden oder ein Neuronenpfad, dem man immer wieder folgen kann.« So leicht hat es natürlich erst der Fortgeschrittene. Der Anfänger muß sich noch ein wenig anstrengen.

ZWISCHENBEMERKUNG: Ein außerkörperliches Erlebnis herbeizuführen, das wird Ihnen freilich nur unter der Voraussetzung gelingen, daß Sie mittlerweile Ihre Ängste überwunden bzw. transformiert haben. (Die Angst vor dem Unbekannten läßt sich beispielsweise sehr schön »veredeln« zu einem ehrfürchtigen Staunen!) Wenn Sie sich darüber hinaus vor Augen halten, daß der Zustand der Außerkörperlichkeit Ihrem innersten Wesenskern vermutlich eh viel vertrauter ist als Ihr derzeitiger Status als Inkarnierte/r, da ja zwischen zwei Inkarnationen ohnehin eine Phase der außerkörperlichen Existenz liegt — nun, dann wird Ihnen vielleicht klar, daß Sie durch das Herbeiführen außerkörperlicher Erlebnisse strenggenommen gar kein Neuland betreten, sondern lediglich versuchen, sich die vergessenen Erinnerungen an den Zustand vor Ihrer Geburt bewußt zu machen.

REKAPITULIEREN WIR: Sie befinden sich jetzt auf Ihrer »Latifundie«, also im Grenzland zwischen Wachen und Schlaf. Sie haben sich energetisiert. Ihr Gemüt ist stoisch — weder banale Sensationslüsternheit noch Angst sind in Ihnen. Eine kribbelige Wärme durchflutet Ihren physischen Körper; die Schwingungen, die Sie aus dem Energiezentrum oberhalb Ihres Kopfes (bzw. unterhalb Ihrer Fußsohlen) in den Körper hinabgezogen (bzw. heraufgezogen) haben, kreisen, schreibt Monroe, in Ihrem Körper, »bis die Frequenz so hoch ist, daß man sie gar nicht mehr wahrnimmt«. Ihr Körper ist jetzt starr und unbeweglich (kataleptisch). Monroe rät, man soll zunächst nach etwas greifen; man würde dann zunächst einen Widerstand spüren, kurz darauf aber durch den berührten Gegenstand hindurchgreifen. Natürlich ist hier keineswegs die Rede von Ihren physischen Händen. Haben Sie sich auf diese Weise (durch eine partielle Ablösung des Bewußtseins vom Körper, in diesem Fall also von den Händen) vergewissert, daß es tatsächlich funktioniert, dann werden Sie vermutlich dermaßen euphorisiert sein, daß Sie die Übung sofort abbrechen und am liebsten die ganze Welt umarmen würden. Hier ist nun Vorsicht geboten. Vergegenwärtigen Sie sich in diesem Augenblick, daß der westliche Einweihungsweg das Schweigen aus gutem Grund eine Tugend nennt!!!

Wenn es denn gar nicht anders geht, können Sie ja im Rausch der Begeisterung zwanzig Seiten Ihres Tagebuchs mit Jubelworten vollschreiben. Nur — reißen Sie sich in Gottes Namen zusammen und rennen Sie nicht gleich zum nächstbesten Menschen in Ihrer Nähe, um Ihre frohe Botschaft zu verkünden! Denn vermutlich würde niemand Sie verstehen; ja schlimmer noch: Der Hohn oder die mitleidig-arrogante Skepsis, auf die Sie eventuell stoßen könnten, würden Ihnen das schreckliche Gefühl geben, etwas sehr Kostbares sei besudelt worden, und zwar durch Ihre Schuld! Man darf keine »Perlen vor die Säue werfen« — jedenfalls nicht im Anfangsstadium!

Gut, Sie haben jetzt also Ihr erstes kleines Erfolgserlebnis verbuchen können. Vielleicht brauchen Sie jetzt eine gewisse Zeit, um diese konkrete Erfahrung zu »verarbeiten«.

Wer nicht an die Existenz des Astralkörpers glaubt, wird nun feststellen, daß in der Praxis tatsächlich doch alles dafür spricht, daß es ihn wahr und wahrhaftig gibt: den »feinstofflichen« Astralkörper. Gibt es ihn nun oder gibt es ihn nicht? Über diese Frage könnten Sie sich dann monatelang das arme Hirn zergrübeln, ohne zu einem befriedigenden Ergebnis zu kommen. Einigen wir uns darauf: Das, was Sie jetzt erfahren haben, deckt sich vollkommen mit den Beobachtungen erfahrener Astralwanderer (Bewußtseins-Entgrenzer). Sie sind also auf dem richtigen Weg, soviel steht fest. Ihre Wahrnehmungen lassen sich dahingehend interpretieren, daß Sie tatsächlich über einen »feinstofflichen« Astralkörper verfügen. Ob diese Interpretation nun korrekt ist oder ob es sich hierbei nur um eine geistige Hilfskrücke handelt, die Ihre eigene Über-Instanz Ihnen freundlicherweise sofort zur Verfügung gestellt hat — das werden Sie erst dann wissen, wenn Sie einen langen Entwicklungsprozeß hinter sich gebracht haben.

Vielleicht ist es im Anfangsstadium sogar sehr hilfreich, die »Wahrnehmungs-Hilfskrücken« in Anspruch zu nehmen und fest von der Existenz des Astralkörpers überzeugt zu sein. Wenn Sie nach Ihrer ersten Erfahrung also meinen, es sei grober Unfug, an der Existenz des »feinstofflichen« Astralkörpers zu zweifeln, und wer Zweifel anmelde, der wisse halt nicht, wovon er rede — okay, das ist in Ordnung. Diese Schlußfolgerung ist im Anfangsstadium vielleicht sogar zwingend.

Wie geht es weiter? Sie setzen Ihre Übungen da fort, wo Sie sie vielleicht aus Begeisterung und Freude beim letzten Mal abgebrochen haben. Sie fangen wieder »bei Null« an und versuchen jetzt, einen Schritt weiterzugehen. Monroe schlägt zwei mögliche Varianten vor: Sie können sich, nachdem Sie sich wieder energetisiert haben, in eine Gemütsverfassung ruhiger, gemäßigter Vorfreude versetzen (so, als stünden Sie nach fünfzigjähriger glücklicher Ehe am Bahnhof, um Ihren Partner abzuholen, der nach einer kurzen Reise wieder zu Ihnen nach Hause kommt — Ihre Hormone tanzen zwar nicht mehr Samba im Blut, die ganz wilde Zeit ist vorbei, aber schön ist es halt doch, wenn auch auf eine andere, verinnerlichtere Art als früher) und sich zugleich auf die Vorstellung konzentrieren, federleicht deckenwärts zu schweben. Sie vollziehen also einen sanften, ruhigen »Willensruck«.

Zweite Variante: Das »Hinausrollen«. Sie imaginieren eine Rotationsbewegung, die ungefähr der gleicht, die Sie machen, wenn Sie sich beim Einschlafen im Bett umdrehen. (Oder Sie stellen sich vor, Sie wären Mütterchen Erde, das sich ja auch unablässig um die eigne Achse dreht, um an allen Stellen gleichmäßig »besonnt« zu werden.) Diese Bewegung geht, so Monroe, vom Oberkörper, vom Kopf und von den Schultern aus. (Bei Frauen vielleicht von den Füßen, Knöcheln, Oberschenkeln und vom Becken?) Sie haben sich dann also quasi aus Ihrem Körper »hinausgerollt« — so jedenfalls können Sie den Vorgang der Loslösung des Bewußtseins vom physischen Körper wahrnehmen. Dann schweben Sie, den »unphysischen Rücken« der Zimmerdecke zugewandt, empor. Monroe rät: »Zu dieser Zeit ist die Hauptübung das Zurückkehren. Entfernen Sie sich nie weiter als einen Meter vom physischen Leib.« Warum? Damit Sie Sicherheit und Routine bekommen und den letzten Rest Ihrer Angst besiegen bzw. transformieren. Möglicherweise verfügen Sie zunächst noch nicht über Ihr optisches Wahrnehmungsvermögen. Das braucht Sie aber nicht zu irritieren, denn worauf es in diesem Stadium ankommt, ist, daß Sie lernen: Ich kann jederzeit zurück, es geht ganz einfach. Die Wiederverbindung des Bewußtseins (oder, wenn es Ihnen so lieber ist: des Astralkörpers) mit dem physischen Körper gibt Ihnen, so Monroe, das Gefühl eines »einklickenden Ruckes«. Dieser Vorgang läßt sich auch mit dem plötzlichen Zusammenzucken vergleichen, das sich immer dann einstellt, wenn ein unerwartetes Geräusch oder eine Berührung Sie erschreckt.

Loslösung und Wiederverbindung werden also gründlich geübt. Als nächstes arbeiten Sie an Ihrer optischen Wahrnehmungsfähigkeit. Sie lernen, »ohne Augen zu sehen«. Wie geht das? Eigentlich ganz einfach, nämlich indem Sie sich sagen: »So, jetzt kann ich sehen.« Monroe warnt: Wenn Sie bei dem Wort »sehen« nun an Ihre physischen, geschlossenen Augen denken, dann werden Sie sofort wieder in Ihrem physischen Körper zu Bewußtsein kommen. Dann haben Sie alles verpatzt. Denken Sie bei dem Begriff »Sehen« also *nicht* an Ihre physischen Augen, sondern einfach daran, wie schön es ist, visuelle Wahrnehmungen zu haben. Dann funktioniert es auch. Wie schon mehrfach erwähnt, ist Ihr Sehvermögen zunächst nicht besonders scharf; es bessert sich aber im Verlauf der Übungen ganz von allein.

Nun kann es sein, daß Ihre erste außerkörperliche optische Wahrnehmung autoskopischer Natur ist. Das heißt: Sie sehen jetzt vielleicht Ihren physischen Körper vor, neben oder unter sich liegen. Es kann sein, daß Sie dieser Anblick völlig kalt läßt. Es kann aber genausogut auch sein, daß Ihnen diese Wahrnehmung einen ganz gewaltigen Schrecken einjagt — und schwupp, schon kommen Sie wieder im physischen Körper zu Bewußtsein. Das ist die erste Hürde, die Sie nehmen müssen. Die zweite besteht laut Monroe darin, daß Sie außerhalb des physischen Körpers urplötzlich von einer starken sexuellen Erregung ergriffen werden können, die ihrerseits ebenfalls zur Folge haben kann, daß Sie sich sofort wieder mit Ihrem physischen Körper verbinden. Was macht man in solch einem Fall? Am besten gar nichts. Man versucht, diese plötzliche Erregung zu ignorieren und vertröstet sich im Bedarfsfall auf später, nach dem Motto: »Nachher kann ich ja immer noch, es muß ja nicht gleich sein . . .«

Sobald all diese Hürden für Sie kein Problem mehr darstellen, können Sie Ihren Forscherinstinkt austoben und interessante Exkursionen unternehmen. (Erschrecken Sie nicht, wenn Sie feststellen, daß Sie in Begleitung sind! Das ist nämlich noch so eine Hürde! Wenn Sie urplötzlich feststellen, daß da auf einmal eine Wesenheit vor Ihnen auftaucht, die eigentlich recht sympathisch wirkt, mit deren Erscheinen Sie aber wirklich nicht gerechnet hatten — das kann ein ganz gewaltiger »Kulturschock« sein!)

Monroe rät, zunächst eine Person als Ziel der Exkursion auszusuchen, da unsere emotionalen Bindungen an Menschen meistens stärker sind als an Orte. (Falls Sie ein freundliches Wesen in Ihrer Nähe wahrgenommen und sich vom ersten Schrecken erholt haben, können Sie sich auch mit Ihrem neuen [???] Freund darüber beraten, was man denn heute mal gemeinsam unternehmen könnte.) Falls es aber einen Ort gibt, der Ihnen viel bedeutet und an dem Ihr »Herzblut« hängt (beispielsweise die sprichwörtliche kleine Bank am Elterngrab . . .), dann kommt als Exkursionsziel natürlich auch dieser Ort in Frage.

Generell aber empfiehlt es sich, an einen Menschen zu denken, der Ihnen viel bedeutet. Ihr Bewußtsein befindet sich nun also außerhalb des physischen Körpers. Sie konzentrieren sich auf die »Zielperson« und stellen erstaunt fest, daß Sie intuitiv wissen, in welche Richtung Sie sich bewegen müssen. Was passiert als nächstes? Monroe sagt: »Um in Bewegung auf Ihr Ziel zu gelangen, benutzen Sie das Ausgreifen.« Wie geht das? So: Sie versuchen, »die nichtphysischen Arme über den Kopf zu heben und die Daumen zusammenzulegen wie ein Taucher, der sich anschickt, ins Wasser zu springen. Die Arme in dieser Stellung, denken Sie an die Person, die Sie besuchen wollen, und strecken Sie Ihren Körper in die Richtung.« Nicht den physischen Körper, versteht sich! Man beachte: »Je kräftiger Sie sich ›strecken‹, desto rascher reisen Sie.«

Soweit Monroes Methode. Monroe wendet diese Methode, so scheint es, nach wie vor erfolgreich an.

## Rudolf Steiner

Wer sich für die Salomonische Kunst interessiert, findet unzählige wertvolle Tips und Anregungen im Werk Rudolf Steiners. Besonders interessant für den Schüler der Salomonischen Kunst sind Steiners Bücher »Wie erlangt man Erkenntnisse der höheren Welten?« und »Die Geheimwissenschaft im Umriß«. Recht populär geworden ist Steiners Anweisung an den Initianden, er solle damit beginnen, ein keimfähiges Samenkorn vor sich auf den Tisch zu legen und es so lange betrachten, bis er die feine, schimmernde Aura des kleinen Lebensträgers sehen kann. Steiners Trainingsprogramm für die Herbeiführung eines außerkörperlichen Erlebnisses ist derart umfangreich, daß hier der Platz nicht ausreicht, es referierend wiederzugeben. Sträflich simplifizierend könnte man aber sagen: Steiners Methode zielt darauf ab, das Bewußtsein des Schülers durch intensives Training im Alltag derart zu schärfen und seinen Charakter so zu veredeln, daß ihm am Ende das außerkörperliche Erlebnis mit geradezu naturgesetzlicher Folgerichtigkeit wie eine reife Frucht in den Schoß fallen muß. Nun, diese Darstellung ist zwar grob vereinfacht, aber sie trifft den Kern der Sache.

Jedem Schüler, der es mit der vierten Tugend des westlichen Einweihungsweges, dem Wissen, ernst nimmt, wird hiermit also wärmstens ans Herz gelegt, zumindest Steiners Buch »Wie erlangt man Erkenntnisse der höheren Welten?« aufmerksam und gründlich zu studieren.

Einen guten Zugang für die Schüler der Salomonischen Kunst zu Steiners Gedankengebäude — nein, richtiger wäre es tatsächlich, in diesem Fall von einem Gedanken-*Palast* zu sprechen! — bietet sein Aufsatz: »Die Erkenntnis vom Zustand zwischen dem Tode und einer neuen Geburt«, abgedruckt in Rudolf Steiners Buch »Philosophie und Anthroposophie. Gesammelte Aufsätze 1904—1918«.

Kernthesen dieses Aufsatzes:

— Die Erkenntnisse der Naturwissenschaftler und die der Astralwanderer (Bewußtseins-Entgrenzer) widerlegen einander wechselseitig nicht; im Gegenteil: Die Aussagen der einen lassen sich mit den Forschungsergebnissen der anderen widerspruchslos in Einklang bringen.

— Man kann die Realität außerkörperlicher Erlebnisse nicht wie die Richtigkeit einer mathematischen Gleichung argumentativ beweisen. Man muß sie konkret erfahren. O-Ton Steiner: »Die Gewißheit dieses Erlebens kann eben nur im Erleben selbst gewonnen werden.«

— Die Angst vor psychischen Erkrankungen, die durch Astralreisen ausgelöst werden könnten, ist unbegründet, weil »der Weg, der in die wahre Geistesforschung führt, in der Seele Kräfte loslöst, die in der völlig entgegengesetzten Richtung von denjenigen liegen, die krankhafte Seelenerlebnisse herbeiführen«.

— Steiner über die »Über-Instanz« in uns (das Bewußtsein der rechten Hirnhälfte?): »Man entdeckt wahrhaftig in sich einen zweiten Menschen, der als Geistwesen ein bewußter Zuschauer des gewöhnlichen Seelen-Erlebens ist.«

— Die Subjekt-Objekt-Trennung besteht in den Astralen (immateriellen Parallel-Realitäten) nicht. O-Ton Steiner: »Man fühlt nicht in sich, sondern in den Wesenheiten und Vorgängen, die man wahrnimmt. Man taucht mit seinem Fühlen in diesen unter; man erfühlt deren Inneres, wie man im physischen Leben sein eigenes Innere fühlend erlebt.«

— Ein besonders schöner Kernsatz dieses Aufsatzes lautet: »Im Geiste ist alles *Werden*.« (Alles fließt ...)

— Steiner geht von der Existenz des Astralkörpers aus. Er meint, »daß im Menschen ein übersinnlicher Organismus lebt, der mit einer übersinnlichen Umwelt in einem ähnlichen Verhältnis steht wie der sinnliche Organismus zur sinnlichen Umwelt«.

Den Abschluß des Aufsatzes bilden einige faszinierende Überlegungen zum Thema Karma; Steiner skizziert die subtilen Zusammenhänge zwischen individuellem Karma einerseits und den von den Vorfahren via DNS ererbten Merkmalen des Inkarnierten andererseits.

Falls Sie momentan kein keimfähiges Samenkorn im Hause haben, dann tut es eventuell auch der Kern einer Orange oder einer Grapefruit — versuchen Sie's doch einfach mal! Wenn es Ihnen gelingt, nach einer Weile tatsächlich ein leichtes flimmriges Schimmern zu erkennen, das den Kern oder den Samen wie ein energetischer Mantel umgibt, dann ist Steiners Trainingsprogramm eventuell genau das Richtige für Sie!

## Tips, Tricks und Thesen

*»Die Beziehung von Körper und Ich ist vielleicht der mysteriöseste Komplex unserer gelebten Existenz!«*   JEAN AMÉRY

In der folgenden Zusammenstellung finden Sie wichtige Kernsätze, Hinweise und Beobachtungen, die zwar aus dem Zusammenhang verschiedener Bücher gerissen worden sind, die aber interessante und wichtige Informationen enthalten, die Sie sich sonst erst mühselig erarbeiten müßten. Die Kenntnis dieser Zitate ersetzt natürlich nicht die Lektüre derjenigen Bücher, denen sie entnommen sind. Es handelt sich also gewissermaßen um »Appetithäppchen«.

*

*»Wenn man auf der Seelenebene bewußt wird, ist kein Reisen mehr erforderlich.«*   WEED
(Nun, das wird die Tourismus-Industrie sicherlich nicht ganz so gern hören...)

*

*»Wer erwartet, daß ich eine fade und blutleere Askese als Vorbereitung für astrale Erlebnisse empfehle, den muß ich enttäuschen.«*   WAELTLI

*

*»Wenn Sie selbst erst einmal dazu bereit sind, sich solchen Dingen gegenüber unvoreingenommen öffnen zu können, dann werden Sie auch Ihre eigenen diesbezüglichen Erfahrungen haben können.«*   KÜBLER-ROSS

*»Ich vermute, daß nur angeborene Wißbegier Menschen befähigen kann, die Hindernisse auf dem Wege zu dieser Leistung zu überwinden.«* MONROE

\*

*»Für die Projektion des Mentalkörpers in den Astralbereich ist die Reinheit der Absicht unbedingt notwendig.«*
MAUROIS-GIVAUDAN

\*

*»Schädliche physische Nebenwirkungen einer solchen Tätigkeit sind nicht festgestellt worden.«* MONROE

\*

*»Bereits der starke Wunsch, Erfolg zu haben oder auch nur die Angst vor Mißerfolg neutralisieren Ihre besten Bemühungen.«* WEED

\*

*»Ungeduld irgendwelcher Art kann die Aussicht auf Erfolg tatsächlich ersticken.«* MONROE

\*

*»Versuchen Sie, eine gleichgültige Haltung anzunehmen und entspannt und doch aufmerksam zu bleiben.«* WEED

\*

*»Halte im Bewußtsein den Wunsch nach einer Exteriorisation fest, löse aber nach einer Weile deine Gedanken wieder davon.«* WAELTLI

*»Man muß nur das Unterbewußtsein mit der Kenntnis der Vorgänge bei der Abtrennung des Astralkörpers und dem Verlangen danach erfüllen.«*   MULDOON

*

*»Der beginnende Austritt des Doppelkörpers kündet sich bei mir häufig mit einem unbestimmten Gefühl an, daß ›etwas mit mir geschehen wird‹.«*   WAELTLI

*

*»Schwindelgefühl zeigt an, daß der Astralkörper nicht fest mit dem physischen Körper verbunden ist.«*   MULDOON

*

*»Offensichtlich muß unser Bewußtsein, wenn es sich mit dem astralen Doppel vom Körper lösen will, eine Klippe überwinden, die einer Ohnmacht sehr ähnlich ist.«*   WAELTLI

*

*»Wenn man zu Beginn einer Astralwanderung bei Bewußtsein ist, hat man das Gefühl, man klebe fest, man stecke fest in einer Lage, in der man sich nicht bewegen kann.«*

MULDOON

*

*»Gleichzeitig konnte ich die Hände aus meinen körperlichen Händen herausziehen, als wären die letzteren ein Paar steife Handschuhe.«*   WAELTLI

*

*»Physische Katalepsie wurde nur in den frühen Stadien beobachtet.«*   MONROE

*»Der abgespaltene Astralkörper scheint nicht durch eine Tür zu gehen; die Tür scheint durch ihn zu gehen.«*  MULDOON

\*

*». . . im Astralkörper ist man, was man denkt.«*  MULDOON

\*

*»Ja, die Vorstellung eines bestimmten, dynamischen Geschehens allein kann zum Auslöser einer Exteriorisation werden. (. . .) stellte ich mir folgendes vor: Ich säße auf einem Stuhl, der mit mir nach hinten umkippte. Zu meiner Verblüffung fiel ich in meiner astralen Form mit einem rückwärts gerichteten Purzelbaum aus dem Bett.«*  WAELTLI

\*

*»Nicht unsere fleischliche Behausung ist der Käfig, sondern die vollständige Identifizierung mit dem Körper als unser alleiniges Ich.«*  WAELTLI

\*

*»Du steckst dir Grenzen. Es stimmt nicht, daß du dieses nicht kannst, sondern du tust es einfach nicht.«*  KONFUZIUS

\*

*»Die Beschränkung liegt ja nicht einmal im biologischen Apparat und seinen Leistungen, (. . .) sondern in einem fatalistischen Verharren in der lakaienhaften Demutsstellung.«* Diese brillante Formulierung stammt von WAELTLI.

*»Die Menschen sind sterbliche Götter, und die Götter unsterbliche Menschen. Glücklich, wer den Sinn dieser Worte erfaßt, denn er besitzt den Schlüssel zu allem!«*    ANDREAS/DAVIES

\*

*»Sterben, das heißt freilich die Zeit verlieren und aus ihr fahren, aber es heißt dafür Ewigkeit gewinnen und Allgegenwart, also erst recht das Leben. Denn das Wesen des Lebens ist Gegenwart, und nur in mythischer Weise stellt sein Geheimnis sich in den Zeitformen der Vergangenheit und der Zukunft dar. Dies ist gleichsam des Lebens volkstümliche Art, sich zu offenbaren, während das Geheimnis den Eingeweihten gehört. Das Volk sei belehrt, daß die Seele wandere. Dem Wissenden ist bekannt, daß die Lehre nur das Kleid des Geheimnisses ist von der Allgegenwart der Seele und daß ihr das ganze Leben gehört, wenn der Tod ihr Einzelgefängnis brach.«*    THOMAS MANN (Wer mag, kann das Wort »Sterben« durch »Astralwandern« und »Tod« durch »Astralwanderung« ersetzen.)

\*

*»Wir haben Soma getrunken, wir sind unsterblich geworden, wir sind zum Licht gekommen, wir haben die Götter gefunden. Was wohl kann uns jetzt noch die Mißgunst, was die Tücke eines Sterblichen anhaben, o Unsterblicher?«*

RIG-VEDA

# Literaturhinweise
## Lesetips

ROBERT A. MONROE: *Der Mann mit den zwei Leben*. Knaur Esoterik, Taschenbuch Nr. 4150

ROBERT A. MONROE: *Der zweite Körper*. Ansata-Verlag

Monroes Redlichkeit, seine augenzwinkernde Selbstironie, sein Humor, einhergehend mit stellenweise geradezu wissenschaftlicher Präzision der Darstellung sowie souverän-undogmatischer Distanz zum Geschilderten, machen seine Bücher zu einem unvergeßlichen Lese-Abenteuer. Interessant ist es, beide Bücher nacheinander zu lesen; dann nämlich wird Monroes innerer Entwicklungsprozeß deutlich erkennbar.

SYLVAN J. MULDOON/HEREWARD CARRINGTON: *Die Aussendung des Astralkörpers*. Hermann Bauer Verlag

*Der* Klassiker — mutig, witzig, aufschlußreich

ERNST R. WAELTI: *Der dritte Kreis des Wissens*. Ansata-Verlag

Auch dieses außerordentlich lesenswerte Buch scheint wieder ein Beweis für die Richtigkeit der These zu sein, daß die Fähigkeit zum Astralwandern (Bewußtseins-Entgrenzen) offenbar einhergeht mit Intelligenz und Humor. Sehr zu empfehlen. Besonders die ersten beiden Seiten des Kapitels »Die Suche nach dem inneren Licht« (S. 205/206) — Dynamit der explosivsten Sorte. Für so freche, gescheite, respektlose, entlarvende Überlegungen wäre er vor ein paar hundert Jahren umgehend auf dem Scheiterhaufen verfrachtet worden.

ANNE und DANIEL MAUROIS-GIVAUDAN: *Berichte von Astralreisen*. Knaur Esoterik, Taschenbuch Nr. 4211

Der Inhalt hält, was der Titel verspricht — es handelt sich um ein beinahe belletristisches Buch. In zwölf »Astral-Reportagen« werden die Erlebnisse des Autors in den Astralen spannend und anschaulich geschildert. Was dem Leser vielleicht nach der Lektüre sauer aufstoßen könnte, ist die Frage: Stimmt es wirklich, daß man in den Astralen nur das erfährt, was man eh aus Büchern hätte lernen können? Hat der Autor uns die spannendsten Fakten verschwiegen?

RUDOLF STEINER: *Philosophie und Anthroposophie*. Gesammelte Aufsätze 1904—1918
RUDOLF STEINER: *Wie erlangt man Erkenntnisse der höheren Welten?*
RUDOLF STEINER: *Die Geheimwissenschaft im Umriß*. Verlag der Rudolf Steiner-Nachlaßverwaltung in Dornach/Schweiz

Vielleicht erinnern Sie sich an das Märchen vom Schlaraffenland. Um in dieses Schlemmer-Paradies zu gelangen, mußte man sich zunächst durch einen Wall von Grießbrei hindurchfressen. Auch Steiners Gedanken-Palast ist von einem Schutzwall umgeben. Die Hürde, vor die man sich bei der Lektüre nämlich zunächst gestellt fühlen könnte, ist Steiners Stil. (Nein, keine Angst, so schlimm wie Kant ist er nun auch wieder nicht!) Bisweilen muß man einen Satz mehrfach lesen, ehe man den Inhalt begreift. Man muß sich also zunächst einmal an Steiners individuellen Sprachduktus gewöhnen, ehe sich das reine Lesevergnügen einstellt. — Davon sollte man sich aber nicht abschrecken lassen!

HANS PETER DUERR: *Traumzeit*. edition suhrkamp, Taschenbuch Nr. 1345

Wo gibt es denn so etwas noch — selbst die Fußnoten liest man mit fürstlichem Vergnügen! In diesem Buch finden Sie unter anderem interessante Informationen über die »nachtfahrenden Weiber«. Die Lektüre des Buches kann einen wertvollen Beitrag dazu leisten, daß sich der Leser der zivilisationsbedingten mentalen Blockaden bewußter wird, die er als »bürgerlich-rationalistischen Ballast« noch immer mit sich herumschleppt. Ein faktenreiches, spannendes, erfrischendes Buch. Ein Kult-Buch. Gehört in jeden geordneten Haushalt.

PAUL FEYERABEND: *Erkenntnis für freie Menschen*. Veränderte Ausgabe. edition suhrkamp, Taschenbuch Nr. 1011

Dieses Buch handelt zwar nicht primär von außerkörperlichen Erlebnissen, aber es ist jedem zu empfehlen, der noch immer ein bißchen an die Unfehlbarkeit der Wissenschaftler glaubt. Feyerabend entlarvt polemisch, ironisch, stellenweise sogar »echt ätzend« die Arroganz der dogmatischen Rationalisten. (Er nennt sie Ratiofaschisten...) Man fühlt sich an das Märchen von »Des Kaisers neue Kleider« erinnert — endlich hat mal jemand den Mut, offen auszusprechen, was längst schon mal gesagt werden mußte. Eine herzerfrischende Lektüre: frech, blitzgescheit, respektlos.

ELISABETH KÜBLER-ROSS: *Über den Tod und das Leben danach*. Verlag »Die Silberschnur«

Dieses schmale Bändchen enthält einige unbekanntere Aufsätze dieser klugen, warmherzigen Frau. Interessant sind unter anderem ihre Ausführungen zum Thema Helfer/Schutzengel sowie ihr Bericht über eigene außerkörperliche Erfahrungen.

JEAN AMÉRY: *Hand an sich legen. Diskurs über den Freitod*. Klett-Verlag

Nicht geeignet für Melancholiker und Suizid-Gefährdete, aber sehr aufschlußreich für alle, die sich darüber bewußter werden wollen, inwieweit die bloße Tatsache des Inkarniertseins gedankliche Zwänge und intellektuelle Blockaden in uns errichtet.

THOMAS MANN: *Joseph und seine Brüder*. Fischer Verlag

Eigentlich ein esoterischer Roman. Unbedingt gelesen haben sollte man die Abschnitte 8 und 9 des ersten großen Unterkapitels »Vorspiel« im ersten Band. Dort finden sich hochinteressante Überlegungen zur Problematik Körper—Seele—Intellekt.

HANS HENNY JAHNN: *Perrudja*.

Dieser Roman ist ein Hochgenuß für alle, die Symbole entschlüsseln können. Sehr gut geeignet als ergänzende Lektüre zum Thema (Achtung: Symbol!) »Wir reichen Erben« bzw. (nochmals — Achtung: Symbol!) »Ein Millionär träumt, er sei ein Bettler«.

JOSEPH J. WEED: *Psycho-Energie*. Goldmann Verlag, Reihe »Grenzwissenschaften Esoterik«. Taschenbuch Nr. 11827

W. E. BUTLER: *Die hohe Schule der Magie*. Verlag Hermann Bauer

PETER ANDREAS/ROSE LLOYD DAVIES: *Das verheimlichte Wissen*. Knaur Esoterik, Taschenbuch Nr. 4152

# Sebastians Frage

Zum Schluß noch ein letzter Besuch bei unserer Freundin. Bei ihr hat unsere kleine Rundreise begonnen, und hier endet sie auch. Der Kreis schließt sich.

»Ich möchte noch eine kleine Geschichte erzählen. Ich habe sie zu Beginn meiner Experimente erlebt. Zunächst verstand ich dieses Erlebnis gar nicht. Aber als mir dann die Bedeutung dieses merkwürdigen Vorfalls bewußt wurde, war ich sehr glücklich. Endlich hatte ich auf ganz unspektakuläre Weise das bekommen, was ich mir so lange gewünscht hatte — eine Art ›Beweis‹. Aber hör selbst:

Es war im Herbst, und mein Freund Sebastian von nebenan — er war damals viereinhalb Jahre alt — spielte zu dieser Zeit wegen des schlechten Wetters nicht mehr so häufig im Nachbargarten. Wir führten oft ernsthafte wissenschaftlich-philosophische Diskussionen miteinander, beispielsweise darüber, ob es wohl ein Naturgesetz ist, daß Mütter grundsätzlich diejenigen Dinge beim Aufräumen des Kinderzimmers wegwerfen, die man am liebsten hat. Ich meine: Ja. Sebastian sieht die Dinge differenzierter. Einigkeit über dieses Thema haben wir noch nicht erzielt.

Im Frühherbst, als Sebastian noch täglich in seinem Garten herumtobte, hatte ich mich bei meinen Übungen oft auf seine Stimme, auf sein Lachen, seine Gesangsdarbietungen, sein Schimpfen und sein vergnügtes Quietschen konzentriert. Sebastians Stimme, die von draußen in mein Schlafzimmer drang, hielt mich also bei wachem Bewußtsein. Doch es half nichts — meist schlief ich trotzdem während der Übungen ein. Wenn ich wieder aufwachte, hielt ich mich für einen erbärmlichen Total-Versager.

Im Spätherbst geschah nun folgendes: Es war ein düsterer Nachmittag, das Laub fiel von den Bäumen, und es begann zu nieseln. Ich ging in den Garten. Sebastian war zufällig gerade im Nachbargarten. Als er mich sah, fuchtelte er aufgeregt mit den Ärmchen in der Luft herum. Er rannte zum Zaun und krähte: ›Bist du jetzt wach, oder schläfst du?‹ Ich muß gestehen, daß mich seine Frage sprachlos machte. Ich stand vor Sebastian wie der Ochs vorm Scheunentor. Was bedeutete diese Frage? Was meinte er? Mehr als ein stummes Achselzucken brachte ich nicht zuwege. Sebastian aber blieb beharrlich bei seiner Frage: ›Bist du jetzt wach, oder schläfst du?‹

Seine Mutter kam hinzu, schüttelte gequält den Kopf und entschuldigte sich bei mir. Ich solle mir aus Sebastians wirrem Gerede nichts machen, sagte sie — er spinne halt manchmal. Nun habe ich Sebastian aber als einen sehr wahrheitsliebenden jungen Mann kennengelernt. Er lügt nie. — Jedenfalls habe ich ihn noch bei keiner Flunkerei ertappt. Einmal hat er mir erzählt, er habe hinten im Garten ›Hexenzähne‹ (so verstand ich das Wort jedenfalls) gefunden. Da glaubte ich, er wollte mir einen Bären aufbinden. Er wurde sehr traurig, als er merkte, daß ich ihn für einen Lügner hielt. Anklagend wies er auf den Gartenhäcksler, ein Gerät, das Stöckchen und Gartenabfälle zerkleinert, so daß sie schneller wieder zu Humus werden können. ›Das sind Zähne aus Eisen, die sind aus dem Hexler rausgebrochen und lagen daneben!‹ sagte er. Zähne aus dem Hexler — hexeln — klar: Zähne auf den Schneideblättern des Häckslers sind ›Hexel-Zähne‹! Ich mußte mich bei Sebastian für meine infame Unterstellung, er habe geflunkert, entschuldigen. Mea culpa maxima!

Soweit ich weiß, liegen die Dinge also folgendermaßen: Sebastian spinnt durchaus nicht; es ist halt nur manchmal nicht ganz einfach, auf Anhieb zu erraten, was er meint.

Mit der Monotonie einer defekten Schallplatte krähte Sebastian also weiter: ›Schläfst du, oder bist du wach?‹ Seine genervte Mutter drohte ihm scherzhaft mit einer Ohrfeige. Das machte aber keinen großen Eindruck auf ihn. Nun, ich mußte jetzt etwas antworten, irgend etwas, soviel stand fest. Er würde sonst keine Ruhe geben. Ich sagte also: ›Du siehst mich und du kannst mit mir sprechen. Also muß ich wach sein. Wenn ich schlafen würde, dann wäre ich doch jetzt oben im Schlafzimmer und nicht hier draußen im Garten. Wenn ich aber im

Schlafzimmer wäre und schlafen würde, dann könntest du mich jetzt nicht sehen und nicht mit mir reden. Ist doch logisch, oder?‹ Sebastians Mutter nickte zustimmend. Er selbst aber schüttelte ganz entschieden den Kopf. Mein Argument war wohl nicht besonders stark gewesen. Er wiederholte seine Frage und hüpfte dabei, um seiner Forderung nach einer zufriedenstellenden Antwort den notwendigen Nachdruck zu verleihen, wie ein Gummibällchen auf und nieder. Ich stellte ihm eine Gegenfrage. Gegenfragen zu stellen, ist immer gut, wenn man nicht weiter weiß. Ich fragte ihn also: ›Was müßte ich denn tun, um dir zu beweisen, daß ich wach bin?‹

Sebastian dachte angestrengt nach. Dann sagte er: ›Gib mir deine Hand, damit ich dich anfassen kann. Dann weiß ich, ob du schläfst oder wach bist.‹ Ich reichte meine Hand über den Zaun. Sebastian prüfte sie sorgfältig. Offenbar war meine Hand soweit okay, denn nach einer Weile kam Sebastian zu dem Befund: ›Stimmt. Du bist wach.‹ Dann verlor er das Interesse an mir und lief zu seiner Schaukel. Eine Schaukel ist ja auch wirklich allemal unterhaltsamer als ein blöder Erwachsener, der nicht einmal die simpelsten Fragen beantworten kann.

Mir war irgendwie sonderbar zumute. Aus dem Nieseln wurde strömender Regen, und ich lief zurück ins Haus. Ich habe zwar bislang keine wissenschaftlich-philosophische Diskussion mit Sebastian über das Thema geführt: ›Ist es ein Naturgesetz, daß Erwachsene so entsetzlich dumm sind?‹ Aber ich glaube, wir wären uns sowieso nicht einig geworden. Ich hätte die Frage wieder mit einem schlichten ›Ja‹ beantwortet, und Sebastian hätte die Dinge mal wieder etwas differenzierter gesehen. — Wie gehabt! Immer dasselbe Spiel . . .

Jedenfalls: Ich konnte mir absolut keinen Reim auf Sebastians Frage machen. Wieso hatte er mich gefragt, ob ich wach sei? War die Frage nicht unsinnig? Oder war ich nur mal wieder zu dumm, um zu begreifen, was Sebastian meinte?

Spät am Abend blätterte ich etwas gelangweilt in einem Buch herum. Aus irgendeinem Grund begann ich ein Kapitel zu lesen, das von der Linkshirn-Dominanz bei Erwachsenen handelte. Da stand auch zu lesen, daß die Linkshirn-Dominanz beim Menschen erst ungefähr im siebten Lebensjahr einsetze, woraus der vorsichtige Schluß abzuleiten sei, daß Medialität und die Fähigkeit zu außersinnlichen Wahrnehmungen bei Kindern im vorpubertären Alter häufiger anzutreffen sein müßten als bei Erwachsenen.

Siebentes Lebensjahr ... Moment mal! Sebastian ist vier Jahre alt, schoß mir durch den Kopf. Könnte es vielleicht sein, daß der Knirps von nebenan mich irgendwie wahrgenommen hat, wie ich im Zustand der Außerkörperlichkeit durch die Gärten gegangen bin? Habe ich vielleicht sogar mit ihm kommuniziert? Hat ihn deshalb mein Argument: Ich müsse doch wach sein, sonst könne er nicht mit mir reden — nicht überzeugt? Ich verfügte zu diesem Zeitpunkt über keinerlei bewußte Erinnerungen an Gespräche, die ich mit Sebastian im Zustand der Außerkörperlichkeit geführt haben könnte. Dennoch — es war vielleicht lohnend, einmal in diese Richtung zu denken. Unter diesem Aspekt betrachtet, machte Sebastians beharrliche Fragerei ja durchaus Sinn!

Später wurde mir dann alles klar. Der Groschen war gefallen, wenn auch spät und nur in einzelnen Pfennigstücken.

Sonderbar — man kann offenbar monatelang ›erfolgreich‹ sein und nicht die geringste Ahnung davon haben! Bis man dann einen kleinen Denkanstoß bekommt und scheinbar durch puren Zufall begreift, was man vielleicht schon eher hätte wissen können.«

# Danksagung

Dies Buch ist entstanden, weil ein Mann entschieden und ohne langes Zögern »nein!« gesagt hat. Es war mein Mann. Und »Nein« war seine Antwort auf meine Frage: »Würde es dich irgendwie stören, wenn alle Leute glauben, deine Frau sei verrückt?«

Ich danke der besten Helga, die es gibt, nämlich *Helga Petres-Lesch* vom Freiburger Institut für Angewandte Kinesiologie, für all die »Entwicklungs-Hilfe«, die von ihr gekommen ist.

(Und jetzt in schrecklichem Schul-Englisch, damit er's auch lesen kann:) Specials thanks to *Marcos Madeira Saragamo* for his important advices and encouragements.

Ich danke allen, die mich nicht ausgelacht haben. *Michael Schröter* danke ich dafür, daß er sich als meine »externe linke Hirnhälfte« zur Verfügung gestellt hat und wichtige Anregungen beisteuerte — streng naturwissenschaftlicher Art, versteht sich! Mein Dank gilt *Gerhard Riemann,* der seinen Job wirklich versteht und Autoren wie rohe Eier behandelt. Ich danke *Thomas Brandt* von der Technologie für Hemisphären-Synchronisation (THS) für seine freundlichen Anregungen und Hilfestellungen.

Herzlichen Dank allen, die direkt oder indirekt mitgeholfen haben, dieses Buch zu schreiben.